投资滚雪球系列

白话港股投资

手把手教你投资港股

范俊青◎著

清华大学出版社
北京

本书封面贴有清华大学出版社防伪标签，无标签者不得销售。

版权所有，侵权必究。举报：010-62782989，beiqinquan@tup.tsinghua.edu.cn。

图书在版编目（CIP）数据

白话港股投资：手把手教你投资港股 / 范俊青著. —北京：清华大学出版社，2020.7（2025.4重印）

（投资滚雪球系列）

ISBN 978-7-302-55795-1

Ⅰ. ①白… Ⅱ. ①范… Ⅲ. ①股票投资－香港 Ⅳ. ① F832.51

中国版本图书馆 CIP 数据核字 (2020) 第 110984 号

责任编辑：顾　强
封面设计：李伯骥
版式设计：方加青
责任校对：宋玉莲
责任印制：宋　林

出版发行：清华大学出版社
　　　网　　　址：https://www.tup.com.cn，https://www.wqxuetang.com
　　　地　　　址：北京清华大学学研大厦 A 座　　邮　　编：100084
　　　社　总　机：010-83470000　　邮　　购：010-62786544
　　　投稿与读者服务：010-62776969，c-service@tup.tsinghua.edu.cn
　　　质　量　反　馈：010-62772015，zhiliang@tup.tsinghua.edu.cn

印 装 者：三河市人民印务有限公司
经　　销：全国新华书店
开　　本：155mm×230mm　　印　张：16.75　　字　数：228 千字
版　　次：2020 年 8 月第 1 版　　印　次：2025 年 4 月第 7 次印刷
定　　价：65.00 元

产品编号：085528-01

— 推荐序1 —

与俊青什么时候认识的,我已经完全记不得了,但肯定的是因为彼此在股票投资方面有着相似的品位,因而在过去的某一个瞬间,因为投资理念趋同产生了共鸣,从此成为朋友。

俊青找我为其大作作序,我深感惶恐,我与俊青是同年的,投资港股比俊青早几年,但我投资水平有限,也很少对自己的投资体系作一个完整的总结。因此,与其说我是在写序,不如说是在写一篇读后感,希望能引起读者和作者的一点共鸣。

港股超级低估值,大概每一个主动投身于香港的内地投资者,都是冲着香港的股市便宜去的。与此同时,每一个仅仅因为便宜买入港股的投资者,也都有自己的血泪史。我也不例外,买过很多知名的烟蒂股,但最后结果都不太好。读完本书,我想总结几个观察低估值股票的角度。

1. 看股息

股息是贯穿全书的一个核心关键词,全书几百次重复股息,可见其重要。大家知道,低估是市场对于企业的负面看法,未必代表企业的真实情况。但是,企业真实的经营情况、良好的效益,如何能够传导到市场上来,扎扎实实地影响到投资者对企业的看法,并且实质性地打击空头，最佳方式就是股息（包括回购）。通过盈利的合理分配、企业的经营绩效，企业的真实情况就和股价建立了一个对应关系，否则可能企业是企业，股价是股价，两者完全脱钩。在港股那么多年，经历了大大小小的股灾。面对资产的巨大损失，最能给我以安慰的，就是股息。大不了拿股息，这句话看似无奈，背后其实有着巨大的支持力量。

2. 看成长

港股一直流传着种种黑料，本地老千、外资做空、被深圳超越等，好像港股市场不行了。但真要说拿得出手的明星成长股，港股是超越A股的。比如说十多年来一直在增长的腾讯，在香港上市16年，涨了上千倍，目前市值是4万多亿港元。再比如说恒大和碧桂园，它们在2010年的地产销售额还都只是万科的零头，但是截至2018年，两家双双超越万科，成为中国地产的新龙头。这两年涌现出了更多的大牛股，比如美团点评、李宁、春立医疗、金蝶国际，港股通的资金正在逐渐改变港股的生态系统，投资者并不太在意公司短期是否盈利、盈利多少，看中的是公司核心竞争力和长期的增长逻辑。

腾讯几乎从未被低估，而碧桂园和恒大都曾经在两百亿的市值里挣扎过，如果一个股票，纸面上的低估，我们说的是低市盈率、低市净率、高股息率。这种情况下，对企业的极度低估，说明市场对企业的未来严重不看好，认为当前的盈利水平不可持续，或者认为企业可能突然因为债务破产。持续不断的增长财报就是对这种悲观预期最强悍有力的回击。

3. 看人气

我们在香港股市越久，就越会发现，冷门股票的"幺蛾子"特别多。港股很多冷门股极度低估，因此大股东没有动力维护市值，甚至干脆让市值下跌，然后逐步把优质资产转移出上市公司体系，更狠的，就直接私有化退市。所谓"出老千"只是投资者的气话，就法律而言，很多所谓"出老千"的行为其实并不违规。只是作为小股东，你没有能力和时间去跟大股东博弈。所以我说，港股还是要看人气。资本市场是一把双刃剑，估值给得太高，就形成了泡沫，你的投资就有风险；如果估值长期给得太低，大股东也懒得做市值，私有化对这类公司的大股东来说是利益最大化的。近几年来，港股私有化的公司数量逐年增加，这同时也反映了港股市场极度低估的现状，对企业股价底部买入后博中私有化的投资者来说是一个巨大的奖赏，但对长期持股的投资者来说是一个巨大的伤害。对于这类公司来说，进攻防守的底线还是股息率或超低市净率，因为每家被私有化的公司都能瞬间取得 50%～120% 的收益，这两年博私有化取得不错收益的港股投资者也大有人在。

4. 看趋势

港股的低估是显而易见的，港股通的参与正在逐渐改变港股的生态，内地的机构投资者和个人投资者会建立与公司更多、更紧密的互动关系，驱动这些公司的价值走向合理的估值。举例来说，越来越多买中国建材、微创医疗的投资者，在公司盈利持续增长的基本面下，会去参加公司的业绩会、股东会；公司也在顺应市场的要求，借助各种渠道与市场沟通。大家应该可以欣喜地发现，今年中国建材、微创医疗的路演、机构调研报告比过往 10 年都多。而且不只是中国建材、微创医疗这两家公司，港股里被低估的优秀公司都有这个趋势。再比如，你可能会觉得，中国建材股息率较上一个年度增长了近一倍，这是你等待的结果，是水到渠成的事情。但事实上，这也有可能是一些机构投资者和个人股东不断地跟管理层当面提议的结果。所以可以相信，港股对比 A 股低估的这部分无风险超额收益会是以后确定的投资收益。

如果是一个没人气的类似低估的股票，你等待的结果可能是私有化、低价配股、低价派发期权。到最后你会发现，有人气、有成长、有股息的股票其实很难在纸面上被过度低估。即便出现纸面低估，时间也不会太长，要善于把握。这就是所谓的投资并不容易，需要平时大量的积累，还需要机会出现时的敏锐果断。

俊青的这本书有大量的数据和亲身经历的投资案例，是一本面向新手的绝佳实战操作手册，仔细品读这本书，能让你投资港股立于不败之地，也能让你少亏不少钱。而且，作者难得真诚，既不吹嘘自己，也并不讳言自己的失败经历，因此也颇能让我们这些投资"老鸟"们感同身受，读完掩卷闭目，回想这些年的起起伏伏，心潮久久不能平息。

灰色钻石
2020 年 6 月

—— 推荐序2 ——

随着近来京东、网易等公司在香港上市,港股已逐步汇集了腾讯、阿里、美团及小米等优秀企业,而后续更多的中国优秀公司都有望从美股回归。可以说,有着一百多年历史的香港证券市场,已基本摆脱过往以金融、地产和制造业等传统行业为主的格局,正在创造新的辉煌。

港股多元的上市格局让投资者有了更多的选择,其本身也具有更高的投资价值。尤其是港股通开通以来,作为连接内地与香港两地资本市场的桥梁,港股通的投资额度、交易规模等持续提升,影响力日益扩大。随着内地经济的蓬勃发展,资本管制的持续放松,在不远的将来,内地资本会在香港股市中占据更重要的地位,甚至改变以往以外资为主的格局,起到主导市场的作用。

借着港股通的东风,内地投资者对港股投资的需求大增。然而,市场中尽管机会很多,但也暗流涌动,投资者稍微不小心就可能人仰马翻。例如,没有涨跌停制度的港股,个股的股价易受某些消息刺激,短时间内就可能"上天入地";而一些不良公司通过拉高配售股份、股价向下炒、低位供股等恶劣集资及炒作方式使得一些没有经验的投资者损失惨重。另外,港股的停牌退市制度更是令不少不明真相的投资者欲哭无泪，A股还有个退市缓冲交易期，而被爆出问题的港股公司很可能突然停牌到退市，连渣都不留给二级市场的投资者。我自己的投资生涯中也踩过不少这样的雷，至今"辉山乳业"的噩梦还时不时闪现。

所以，对于缺乏交易知识和不熟悉市场特征的投资者而言，通往黄金的路上也是荆棘满地、陷阱重重，稍微一不小心就可能成为人家的案板肉、盘中餐。要战胜市场，投资者最强大的武器就是武装自己，去学习、去掌握交易知识、去熟悉这个市场，磨刀不误砍柴工嘛。

不过市面上介绍港股投资的书却不大多，因此俊青的这本《白话港股投资》可以说来得正是时候。我虽然有近10年的港股投资经历，也曾在2017年出版过一本《港股滚雪球》，但把这本书通读下来，还是非常受益，收获良多。该书结构全面，对港股投资整个市场进行了全方位的介绍，既有投资渠道、交易规则、财报解读等基础入门知识，又有投资理念、个股分析、股票交易时点、实战案例等高级知识，甚至还有窝轮、期权等这些令一般人望而生畏的投资品种。所以说这本《白话港股投资》实在是不折不扣地手把手教你投资港股，无论对于港股的新手，还是有一定经验的投资者，该书都是非常实用、有价值的参考资料。

生活的压力、快节奏的工作使得社会整体日益浮躁，很多人都迷失了方向；投资也是随波逐流，人云亦云。当初怀着美好目的奔向市场，最终失望而归；根据市场的规律多数人最终也是亏损的，而亏损又加剧了生活的不如意，如此恶性循环，更是一团糟。但其实这种不良的状态是完全可以通过努力，通过学习，通过恰当的方式来改变的。

细究起来，投资与其他工作其实并无多大本质区别。投资就是一个需要时时作选择、作决策的过程；如何作出正确的决策，这取决于投资者本身对市场的认识、对目标公司的了解，对人性的把握等各种因素。而市场与公司这些因素，投资者是完全可以通过后天的学习来把握的。站在巨人的肩膀上，人自然可以看得高、望得远，也更不容易掉进各种各样的陷阱里。

所以，我希望我们每一个投资者，应认真对待自己的每一笔投资，要像挑媳妇、找老公一样严肃地思考，像参加高考一样严谨仔细地分析，像求职一样保持谦虚的态度，最终才能获得可观的收益。

一本好书，一段好时光。相信这本《白话港股投资》，一定会成为港股投资者路上的好伴侣。

杨饭

《港股滚雪球》作者

自序

我投资股票已经有20年了，投资港股也有7年的时间。从刚开始不经意地投资到后来开始专注研究股票投资，经历过2007年鸡犬升天的股市狂潮以及浪潮退后狂跌70%的大崩盘，也经历过2014年年末到2015年年初的大涨以及2015年的股灾。经历过股市的暴风骤雨，更知道股市投资需要有明灯指引。普通投资者如果考虑自己投资，必须建立适合自己的一套体系。

这本书就是写给普通投资者看的。从整体上看，本书有以下三个特点。

首先，通俗易懂，本书之所以取名《白话港股投资：手把手教你投资港股》，就是想从普通人投资港股的视角，用通俗易懂的语言并结合实例来介绍港股的投资知识以及相应的理念和方法，以此来帮助普通人建立投资港股的体系。本书同时也是我读初中一年级的女儿学习投资的教材之一，初中文化程度就可以掌握本书所讲的知识，这是本书的一大特色。

其次，注重实操性。副标题采用"手把手教你投资港股"，就是表明本书用大量实战案例解析如何投资港股，强调本书具有可操作性，学了就可以用。

最后，我使用自己的语言来进行说明。本书有着强烈的个人色彩，观点鲜明，相信读者看了全书，就能理解我的意思。

本书并没有当作港股的百科全书来写，而是纯粹从普通港股投资者的角度去写如何理解和投资港股。

港股市场在内地普通投资者的眼中是一个没有涨跌停、老千股横行、虽然估值低却陷阱更多、只可远观而不敢进入的市场，但是真实的港股是这样的吗？当然不是。我对港股的态度是："再不投资港股，你还是价值投资者吗？"我本人也是身体力行，目前自有资金的80%以上都是投资在港股中。其实港股市场是价值投资者的天堂，港股的低估值给投资者提供了较高的安全边际，使得港股投资相对A股投资更为安全并能收获更好的收益。

之所以建议投资港股，是因为港股又好又便宜。在A股，除了地产、银行、保险以及其他少数优质股票外很难找到又好又便宜的股票，更别说那些估值高得离谱的中小板和创业板股票，在那里寻找好的股票相对于港股难度大了很多（当然不是说没有好的成长企业，而是它们太贵了）。这几年以融创中国、中国恒大、碧桂园为代表的在香港上市的内地房地产股票的涨幅也远远超过A股房地产股票，其中最主要的原因就是低估和成长，优质制造业股票在港股更是被低估得多。在A股中估值相对低的优秀制造业企业，除了少数企业如万华化学、海螺水泥、格力电器、美的集团等，已经难觅踪影。但是，如果投资港股，你会重新打开一片天地，发现被低估的优秀制造业企业比比皆是，比如中国建材、东岳集团、天能动力、兴发铝业等，在A股和港股都已上市的公司，绝大多数港股也相对A股便宜得多。比如以2020年1月30日收盘价格来计算，长城汽车A股就比港股价格高出75%左右。当然港股的金矿边上也同样遍布陷阱，如何挖到金矿又不掉入陷阱则是我们需要修炼的基本功。本书第九章专门讲解港股的老千股和投资陷阱，了解这些可以说是投资港股的必修课。

港股的股息率也是比较高的，2019年12月，恒生指数成份股股息率为3.52%，当然由于港股通收取20%的红利税，对于通过港股通购买的人来说收益要打个折扣。即便如此，股息率也超过了银行定期存款利率，同时也明显高于 A 股。事实上耐心挑选，在港股市场股息率超过 10% 的股票都不在少数，连续多年分红比率超过 5% 的股票也比比皆是。

2019 年 12 月末，内地企业已经占据港股上市公司数量的 51%、市值的 73%、成交量的 79%，目前这个比例还在进一步上升。也就是说，内地投资者投资港股其实比国外和香港投资者有更多的优势，由于目前主要活跃股票以内地企业为主，这些内地企业的业务大部分也是在内地，因此内地投资者在理解企业商业模式、市场感知、企业调研方面都具备优势。

随着生活水准的提升，出国旅游、购物已经是平常事，加上人民币国际化的逐步推行，家庭资产中配备一定的外汇投资也是一种很好的选择，港股市场的投资正好可以满足这种需求。

投资港股，正当其时！

（郑重声明：本书所有内容均不作为投资建议，任何由此引发的投资行为，后果自负。）

范俊青

2020 年 3 月

目录

第一章 又好又便宜的港股 / 1

第一节 中国股市中估值最低的港股 / 2
第二节 中国股市中股息率最高的港股 / 10
第三节 认识港股市场 / 15
第四节 谈谈恒生指数 / 20
第五节 复利的魔力能在港股得到更好的体现 / 24

第二章 港股投资渠道和交易知识 / 28

第一节 港股通——主流便捷的渠道 / 29
第二节 直接香港开户的渠道 / 32
第三节 通过基金渠道投资港股 / 35
第四节 高昂的港股收费 / 36
第五节 港股通和直接香港开户的区别 / 37
第六节 港股交易规则 / 39
第七节 投资信息来源和分析 / 44

第三章 树立长期价值投资的理念 / 49

第一节 价值投资是适合普通人的投资方式 / 50

第二节 股票资产是各类资产中长期回报率最高的第一大类资产 / 56

第三节 价值投资是可以传承给后代的投资方式 / 59

第四节 从企业的角度去理解你投资的股票 / 61

第五节 正确对待股价波动 / 62

第六节 时间越长,价值投资越有效 / 63

第四章 建立股票池 / 66

第一节 什么是股票池 / 67

第二节 如何建立股票池 / 68

第三节 股票池分类 / 73

第四节 持续更新股票池 / 76

第五章 港股财报解读 / 78

第一节 港股财报规则及准备工作 / 79

第二节 财报阅读的方法 / 80

第三节 四张表简析 / 83

第四节 港股财报综合分析 / 86

第五节 如何利用港股财报排除企业 / 87

第六章 个股分析和投资 / 89

第一节 从长期股东的角度去分析公司 / 90

第二节 用未来现金流折现的方式对公司估值 / 92

第三节 怎么分析要买的公司 / 95

第四节 如何对初创型企业进行分析和投资 / 97

第五节　如何对发展期企业进行分析和投资　/ 100

第六节　如何对成熟期企业进行分析和投资　/ 102

第七节　强周期行业的股票投资　/ 103

第八节　投资的几个原则　/ 105

第七章　整体仓位控制和建仓　/ 106

第一节　什么是仓位　/ 107

第二节　仓位的二种选择　/ 107

第三节　如何建仓　/ 112

第四节　根据自身的能力来选择仓位控制方法　/ 115

第八章　何时卖出股票　/ 117

第一节　价值为尺，衡量价格　/ 118

第二节　当基本面恶化时卖出　/ 118

第三节　价格达到目标价格时可以卖出　/ 123

第四节　有更好的投资机会时卖出换股　/ 128

第五节　企业的利润在增长，股价就是不涨怎么办　/ 129

第九章　风险防范及应对　/ 137

第一节　股价波动的风险和永久性损失本金的风险　/ 138

第二节　如何避开老千股　/ 139

第三节　黑天鹅事件　/ 142

第四节　沽空报告及应对　/ 145

第十章　窝轮和期权投资　/ 148

第一节　什么是窝轮　/ 149

第二节　买卖窝轮的方法和原则　/ 154

第三节 窝轮投资实例分析 / 156
第四节 什么是期权 / 159
第五节 香港期权的基本交易策略 / 161

第十一章 港股投资实战案例之房地产篇 / 163

第一节 港股地产行业之内房股 / 164
第二节 内房股是最值得投资的港股 / 166
第三节 分析房地产行业的统计口径问题 / 168
第四节 价值投资案例之绿城中国 / 172

第十二章 港股实战之制造业篇 / 194

第一节 制造业中的三种周期 / 195
第二节 被低估的水泥和多种材料之王——中国建材 / 197
第三节 铅酸电池的龙头老大——天能动力 / 204
第四节 港股制造业有"黄金坑" / 209

第十三章 如何投资港股的小型股票 / 211

第一节 港股小型股特点分析 / 212
第二节 小型股投资的方法 / 214
第三节 小型股投资失败案例 / 215
第四节 小型股投资成功案例 / 223

附录 地产股呆会计37题 / 234

后记 / 246

第一章
又好又便宜的港股

　　港股的低估值、高分红给了投资者很大的安全边际，加上港股目前以内地企业为主的态势，内地投资者投资港股内地企业有着天然的优势。投资大师巴菲特说过："我们全神贯注于发现我们可以跨步走过的1英尺跨栏，而不是因为我们获得了越过7英尺跨栏的能力。"由于A股估值普遍高于港股，在股市里选择投资价值明显高于A股的港股，就相当于不必去跨过巴菲特所说的7英尺的高栏，只需要走过旁边只有1英尺高的跨栏。我之所以写这本书，就是想告诉朋友们，目前的港股才是价值投资者的天堂。但港股老千股众多，造假公司也不少，所以在投资港股中是需要排雷的，我也会在书中后面的章节给大家讲讲如何绕过陷阱，如何排雷。

第一节　中国股市中估值最低的港股

先给大家看看港股中的内房股（内房股是指在香港上市，但是主要业务在内地的房地产公司）里的"三剑客"（这里的价格是采用2019年7月21日的前复权价格）：

融创中国：2016年全年股价徘徊在4～6港元，最低价3.84港元，最高价6.45港元，2017年10月触及当年最高价41.57港元，截至2019年7月21日，股价为38.85港元。

中国恒大：2016年全年股价徘徊在4.5～5.5港元，最低价4.16港元，最高价5.70港元，2017年10月触及最高价30.75港元，截至2019年7月21日，股价为22.10港元。

碧桂园：2016年全年股价徘徊在2.6～4港元，最低价2.51港元，最高价4.12港元，2017年10月触及当年最高价17.86港元，截至2019年7月21日，股价为11.36港元。

> **知识链接**
>
> **股价复权**：所谓复权价就是对股价进行权息修复，按照股票的实际涨跌绘制股价走势图。例如某股票除权前日，价格为10元，每股分红0.5元并且每股送一股，除权后报价为4.75元，除权当日走出上涨行情，收盘于5元，采用前复权处理后前一日股价应调整为4.75元，相对于前一日的股价上涨了5.26%，这样在股价走势图上真实反映了股价涨跌。复权还分为前复权和后复权。
>
> 前复权，就是保持现有价位不变，将以前的价格缩减。后复

权，就是保持先前的股价不变，而增加以后的股价。可以这么说，不复权的价格没有参考价值。现在的复权还有采用等比再投的精确复权方式，这个复权方式是指分红按当时的股价再投的模式，这个模式我觉得非常适用于分红再投资的投资者，目前的雪球网、果仁网提供的复权模式就是这种，而大部分其他证券公司的软件也可以在设置里勾选采用等比再投的精确复权方式，比如A股常用的通达信软件，可以进入系统设置，把"复权使用等比方式"打钩选中，这样只要在系统里改一下设置，结果就和果仁网、雪球网等一样了，我认为这种复权方式比较准确地反映了股票价格的真实涨跌情况。

除了内房"三剑客"，中国奥园、时代中国控股、新城发展、龙湖集团、宝龙地产等众多内房股都有不错的涨幅，其中有几只都是涨幅超过10倍的股票。这些股票涨幅和A股的"妖股"不同，是一个价值发现并认可的过程，即使到现在，仍然有不少内房股具备很高的投资价值。

有人会说，房地产股票杠杆高，负债多，那么除了内房股，优质制造业也在港股屡创佳绩：长城汽车H股曾经从2008年10月的最低价到2015年4月涨幅接近100倍，吉利汽车也曾经在短短的2016年2月到2017年11月不到2年时间获得10倍的涨幅。申洲国际、安踏体育等也都有几十上百倍的涨幅，还有早期的康师傅、旺旺、达利园、维他奶国际这些消费股也曾经有过几十倍的涨幅。

一、AH股比价情况

截至2020年2月7日，同时在A股和港股上市的股票共计119只，AH溢价率排名中位数第60位的兖州煤业A股要比港股贵出60.75%，溢价率最高的洛阳玻璃A股股价甚至是港股价格的5.97倍，只有一只股票中国平安港股是高于A股的，也只高出1.5%，其余118

只港股均低于 A 股。要知道，这里的 AH 股是完全具有相同企业权益的股票，每股分红都是一样的，股东权利也是一样的。当然，A 股的股票有打新的优势，加上流动性比较好，溢价率在 10%～15% 是合理的，当差价过大时，作为真正的价值投资者，这其实很容易选择。通俗地说，大家买东西的时候都知道一样的东西，不管它是在线上还是在线下卖，我们都应该选便宜的买。选择股票也是同样的道理，应该挑选价格低得多的 H 股来购买。2020 年 2 月 7 日 AH 股票比价见表 1-1。

表 1-1　2020 年 2 月 7 日 AH 股票比价表

序号	名称	H 股代码	收盘价（HKD）	A 股代码	收盘价（RMB）	比价（A/H）	溢价（A/H）%
1	洛阳玻璃	01108	2.460	600876	13.200	5.97	496.80
2	中信建设	6066	6.490	601066	32.910	5.64	463.99
3	浙江世宝	01057	0.870	002703	4.200	5.37	436.94
4	拉夏贝尔	06116	1.180	603157	5.100	4.81	380.71
5	山东墨龙	00568	0.820	002490	3.110	4.22	321.83
6	一拖股份	00038	1.550	601038	5.790	4.15	315.47
7	ST 东电	00042	0.495	000585	1.680	3.77	277.48
8	绿色动力	01330	3.330	601330	10.420	3.48	248.03
9	中原证券	01375	1.630	601375	4.950	3.38	237.76
10	京城股份	00187	1.400	600860	4.240	3.37	236.84
⋮							
55	新华保险	01336	30.650	601336	46.070	1.67	67.18
56	中远海控	01919	2.800	601919	4.160	1.65	65.24
57	中国外运	00598	2.510	601598	3.680	1.63	63.07
58	金隅集团	02009	2.160	601992	3.160	1.63	62.71
59	晨鸣纸业	01812	3.140	000488	4.570	1.62	61.87
60	兖州煤业	01171	6.220	600188	8.990	1.61	60.75
61	白云山	00874	26.600	600332	38.330	1.60	60.27
62	长城汽车	02333	5.480	601633	7.720	1.57	56.69
63	中兴通讯	00763	27.900	000063	38.930	1.55	55.19
64	中海油服	02883	11.800	601808	16.390	1.54	54.49
⋮							

续表

序号	名　称	H股代码	收盘价 （HKD）	A股代码	收盘价 （RMB）	比价 （A/H）	溢价 （A/H）%
110	康龙化成	03759	55.850	300759	55.350	1.10	10.23
111	深高速	00548	10.400	600548	10.100	1.08	8.01
112	马钢股份	00323	2.810	600808	2.660	1.05	5.29
113	药明康德	02359	109.400	603259	102.380	1.04	4.09
114	青岛银行	03866	5.590	002948	5.220	1.04	3.86
115	万科A	02202	29.600	000002	27.500	1.03	3.33
117	潍柴动力	02338	14.600	000338	13.340	1.02	1.62
116	招商银行	03968	39.100	600036	35.420	1.01	0.75
118	海螺水泥	00914	53.450	600585	48.310	1.01	0.53
119	中国平安	02318	91.500	601318	81.030	0.98	-1.50

资料来源：东方财富网。

二、港股和A股估值比较

（一）估值比较

先简单介绍一下市盈率、市净率、股息率和净资产收益率的概念。

1. 市盈率

市盈率（Price Earnings Ratio，P/E Ratio）也称"PE"，是指一定的考察期（通常为12个月）内，上市公司股票的价格与每股收益的比率，是股价除以每股收益得出的数据，也可以用公司市值除以归母净利润得出。市盈率的计算公式如下：

$$市盈率 = \frac{每股价格}{每股收益} \times 100\%$$

一般认为，如果一家上市公司股票的市盈率过高，那么该股票的价格可能被高估。根据考察期的不同，市盈率分为静态市盈率、滚动市盈率、动态市盈率三种。

（1）用上一年度公司的归母净利润数据计算得到的市盈率为静

态市盈率。静态市盈率的缺点在于使用的是上一年度的数据，无法反映公司未来的预期。

（2）用最近的4个季度的公司归母净利润数据计算得到的市盈率则是滚动市盈率，通常用TTM表示。

（3）动态市盈率则是用下一年度或者是年初推算的当年的预测归母净利润计算的市盈率。除了可以计算当年度的动态市盈率，还可以计算未来几年的动态市盈率，但由于是预估值，可能会有较大的偏差。

一般说的市盈率通常是指静态市盈率，滚动市盈率更贴近现在。而动态市盈率则含有预测成分，是对未来的一种判断。市盈率是重要指标，但只是在一定程度上提供参考，不能单独作为投资依据。在实际投资中，投资者要结合股票的成长率全面考虑，只有市盈率不高成长性也好的股票才是好的投资标的。

2. 市净率

市净率（Price-to-Book Ratio，P/B）也称"PB"，又名市账率，是指每股市价与每股净资产的比值，也可以用市值除以公司净资产得出。市净率的计算公式如下：

$$市净率 = \frac{每股价格}{每股净资产} \times 100\%$$

市净率是比较常用的衡量股票估值高低的指标，但是和市盈率一样，都不适宜单独用来作为投资依据。一般来说，市净率较低的股票投资价值较高；市净率较高的股票则投资价值低。市净率一定要结合公司的其他指标以及经营情况、盈利能力等综合判断。

市净率的优点在于净资产比净利润相对稳定，对公司净资产的衡量有较高的参考价值。但是市净率低的公司往往可能净资产收益率不高，如果预期未来的净资产收益率也同样不高，那么该公司的股票也不值得购买。

资产重估或虚增资产会导致市净率低，所以分析市净率一定要分析净资产的组成。

3. 股息率

股息率（Dividend Yield Ratio）是指一年中每股的派息额和每股股价的比率。也可以用公司一年的总派息金额与当时市值的比值计算。股息率的计算公式如下：

$$股息率 = \frac{每股派息}{每股价格} \times 100\%$$

在投资实践中，股息率是衡量企业是否具有投资价值的重要标尺之一。股息率是挑选收益型股票的重要参考标准，如果连续多年年度股息率超过1年期银行存款利率，则这只股票基本可以视为收益型股票，股息率越高越吸引人。

4. 净资产收益率

净资产收益率（Rate of Return on Commom Stockholders' Equity, ROE），也称为股东权益报酬率、权益报酬率、权益利润率、净资产利润率，是衡量上市公司盈利能力的重要指标。净资产收益率是净利润与净资产（所有者权益）比值的百分比，净资产收益率的计算公式如下：

$$净资产收益率 = \frac{净利润}{净资产（所有者权益）} \times 100\%$$

净资产收益率是很重要的指标，但是要连续来看，一般来说要看最近5年的数据，更重要的是以此为依据推断未来的ROE，这个数据反映的是企业的盈利能力，据此并结合对未来的分析，判断出未来的盈利能力。

上述四个指标用于个股时都必须和其他指标相结合来参考，不宜单独作为决策依据。市盈率、市净率和股息率用于整体市场的纵向比较时具备很好的参考价值，比如拿港股市场来说，当市盈率、市净率处于历史低位区间的时候或者当股息率处于历史高位区间的时候具备较好的投资价值；用于不同市场之间比较时也具备较高的参考价值，比如港股和A股或者美股做比较。

（二）港股和 A 股估值比较

从图 1-1 可以看出，截至 2019 年 7 月 19 日，港股主板的平均市盈率为 11.35 倍，相比上交所 13.61 倍和深交所的 23.54 倍都要明显低得多。而如果看香港大盘股，市盈率更是低至 8.86 倍，市净率仅为 1.08 倍，香港国企指数市盈率 8.96 倍，市净率仅为 1.04 倍。而且由于腾讯控股无论在港交所主板还是大盘都占比接近 10%，2019 年 7 月 19 日市盈率高达 38.43 倍，所以腾讯控股这一只股其实就大约推高了港股主板或大盘市盈率的 7%～8%。扣除腾讯控股的影响，港股主板 PE 大约不到 10.5 倍，港股大盘股 PE 大约仅为 8.2 倍。

	香港交易所 (19/07/2019)		上海证券交易所 (19/07/2019)		深圳证券交易所 (19/07/2019)	
	主板	创业板	A 股	B 股	A 股	B 股
上市公司总数（家）	2,010	384	1,473	50	2,161	47
上市H股总数（只）	253	23	n.a.	n.a.	n.a.	n.a.
上市红筹股总数（只）	171	5	n.a.	n.a.	n.a.	n.a.
上市证券总数（只）	13,260	385	n.a.	n.a.	n.a.	n.a.
总市值（亿元）	HKD 328,369	HKD 1,284	RMB 322,210	RMB 874	RMB 207,883	RMB 521
总流通市值（亿元）	n.a.	n.a.	RMB 279,327	RMB 874	RMB 158,757	RMB 513
平均市盈率（倍）	11.35	20.86	13.61	10.73	23.54	10.29
总成交股数（百万股）	242,082	685	14,962	12	20,036	12
总成交金额（百万元）	HKD 67,585	HKD 131	RMB 149,186	RMB 100	RMB 202,324	RMB 45
市场总成交金额（百万元）	HKD 67,716		RMB 149,337		RMB 202,369	

图 1-1　2019 年 7 月 19 日港股和 A 股估值的比较

资料来源：港交所网站。

从市盈率来说，2019 年的港股也是处于相对历史低位，2019 年 12 月恒生指数的市盈率为 11.25 倍。从 1980 年到 2019 年这 40 年，港股恒生指数历史平均市盈率每年年末为 14.38 倍，2000 年到 2019 年年末这 20 年平均市盈率为 14.08 倍。恒生指数历史上最低市盈率为 5.5 倍，最高约 44 倍，历史平均值约为 14.3 倍，如图 1-2 所示。可以看出 2019 年 12 月的市盈率在历史水平中处于相对低位。

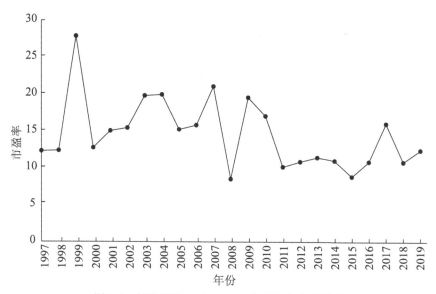

图 1-2　恒生指数 1997—2019 年历年年末市盈率

资料来源：恒生指数有限公司网站。

也就是说，港股 2019 年年末估值水平处于相对低位，从长期来看，估值修复加上企业自身发展导致股价向上的概率很大。

随着内地的进一步开放，港股通（包括沪港通和深港通）南下资金不断流入，内地居民利用各种渠道直接在港股开户投资，港股的流动性不仅会提升，内资最终会在内地主要企业中从外资手上抢到定价权，并逐步修复被低估得厉害的港股估值，可能将来内地居民投资港股几乎没有什么门槛。

这里再多说一句，历史上看，港股并非一直是被低估的。2014 年，AH 溢价指数还一度跌破 90，也就是 H 股平均股价高于 A 股，最高时万科 H 股高出 A 股 50%，中国平安 H 股高出 A 股近 30%，2010—2014 年 AH 溢价指数就在 105 上下波动，要知道当时还没有沪港通这种机制。而到 2019 年年末，AH 溢价指数 130 则处于历史高位。历史或许已经告诉我们答案，港股的低估终究会结束，AH 高差价也必然回归到相对合理的位置，只是目前还不知道回归要多长时间，但这里有着确定并且巨大的空间，这也是我的投资以港股为主的重要原因。

第二节 中国股市中股息率最高的港股

我在介绍港股的时候往往会说,现在投资港股,慢慢养着,养股养到一定年限,港股每年的分红作为退休收入可能会超过退休金,而这也是最吸引普通人去投资港股的原因。

现在我们就来看看港股的分红情况,如图1-3和图1-4所示。

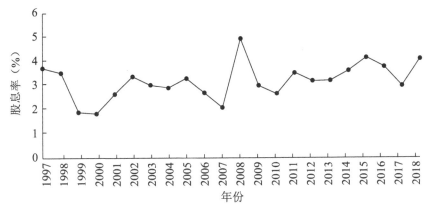

图1-3 恒生指数1997—2018年港股股息率表(以每年年末数据为准)

资料来源:恒生指数有限公司网站。

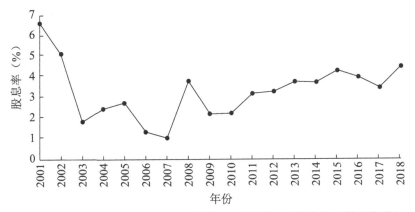

图1-4 恒生国企指数2001—2018年港股股息率表(以每年年末数据为准)

资料来源:恒生指数有限公司网站。

第一章 又好又便宜的港股

从图 1-3 以及图 1-4 我们可以看出，恒生指数成份股以及恒生国企指数成份股平均股息率基本在 2%～5%。据恒生指数有限公司数据统计，恒生指数 1980 年到 2019 年年末这 40 年平均股息率为 3.49%，2000 年到 2019 年年末这 20 年平均股息率为 3.24%。这个平均股息率已经明显高于同时期香港银行的长期存款利率，如果考虑到公司业绩的增长，这个数据从长期来看更是远远高于银行长期存款利息。恒生指数的 10 年派息比率达到 35% 以上。接下来以港股股息率和 A 股股息率做一个对比，见表 1-2。

表 1-2 港股 2019 年 8 月 7 日股息率排名表前 18 名（以 5 年平均股息率排名）

序号	股票代码	股票名称	价格（港元）	市值（亿港元）	5 年平均股息率 %	股息率 TTM%	2018 年股息率 %
1	00787	利标品牌	0.520	5.35	89.54	447.71	0
2	00494	利丰	1.000	85.07	31.65	7.07	7.07
3	01135	ASIA SATELLITE	9.400	36.77	28.94	4.04	4.04
4	00410	SOHO 中国	2.350	122.19	25.78	1.47	1.47
5	00687	香港国际建设	1.390	46.79	25.10	108.03	108.03
6	00321	德永佳集团	2.090	28.88	24.40	14.15	14.15
7	06858	本间高尔夫	6.620	40.32	24.11	5.28	3.62
8	01661	智美体育	0.249	3.97	20.56	29.14	29.14
9	00215	和记电讯香港	1.420	68.43	18.70	60.77	60.77
10	00511	电视广播	11.820	51.77	18.61	8.45	8.45
11	00710	京东方精电	2.150	15.81	18.12	0.46	0.46
12	03818	中国动向	0.880	51.80	15.53	6.36	6.36
13	01382	互太纺织	5.670	82.01	12.77	8.92	10.07
14	00087	太古股份公司 B	12.920	385.26	12.41	4.62	4.62
15	00006	电能实业	54.500	1163.17	11.82	5.15	5.15
16	00258	汤臣集团	2.080	41.00	11.73	8.61	8.61
17	00709	佐丹奴国际	2.540	40.09	11.61	13.08	13.09
18	00861	神州控股	4.000	66.84	11.17	0	0.77

资料来源：集思录网站。

接下来我们再看看 A 股股息率排名表就可以明显看出差异了，见表 1-3。

表 1-3 A 股 2019 年 8 月 7 日股息率排名表前 18 名（以 5 年平均股息率排名）

序号	股票代码	股票名称	价格（港元）	市值（亿港元）	5 年平均股息率 %	股息率 TTM%	18 年股息率 %
1	600664	哈药股份	3.520	88.82	10.341	14.318	14.318
2	600507	方大特钢	8.200	118.72	10.122	20.732	17.878
3	601566	九牧王	11.510	66.14	7.819	8.688	8.688
4	600738	兰州民百	5.770	45.18	7.383	34.662	8.666
5	000550	江铃汽车	15.580	134.49	6.791	0.257	16.926
6	600066	宇通客车	12.440	275.41	6.704	8.039	4.019
7	601088	中国神华	17.950	3570.19	6.485	4.903	5.070
8	000895	双汇发展	22.100	729.20	6.199	6.561	9.050
9	600028	中国石化	4.990	6041.45	6.092	8.417	11.222
10	600104	上汽集团	23.820	2783.00	6.087	5.290	7.683
11	002394	联发股份	9.280	31.24	5.927	5.819	7.769
12	002110	三钢闽光	7.780	190.73	5.887	17.134	10.797
13	601006	大秦铁路	7.480	1112.04	5.695	6.417	6.283
14	000726	鲁泰 A	9.380	80.49	5.693	5.330	5.629
15	603328	依顿电子	9.560	95.37	5.523	13.180	8.996
16	603001	奥康国际	9.590	38.45	5.506	3.034	5.214
17	600023	浙能电力	4.030	548.11	5.459	4.467	4.218
18	000625	长安汽车	7.280	349.63	5.412	0.247	6.126

资料来源：集思录网站。

从表 1-2 和表 1-3 可以看出，港股股息率明显高出 A 股一大截。根据港交所和上交所、深交所的数据统计，总体平均港股股息率也明显高出 A 股股息率。

刚才讲到考虑到公司业绩的增长，这个数据从长期来看更是远远高于银行长期存款利息。这句话怎么理解呢？就是随着企业的发展，企业每年的利润还会增长，打个比方，企业今年每股的收益为 1 元，分红率为 35%，那么每股分红为 0.35 元，假如企业明年的收益增长到 1.2 元,分红率还是 35%,那么每股分红就会涨到 0.42 元。

我们投资股票,最重要的就是能够享受到企业增长的利益,这才是我们真正成为企业股东的重要意义。

> **知识链接**
>
> **股息累计指数系列**
>
> 恒生股息累计指数系列的推出是为了补充恒生指数系列旗下股票指数,以进一步加强其指数服务。股息累计指数系列于每个交易日收市后编算及发布,除了以实时计算和发布的恒生指数(包含其分类指数)和恒生中国企业指数。
>
> 投资者从持有的股票中可获得两类回报,分别为因股价上升而带来的资本升值及股息收益。投资者所关注的股市指标,如恒生指数及其他主要市场的重要指数一般皆为股票价格指数(又称为"资本市值指数")。股票价格指数只计算其成份股的股价表现。股息的派发并不包含在指数的计算中。
>
> 相对而言,股息累计指数则会将股价变动及股息收益两个因素包含在内。当成份股公司派发现金股息于股东时,此数额将被加进指数计算中,而计算过程也假设了现金股息将会根据其各成份股的市值比重再投资于指数组合当中。在某些市场,股息累计指数又被称为总回报指数。
>
> 股息累计指数被基金经理、精算师及财务顾问等广泛用于量度不同的股票基金表现,尤其是退休基金,原因是股票价格指数未能反映该类基金的股息收益。

我们投资港股的时候都会参考恒生指数,但是恒生指数实际上不包含股息的收益,这和我们真实投资收益情况不太一样,如果从长期来看更是大相径庭。而实际上股息累计指数就比较科学,股息累计指数还把股息收入考虑进去,并且考虑了分红再投资。就像看个股的 K 线图一样，如果股价不复权实际上没有参考价值，对于长期投资资金来说，采用等比再投的精准复权方式才更为准确，也就是说分红按照当时股价再投资的方式。我们从恒生指数有限公司网站里截取图 1-5，从中可以很清晰地看到股息累计指数和恒生指数的差异。

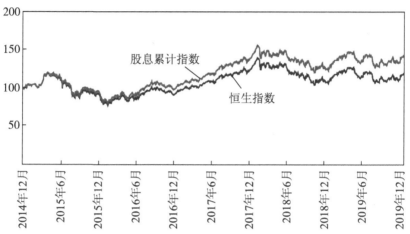

以上数据以100.00为基准重新计算，所有于指数发布日之前的相关资讯均透过回溯测试计算，回溯测试表现仅反映假设性历史表现。

图 1-5　恒生指数及其股息累计指数

资料来源：恒生指数有限公司网站。

从图 1-5 中可以看出，起初恒生指数和股息累计指数差距不大，随着时间的推移，股息累计指数远远高于恒生指数。股息累计指数其实更接近于真实回报率。

讲到这里，大家应该明白我在这些年向朋友们介绍投资港股作为养老基金的原因了，较高的股息收入保障了一定的收益，低估的估值有了更好的安全边际。但是高股息和低估值就是判断股票的依据吗？并非如此。这些都只是其中的一部分，我们更看重的是企业的成长，在以后的章节会介绍怎么选择好股票。

第三节　认识港股市场

一、香港市场概况

1969—1972年，香港设立了远东交易所、金银证券交易所、九龙证券交易所，加上原来的香港证券交易所，形成了四家交易所。1980年7月7日，四家交易所合并成香港联合交易所，现在全称为"香港交易及结算所有限公司"，简称"香港交易所"或"港交所"。港交所本身也是自己监管市场的上市公司（香港交易所：00388.HK）。

截至2019年7月，在港交所上市的公司总计2394家，总市值约为32万亿港元，港股分为主板和创业板，创业板有300多家公司，但成交金额仅仅不到1%，几乎可以忽略不计。在我看来，内地投资者不必关注创业板。2008年后香港创业板几乎没有内地企业上市，成为香港本地小型公司和东南亚小型公司的上市平台。

香港上市公司还可以按照地域划分为香港本地股、内地股、其他司法权区在香港上市的股票，其中内地股又分为H股、红筹股和内地民营企业。

（1）香港本地股：注册地和主营业务都在香港的上市公司，比如著名的富豪李嘉诚旗下的长和（00001.HK）。

（2）内地企业是指下列企业（这部分是内地投资者重点投资的对象）：

● H股公司

H股公司指在中国内地注册成立并由内地政府机构或个人控制的公司。以H股架构为主的公司国企居多，比如工商银行（01398.HK），也有部分民企如福耀玻璃（03606.HK）、长城汽车（02333.HK）。以H股架构上市的公司能够在港股和A股同时上市，在法律上没有障碍。

- 红筹公司

红筹公司是指在中国内地以外地区注册成立并由内地政府机构控制的公司。这类公司主要以早期的国企为主，比如有招商局港口（00144.HK）、中国移动（00941.HK），注册地主要以开曼群岛、百慕大群岛、香港为主，目前如果整体回 A 股存在法律上的障碍，但可以分拆部分内地资产在 A 股上市。

- 内地民营企业

内地民营企业是指在中国内地以外地区注册成立并由内地个人控制的公司，如腾讯控股（00700.HK）、东岳集团（00189.HK）。如果整体回 A 股存在法律上的障碍，但可以分拆部分内地资产在 A 股上市。

（3）其他司法权区在香港上市的股票：比如美国的友邦保险（01299.HK）、意大利奢侈品牌普拉达（01913.HK）等。

为什么说内地投资者重点应该投资内地企业呢？首先，绝大部分内地企业主要业务均以内地为主，内地投资者身处内地，方便对其进行了解和研究，所谓知己知彼、百战不殆，这方面内地投资者比起外资投行有着天然的优势。其次，内地企业得益于我们国家快速增长的经济，可以找到不少成长迅速、估值低廉的标的。最后，截至 2019 年 7 月，内地企业市值占据港股的 68.2%，成交金额更是达到 78.8%，已经是港股市场的主流。

港股市场主要是机构主导，散户占比比较低，散户的比例大约在 27%。机构中外资机构占据主导地位，但目前中资金融机构所占份额逐年上升，在部分内地股上，内地资金持股数量和交易量都已经占据较大比重，对股价具备一定的影响力。这里的内地资金不仅仅是指港股通的资金，还包括内地金融机构在港的机构以及散户直接在香港开户的资金，这部分资金近些年呈现明显上升趋势，但目前还不足以取代外资机构。

在港股里投资，投资者不可避免会看到投行的研报，但是外资投行发的研报实际上不少是为投行自身服务的，而不是真正分析企业基本面的。外资投行的研报有以下特点：

（1）有些研报是为了自身买入卖出行为做解释用的。

（2）有些研报甚至是为了拉高出货，或者为了拿到低价筹码而出的。

（3）外资投行投资考虑的标的要有充足的流动性（所以小市值股票基本不入其"法眼"），这是机构的特性决定的。机构对市场覆盖以主流股票为主，一般来说至少是市值100亿港元以上的上市公司。市值低的公司流动性差，机构很难在市场上操作，买少了没有作用，买多了价格就飞涨，买不到理想的价格，有些机构本身就规定不得购买多少市值以下的股票，所以机构研究的股票主要是蓝筹股和100亿港元以上的港股。但如果是对内地散户小资金来说，流动性问题不大。再者，外资投行同时考虑资金安全性，加上不了解中国，对成长期的高负债企业基本一律不予考虑，所以给我们前几年投资融创中国等内房股（好的内房股现在仍然具备很高的投资价值）、现在的中国建材等优质制造企业留下了相当低估的机会。

（4）更重要的是，大部分外资投行团队里只有极少数的中国人，他们对中国的国情不够清楚，很多判断是根据自己的习惯做出的，并没有真正地深入了解分析。

比较典型的有融创中国、中国恒大、舜宇光学等例子。融创中国在5港元/股的时候大部分外资投行都是看低的，甚至有不少研报给出3港元/股的目标价，现在的融创中国已经是40港元每股。而这完全不是个例，这几年这样可以当作反向指标的投行研报充斥着港股市场，所以投资港股看外资研报的时候要看里面的逻辑，千万不要轻信它的结论。

由于外资投行的投资逻辑以及对内地企业缺乏真正了解，港股里被错误低估的股票很多，也给我们留下了很多投资的机会，只要有足够的耐心，甚至会有获得超额收益的机会。

随着互联互通市场的逐步深入，内地投资者（包括机构和个人）在港股的投资也明显呈现出逐年上升和话语权增大的现象，所以港股的价值是一定会回归的，只不过需要耐心，但仍然建议刚刚参与港股的新人不要去投资小市值股票。港股和A股有很大不同，如果用A股的思维去投资港股，会亏得很惨。

二、交易品种丰富的香港市场

港交所除了提供股票交易，还有丰富多样的证券产品，以及各种类别的衍生品，投资者可以实现多品种组合配置，除了股票以外，还有下列证券产品。

1. 交易所买卖产品
- 交易所买卖基金（包括交易所买卖基金等）
- 杠杆及反向产品
- 其他单位信托/互惠基金

2. 衍生权证（在后面的港股窝轮投资会重点介绍）
- 认购权证
- 认沽权证

3. 界内证

4. 牛熊证
- 牛证
- 熊证

5. 房地产投资信托基金

6. 债务证券

除了以上这些证券产品，还有各类衍生品，这些衍生品有以下5个类型。

1. 股票指数产品
- 恒生指数
- 恒生指数期货
- 恒生指数期权
- 恒生指数股息累计指数期货

- 小型恒生指数期货及期权
- 股息期权
- 恒指波幅指数期货
- 恒生中国企业指数
- 恒生中国企业指数期货
- 恒生中国企业指数期权
- 恒生中国企业指数股息累计指数期货
- 小型恒生中国企业指数期货
- 小型恒生中国企业指数期权
- MSCI亚洲（除日本）净回报指数期货合约
- 行业指数期货
- 中华交易服务中国120指数期货
- 金砖市场期货

2. 股票产品
- 股票期货
- 股票期权

3. 汇率产品
- 美元兑人民币（香港）期货
- 美元兑人民币（香港）期权
- 欧元兑人民币（香港）期货
- 日元兑人民币（香港）期货
- 澳元兑人民币（香港）期货
- 人民币（香港）兑美元期货

4. 利率产品
- 一个月港元利率期货
- 三个月港元利率期货

5. 商品
- 美元黄金
- 人民币（香港）黄金

- 美元伦敦金属小型合约
- 美元伦敦铝期货小型合约
- 美元伦敦锌期货小型合约
- 美元伦敦铜期货小型合约
- 美元伦敦镍期货小型合约
- 美元伦敦锡期货小型合约
- 美元伦敦铅期货小型合约
- 人民币（香港）伦敦金属小型合约
- 人民币（香港）伦敦铝期货小型合约
- 人民币（香港）伦敦锌期货小型合约
- 人民币（香港）伦敦铜期货小型合约
- 人民币（香港）伦敦镍期货小型合约
- 人民币（香港）伦敦锡期货小型合约
- 人民币（香港）伦敦铅期货小型合约
- 美元 TSI 铁矿石
- 美元及人民币（香港）黄金期货合约指数

市场提供了丰富多彩的产品，投资者可以购买指数基金和其他各种基金、债券，也可以买高风险高杠杆的窝轮，还可以看空股票，购买货币期货，等等。但是在这里要提醒各位，初入港股市场的朋友不要去买窝轮、期权以及各种衍生品，这些产品收益巨大，风险也同样巨大，完全不适合初学者。本书第十章会专门讲解如何投资窝轮，但这只适合于很成熟的投资者。

第四节　谈谈恒生指数

恒生指数是香港股市的官方指数，但我认为恒生指数的编制并不能完全反映香港股市的真实情况，投资者往往发现手中持有的港股股票涨跌幅很大，而恒生指数只是小幅涨跌。为什么是这样的呢？这里有必要对恒生指数做个了解。

> **知识链接**
>
> **恒生指数有限公司简介**
>
> 恒生指数有限公司（恒生指数公司）于1984年成立，乃恒生银行全资附属机构，为香港首屈一指的指数公司，所编算的指数涵盖香港及内地市场。
>
> 恒生指数公司负责编算及管理恒生指数系列。自1969年推出被视为香港股票市场指标的恒生指数开始，恒生指数公司一直站于市场最前沿，并且推出不同系列的市场指标，协助投资者做出投资决定。
>
> 恒生指数系列分为五个类别——市值指数、因子及策略指数、行业指数、可持续发展指数及固定收益产品指数，并按指数成份股的上市地域分类为香港上市、跨市场及内地上市。
>
> 到2019年年末，恒生指数系列旗下共有超过500项实时/每日指数。展望未来，恒生指数公司将继续扩展其指数系列，以满足各类投资者对指数投资的不同需求。
>
> 恒生指数有限公司网站链接：https://www.hsi.com.hk/schi。

恒生指数是香港最早的股票市场指数之一。自1969年11月24日推出以来，一直被广泛引用，成为反映香港股票市场表现的重要指标。1984年，恒生银行成立恒生指数有限公司，作为恒生银行全资附属机构。为进一步反映市场各类别证券的价格走势，恒生指数于1985年推出分类指数，并把所有成份股分别纳入金融、公用事业、地产和工商业四个分类指数中。

截至2019年12月，香港股市共计有2449家上市公司，其中内地公司1241家，市值占比73%，成交占比79%。但恒生指数仅仅只有50家成份股，而且成份股中的分布也不太均衡，从图1-6可以看出，内地企业占比（和市值占比相比较）不足，部分行业占比过低，比如内地制造业在指数中占比极低。

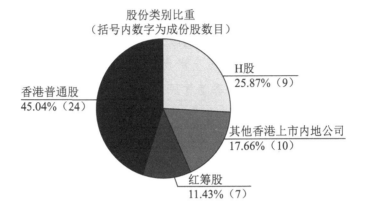

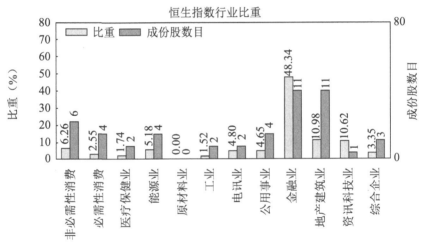

由于进位关系，比重之总和可能与总值略有出入。

图1-6 恒生指数成份股分布

资料来源：恒生指数有限公司网站。

从图1-7可以看出恒生指数中金融地产行业占比偏高，恒生指数是有所偏颇的，当然指数编制很难做到完美。我们必须了解指数的基本构成，这样才能了解指数变化和手中股票变化的差别在哪里。

成份股					
股票号码	国际证券号码	公司名称	行业分类	股份类别	比重(%)
700	KYG875721634	腾讯控股	资讯科技业	其他香港上市内地公司	10.62
5	GB0005405286	汇丰控股	金融业	香港普通股	9.83
1299	HK0000089689	友邦保险	金融业	香港普通股	9.69
939	CNE1000002H1	建设银行	金融业	H股	7.81
2318	CNE1000003X8	中国平安	金融业	H股	5.52
1398	CNE1000003G1	工商银行	金融业	H股	4.75
941	HK0941009539	中国移动	电讯业	红筹股	4.32
388	HK0388045442	香港交易所	金融业	香港普通股	3.25
3088	CNE100000IZ5	中国银行	金融业	H股	2.84
883	HK0883013259	中国海洋石油	能源业	红筹股	2.48
1	KYG217651051	长和	综合企业	香港普通股	2.15
823	HK0823032773	领展房产基金	地产建筑业	香港普通股	1.86
2628	CNE1000002L3	中国人寿	金融业	H股	1.73
2	HK0002007356	中电控股	公用事业	香港普通股	1.67
3	HK0003000038	香港中华煤气	公用事业	香港普通股	1.66
1113	KYG2177B1014	长实集团	地产建筑业	香港普通股	1.56
16	HK0016000132	新鸿基地产	地产建筑业	香港普通股	1.48
27	HK0027032686	银河娱乐	非必需性消费	香港普通股	1.33
11	HK0011000095	恒生银行	金融业	香港普通股	1.32
1928	KYG7800X1079	金沙中国有限公司	非必需性消费	其他香港上市内地公司	1.25
688	HK0688002218	中国海外发展	地产建筑业	红筹股	1.25
386	CNE1000002Q2	中国石油化工股份	能源业	H股	1.22
1109	KYG2108Y1052	华润置地	地产建筑业	红筹股	1.15
2388	HK2388011192	中银香港	金融业	香港普通股	1.07
2382	HK8588D1097	舜宇光学科技	工业	其他香港上市内地公司	1.03
2007	KYG245241032	碧桂园	地产建筑业	其他香港上市内地公司	1.02
2313	KYG8087W1015	申洲国际	非必需性消费	其他香港上市内地公司	1.01
669	HK0669013440	创科实业	非必需性消费	香港普通股	1.00
1093	HK1093012172	石药集团	医疗保健业	其他香港上市内地公司	0.93
2319	KYG3777B1032	蒙牛乳业	必需性消费	红筹股	0.93
175	KYG3777B1032	吉利汽车	非必需性消费	其他香港上市内地公司	0.89
857	CNE1000003W8	中国石油股份	能源业	H股	0.85
6	HK0006000050	电能实业	公用事业	香港普通股	0.85
267	HK0267001375	中信股份	综合企业	红筹股	0.81
1177	KYG8167W1380	中国生物制药	医疗保健业	其他香港上市内地公司	0.81
66	HK0066009694	港铁公司	非必需性消费	香港普通股	0.76
288	KYG960071028	万洲国际	必需性消费	香港普通股	0.76
17	HK0017000149	新世界发展	地产建筑业	香港普通股	0.70
1997	KYG6593A1040	九龙仓置业	地产建筑业	香港普通股	0.62
12	HK0012000102	恒基地产	地产建筑业	香港普通股	0.60
1088	CNE1000002R0	中国神华	能源业	H股	0.59
3328	CNE100000205	交通银行	金融业	H股	0.52
762	HK0000049939	中国联通	电讯业	红筹股	0.48
2018	KYG2953R1149	瑞声科技	电讯业	其他香港上市内地公司	0.48
1038	BMG2178K1009	长江基建集团	公用事业	工业	0.46
151	KYG9431R1039	中国旺旺	必需性消费	其他香港上市内地公司	0.44
1044	KYG4402L1510	恒安国际	必需性消费	其他香港上市内地公司	0.43
19	HK0019000162	太古股份公司A	综合企业	香港普通股	0.39
83	HK0083000502	信和置业	地产建筑业	香港普通股	0.38
101	HK0101000591	恒隆地产	地产建筑业	香港普通股	0.37
				合共	100.00

图 1-7 恒生指数成份股明细

资料来源：恒生指数有限公司网站。

指数中的成份股分红除息时恒生指数是不做调整的，这样恒生指数也不能真实反映分红情况。对投资者来说，分红的部分也可以选择继续购买股票，但指数并不调整，实际上指数不能反映分红的收益，也不能反映投资者的真实收益情况，这种情况可以参考恒生股息累计指数。所以长期下来，有些股民会感觉手中的股票涨跌幅往往大于恒生指数。

相对来说，内地投资者参考恒生中国企业指数（又称国企指数）的价值更大，原来的国企指数只有40只成份股，并且全是H股。2018年3月5日，恒生指数将10家红筹股和民营企业纳入国企指数成份股。截至2019年7月，恒生国企指数成份股如图1-8所示。

图 1-8　恒生国企指数成份股明细

资料来源：恒生指数有限公司网站。

除此之外，恒生指数公司还编制了很多其他指数供投资者参考，大家可以根据自己的情况来参考指数。

第五节　复利的魔力能在港股得到更好的体现

这里先分享一个关于复利的著名故事。有个国王与国际象棋国手下棋输了，国手要求国王在第一个棋格中放上一粒麦子，第二格放上两粒，第三格放上四粒，依此类推，即按复利倍增的方式放满64个棋盘棋格。国王以为这个棋手可以得到一袋麦子，结果却是全国的麦子都不足以支付。

复利的概念在生活中随处可见，理财、金融等，即使起点不高，但如果坚持下去，利滚利，最终的结果是惊人的。复利的计算是对其本金及其产生的利息一并计算,也就是利上加利。复利计算的特点是:把上期末的本金与利息之和作为下一期的本金,在计算时,每一期本金的数额是不同的,俗话说的利滚利就是复利。

复利在金融市场中有着巨大的魔力。爱因斯坦说过:"复利是有史以来最伟大的数学发现。"大多数人都可能被动接受过保险的推销,很多人会对养老产品多年之后的回报感到动心,大部分养老险的回报也许连银行1年期的存款利率(按复利计算的话)都不如,但还是吸引人,这就是复利的魔力。

表1-4显示的是一次性投资,收益率不同,年限不同的收益情况。这张表可以让普通投资者根据自己的情况计算一下相关年限投资的收益情况。比如投资者现在30岁,离退休年龄还有30年,那么一次性投资10万元,如果能取得平均年化收益率10%,则30年后可获得174.5万元,如能取得15%平均年化收益率,则可以获得662.1万元。表1-4有个比较方便的懒人法则"七十二法则","七十二法则"是指以1%的复利来计算,经过72年后本金能够翻一倍。可以用72除以复利的利率得出翻倍所需要的时间,比如年10%的复利水平,那么72÷10=7.2,代表7.2年可以翻倍,那么15%收益率大约就是72÷15=4.8,即4.8年可以翻倍,其他的依此类推。

表1-4 投资复利倍数表

时间	5%利率	10%利率	15%利率	20%利率	25%利率	30%利率
3年	1.16	1.33	1.52	1.73	1.95	2.2
5年	1.28	1.61	2.01	2.49	3.05	3.71
10年	1.63	2.59	4.05	6.19	9.31	13.79
15年	2.08	4.18	8.14	15.41	28.42	51.19
20年	2.65	6.73	16.37	38.34	86.74	190.05
25年	3.39	10.83	32.92	95.4	264.7	705.64
30年	4.32	17.45	66.21	237.38	807.8	2620
35年	5.52	28.1	133.18	590.69	2465.19	9727.86
40年	7.04	45.26	267.86	1469.77	7523.16	36,118.9

表 1-5 显示的是如果每年存 1 万元，收益率不同，年限不同的收益情况。还是以投资者 30 岁来说明，每年投资 1 万元，到 60 岁，共计投资 30 万元本金，如果能取得平均年化收益 10%，则 30 年后可获得 180.91 万元，如能取得 15% 平均年化收益，则可以获得 500 万元。**如果投资者 30 岁时一次性投资 10 万元，并且每年投资 1 万元（含当年），如果能取得平均年化收益 10%，则 30 年后共计可获得 180.91+174.5=355.41（万元），如能取得 15% 平均年化收益，则共计可以获得 500+662.1=1162.1（万元）。**我认为普通投资者通过系统学习在中国股市长期投资，可以取得 10%～15% 的收益，所以用 10% 和 15% 为例来说明复利。为什么说这个收益是普通投资者有可能做到的呢？在下面的章节会逐步说明如何建立自己的价值投资体系来获取满意的收益。长期获得 20% 以上的收益是顶级大师如巴菲特才能做到的，而且随着巴菲特资金量越来越庞大，现在的巴菲特也难以做到了。这对于普通投资者来说是极其困难的，当然这里讲的是 15 年以上的数据，有人投资了几年就说自己的水平超过了巴菲特，这种话只能被人耻笑。

表 1-5 每年投资 1 万元的复利倍数表 单位：万元

时间	5% 利率	10% 利率	15% 利率	20% 利率	25% 利率	30% 利率
5 年	5.81	6.71	7.75	8.93	10.25	11.77
10 年	13.22	17.52	23.35	31.15	41.55	55.45
15 年	22.68	34.94	54.72	86.45	137.07	217.66
20 年	34.74	62.98	117.82	224.05	428.58	819.92
25 年	50.15	108.15	244.73	566.42	1318.5	3056.08
30 年	69.81	180.91	500	1418.36	4033.1	11,358.8
35 年	94.91	298.07	1013.43	3538.27	12,318.3	42,186.1
40 年	126.95	486.77	2046.11	8813.27	37,602.8	156,646

从表 1-4 和表 1-5 可以看出，收益率和时间是两个重要要素，所以我从女儿 11 岁时开始给她以每周半个小时的频次上股票投资课程，

到 2020 年年初已经有两年的时间。实际上教育也是有复利的,从小积累的投资知识对人的一生都有巨大的作用。读者朋友们,股票投资更是要趁早,没有经历过牛熊穿越的投资者就不算经过考验的投资者,时间的积淀对投资者而言是很重要的。

由于港股具备估值低、股息高的特点,从长期来看,投资港股的平均收益率将超过 A 股,由于复利的威力,这种差别越长期越大。

第二章
港股投资渠道和交易知识

本章主要介绍港股投资的渠道和方法、香港市场费用情况以及和内地市场的主要区别，同时附上投资港股市场的各个信息收集网站。

第一节 港股通——主流便捷的渠道

内地投资者投资港股主要有三个途径,自己直接操盘投资的渠道主要是港股通渠道和直接香港开户渠道,香港本地投资者则直接香港开户即可。第三个渠道则是购买各大基金公司发行的跟踪港股相关行业公司以及港股指数的基金。

一、港股通简介

1. 沪港通

2014年11月17日正式启动沪港通,截至2019年8月20日沪港通可购买股票为326只,主要由恒生大型指数成份股、恒生中型指数成份股构成,成份股每隔一段时间会有所调整,最新可交易的具体成份股可查询上交所网站(http://www.sse.com.cn/services/hkexsc/disclo/eligible/)。

2. 深港通

沪港通开通两年后于2016年12月5日开通深港通,深港通明显扩大了投资标的,截至2019年8月20日,可购买股票为481只,当然大部分的沪港通股票也都包括在深港通范围内。最新可交易的具体成份股可查询深交所网站(http://www.szse.cn/szhk/hkbussiness/underlylist/),深港通标的主要来源:

(1)恒生综合大型股指数成份股。

(2)恒生综合中型股指数成份股。

(3)定期调整考察前12个月平均月末市值不低于50亿港元的

恒生综合小型股指数成份股。

（4）同时在香港和内地上市的A+H股中的H股。

港股通包含沪港通和深港通，股票约占港交所上市股票总市值的89%以上，交易额的90%以上，已经涵盖港股的主流。初入港股的投资者前期就把投资标的范围设定为港股通股票较为合适，毕竟这份官方筛选的名单相当于白名单，令普通投资者"谈虎色变"的老千股基本上不会出现在这个名单上，可以规避掉。对于港股老手来说，可以自己设定出合适的选股方式，不必受名单约束。

二、港股通开通方法及条件

开通港股通，不必到香港开户，只需要投资者个人的证券账户资产（包含现金、股票及基金等资产）的前20个交易日日均余额达到人民币50万元以上即可开通。也就是说，如果当日资产有1000万元以上，理论上第二个交易日即可申请开通港股通，开通后即使资金转走也没有关系，也就是开通后没有资金的要求。第二个条件是要通过券商的港股知识测评，这个可以多次进行直到通过为止，提前了解一些港股的交易知识或者搜索答案就可以通过了。这些开通过程不必到券商柜台办理，通过券商的交易软件就可以直接申请，很是方便。

三、港股通汇率介绍

港股通使用人民币交易，投资者买入港股的时候，无须换汇，很方便，但初次通过港股通买入港股的投资者会发现当天买入的港股马上会显示出3%的亏损，实际上这个亏损是不存在的，只是交易汇率结算的影响，通常会在收盘结算后退回。在此须了解参考汇率和结算汇率。

1. 参考汇率

港股通的参考汇率是指在港股通交易日每日开市前，由换汇银行提供向市场公布的汇率。

查询参考汇率和结算汇兑比率的网址：http://www.szse.cn/szhk/hkbusiness/exchangerate/index.html。

深交所和境内证券公司利用此参考汇率对投资者资金进行监控。投资者买入港股时，券商利用参考汇率卖出价计算投资者需要冻结的人民币资金；投资者卖出港股时，券商利用参考汇率买入价计算投资者预计得到的人民币资金。

参考汇率主要用于券商交易前端冻结资金，而非用于实际结算。为避免当日汇率波动给市场带来的结算风险，其取值范围覆盖了历史上最大的单日波动范围，**目前取值为结算前一日末离岸市场港元兑人民币即时中间价的 ±3%。**

2. 结算汇率

结算汇率是指投资者进行港股通交易的实际结算汇率。当天收盘后，中国结算根据全市场港股通成交的清算净额，这个净额就是以当天境内投资者通过港股通买卖港股全部应收应付资金的轧差金额向港股通结算银行换汇，在香港与换汇银行换汇后，将换汇成本均摊到所有买入和卖出成交额而得出的汇率。**通俗地讲，这个换汇是先内部将买卖部分平掉，然后用批发价向结算银行换汇，再分摊给每一笔交易。这种方法降低了市场整体换汇成本，也可以享受到适用于机构的优惠汇率。因此，通常这个汇率比投资者自行换汇会有明显的优势，港交所和结算公司也承诺过不会在交易汇率上赚钱。**虽然换汇费用已经是最低费用，实际费用也远比想象中低得多，但"蚊子腿儿也是肉"，每次换汇投资者还是有一点费用的。

所以，我们应该明白港股通买入的时候显示的 3% 亏损是怎么回事了，这是由于买入港股时采用参考汇率的上限（比市场汇率中间价高出约 3%）与实际结算汇率的差值，通常盘后结算完就会正常显示，一般情况下就没有这个 3% 的损失（但有汇率变动损益）。

投资者在卖出港股时，券商采用参考汇率的下限（比市场汇率中间价低 3%），部分券商还会出于风险管理的需要，加减一定的比例来控制客户资金。

但投资者实际上没有这个汇率损失,参考汇率的上下限只是用于冻结资金风控时使用,只是显示上的差异,当结算完毕,显示金额就会变成正常结算汇率结算后的数据,而实际结算汇率并不会有这个损失。

第二节 直接香港开户的渠道

这个渠道有很大的优势,可以投资港交所提供给散户的全部标的,可以打新股,可以免除换汇损失(但要承受汇率波动),最重要的是可以少缴很多红利(股息)税(具体会在本章第四节讲解)。

一、不用到香港直接在内地就能开户的方法

1. 通过互联网券商

网络券商提供了内地居民足不出户就能在家里20分钟开户的便捷方式,富途、老虎、盈透证券、雪盈证券、耀才证券等券商都提供了用手机APP直接开户的方式。我们以富途为例来说明开户的方法,只要准备好身份证和手机就可以开户了。在应用市场或应用商店里搜索富途牛牛,找到并下载。然后按它的提示一步步操作就可以了,最后会提示选择融资账户还是普通账户,不想融资的朋友们就可以选择普通账户。但是开通了港股账户并不等于能进行港股交易,还必须有个香港银行账户才能入金到账户进行交易。富途和其他券商规定必须使用自己的同名银行账户才能入金和出金。雪盈、富途提供了代办香港银行账户的方法,进入雪盈、富途开户界面,可以按照它的要求不必到香港就能办理好银行账户。

2. 通过内地券商的香港业务部门

除此之外,还可以通过内地的券商代办香港分支机构的账户,比如广发证券、招商证券、国泰君安国际等,这些券商可以代办香港机

构的账户。这样不用到香港,在内地就能直接办好港股账户,但是大部分券商都还需要投资者持有香港银行账户才能入金,所以最好在香港开个银行账户。

那么又有什么办法是可以在内地就直接办好香港银行账户呢?内地的不少全国性银行,比如工商银行、中国银行、招商银行、民生银行等,都是可以办理香港银行账户的,但是每个银行有不同的要求,比如招商银行和民生银行有资金方面的要求,所以具体有什么要求需要咨询一下银行。通常只有在一线城市、省会城市和较大的城市才有能够代办香港账户的点,比如辽宁省的省会沈阳工商银行只有一个点能办理工银亚洲(香港)的账户。

3. 银行渠道

香港的大部分银行,包括内地银行香港的分支机构比如工行香港的工银亚洲,通过申请开通港股交易功能,都是可以交易股票的,但是本人深有体会。一是贵,手续费相当昂贵;二是交易界面简陋,还没有实时报价。好处当然是安全,银行资金的安全可靠程度比香港的一些小券商要大得多。因为香港的券商是有可能倒闭破产的,如果资不抵债,那么投资者可能只能拿回一部分的投资,所以最好不要选择香港小券商。

二、到香港开户的渠道

有些朋友经常往来香港,或者刚好有机会到香港开户,也可以直接到香港开通银行和券商账户,比如可以直接到互联网券商富途的香港业务部开户,也可以选择香港本地的券商如耀才证券、英皇证券,还可以选择外资投行比如花旗、高盛等,但内地居民选择外资券商有诸多不便,比如语言、习惯等。至于在银行开户,内地居民到香港银行开户有很多银行可以选择,但是有些银行会要求定期存一定数量的金额或者购买它们的理财产品等附加条件才给开户,比如汇丰银行。遇到这种情况可以不必理会,毕竟能开户的银行很多,我们可以选择内地银行的香港机构，比如工银亚洲，还可以选择香港本地银行比如永隆银行（基本没有什么附加条件）。开户前可以在网上查询银行的电话进行预约，同时了解一下开户条件，做好选择。通常要准备的资料有身份证和地址证明。这里要说明的是，地址证明只是证明你的住址，不要求是自己有产权的房子，可以准备物业公司开具的住址证明，或是水电费单、煤气费单等能证明自己住址的单据就可以。

券商开户一般需要准备的是：

（1）身份证明，如身份证或护照。

（2）银行卡。

（3）地址证明。

最好通过电话咨询一下需要的材料。

三、香港开户券商的选择

在券商的选择上，互联网券商是较优选择，互联网券商又以雪盈证券和富途证券为佳。有些人原来对互联网券商有诸多顾虑，比如资金安全等，但这一顾虑可以随着富途和老虎在美国上市而打消。拿富途证券来说，IPO（首次公开募股）后股权结构为：创始人李华占45.4%股权，腾讯控股占34.2%股权，经纬中国占5.4%股权，红杉中国占3.5%股权。创始人李华原为腾讯第18号员工。而雪盈证券则是和雪球网以及美国最大的网络券商盈透证券合作的券商。从合作模式上说，雪盈证券是盈透证券的全披露经纪商。这种全披露的合作模式是：雪盈证券客户的交易清算、资金和资产托管、出入金等底层服务由盈透证券负责，雪盈接触不到，可靠度也比较高。

互联网券商的特点是产品做得很好，交易软件比较好用。在这里，还要特别说明一件事情，由于港交所本身也是一家上市公司，既然是上市公司，就要追求利润，所以把内地都免费提供的即时交易行情当作需要付费的工具，大多数港股交易软件看到的行情都是延时行情，延时大约15分钟。有些互联网券商会自己购买后给客户提供免费的实时行情，互联网券商交易手续费通常比其他券商和银行低廉得多。

第三节　通过基金渠道投资港股

如果港股通和香港开户都不方便，还可以通过二级市场购买或者直接申购由各大基金公司发行的跟踪港股相关公司以及港股基金来曲线投资港股。

目前以港股为投资标的基金就是常说的港股QDII，主要包括ETF基金和分级基金两种，以港股为投资标的的QDII不少，比如有恒指ETF（交易所买卖基金）、南方恒指ETF、华夏沪港通恒生ETF，分级基金比如汇添富恒生指数A、汇添富恒生指数B、银华恒生H股A、银华恒生H股B等。

首先解释一下QDII的含义。QDII是英文单词"Qualified Domestic Institutional Investor"的首字母缩写，翻译过来就是"合格境内机构投资者"。有一点需要注意，QDII是有额度的，这个额度需要从外管局获批，但监管层对于QDII的额度有严格的控制，外管局在2015年3月以后就停止审批新QDII额度，目前为止QDII累计获批机构为132家。正是因为各家公募基金领到的额度不同，所以时常会传出QDII基金总是出现限购的消息，所以有时候不是想买就可以买的。

借道机构发行的QDII基金来投资港股的好处有两点。

（1）不占用个人外汇额度。我们知道，目前国家外汇兑换处于收紧状态，每人每年最多5万美元的额度。借道公募QDII，就不占用个人外汇额度。只要QDII额度还有，就可以买。

（2）可以跨市场投资。QDII除了可以投资港股，还可以投资多个海外国家的股票，比如美股等，可以做到横跨多个市场投资，也算是投资领域的一站式服务了。

但我还是建议有能力的投资者尽量使用港股通渠道和直接香港开户的渠道。

第四节 高昂的港股收费

初次接触港股,习惯了内地低廉的股票交易收费,香港股市高昂的费用令人极为诟病。比如佣金,大部分传统券商包括我们内地券商香港分支机构都收取千分之一以上的手续费,而且不少还有最低每笔100港元的要求,即使是雪盈、富途这样收费低廉的互联网券商,也有最低的平台使用费,大约是15元一笔。费用对比如表2-1所示,从中可以看出港股的整体交易费用至少比内地要高出1倍以上。

表2-1 港股和A股主要收费比较表

费用对比	港股市场	收费方	A股	收费方
印花税	双边征收千分之一	香港特区政府	单边征收千分之一	中国政府
交易佣金	各券商不等,但一般都明显高于内地	券商	目前标准基本为万分之2.5	券商
交易费	万分之零点五×成交金额,最低0.01港元	香港交易所	万分之零点二	深交所或上交所
交易系统使用费	每笔成交收取0.5元港元	香港交易所	无	
交收费	成交额的万分之零点二,每笔最低2港元,最高100港元	香港结算所	无	
交易征费	0.0027%×成交金额,最低0.01港元	香港证监会	无	

资料来源:港交所、上交所、深交所网站。

内地的A股只是单边征收印花税千分之一,仅是港股的一半。而港交所提供实时行情是需要收费的,大部分券商不提供实时行情,如果需要实时行情还要向券商购买,券商则需要向港交所购买。除此之外,券商代投资者收取现金股息,进行代收、配股、公开认购、以股代息以及认购新股中签后等业务,都要收取一定的手续费,而这些在A股都是免费的。

如此名目众多的收费也导致交易成本高昂,如果是高频买卖,在港股市场会很吃力。在此也呼吁香港应该考虑降低印花税和港股通的红利税，香港交易所也应适当降费，比如免除内地都不收费的实时行情。这样整体盘活香港市场，才是提升香港市场的有效方案。

第五节　港股通和直接香港开户的区别

通过港股通购买港股和香港直接开户主要有哪些区别呢？港股通是政府鼓励的渠道，非常方便，符合20个交易日日均资金余额50万元或累计达到1000万元资金就可以开户，在内地券商直接通过网上就可以办理。但港股通也有很多局限，最主要的4点就是：

（1）交易产品受限。港股通只能交易港股通股票。直接香港开户除了港交所的所有股票，还有其他很多产品可以交易。

（2）港股通红利税高达20%，直接香港开户H股只有10%的红利税，红筹股和很多注册地在开曼群岛等地的民营企业比如宝龙地产等都是免收红利税的，港股本地股也免红利税。

（3）港股通不可以融资融券，直接在香港开户则可以。

（4）港股通不可以申购新股，直接在香港开户则可以。

表2-2将两者之间的主要区别列了出来，从中可以看出差别不小。

表2-2　港股通和香港直接开户区别

项　目	港　股　通	香港直接开户
交易品种	港股通标的有500多只股票	港交所所有上市股票，权证，牛熊证，ETF，单位信托/互惠基金等，还有很多沽空工具
H股红利税	20%红利税	10%红利税
红筹股红利税	20%红利税	绝大部分免收红利税
注册地不在内地的内地民营企业	20%红利税	一般免收红利税，比如宝龙地产、天能动力等
香港本地企业	20%红利税	一般免收红利税
融资情况	不可以融资融券	可以融资，也可以卖空

续表

项　　目	港 股 通	香港直接开户
申购新股	不可以	可以
交易订单委托	只有两种：早盘竞价时段和收盘竞价时段采用"竞价限价盘"委托，在持续交易时段采用"增强限价盘"委托	竞价限价盘 竞价盘 增强限价盘和特别限价盘 限价盘 收市竞价
交易时间	有些节假日不开通，但港股单独开通	港交所正常交易日均可交易
资金要求	开通前20日日均50万元资产余额	一般无资金要求
货币	全部用人民币结算，包括股息发放。每次买卖均需换汇，但券商会自动换汇	港元结算，内地居民须将人民币换成港元进行买卖，之后就不用换汇了

资料来源：港交所网站。

从表2-2中可以看出，港股通还是有许多限制的，所以有条件直接在香港开户的朋友，特别是有境外收入的朋友，还是应该直接在香港开户。

港股打新

直接开户港股市场是可以打新的，港股通则不可以。但是不同于A股打新，截至2019年10月，A股打新已经有"22年不败"的神话，基本上只要中了新股就能赚钱，虽然2019年年末主板和科创板陆续开始出现首日破发情况，但仍然属于个例。按照现行规则，要在A股申购新股，必须持有A股市值，A股中签率通常情况下只有万分之一到千分之一，港股申购新股则无须持有市值，还可以融资打新，中签率也高，通常打新有较大机会中签。但是港股打新并非稳赚不赔，经常有破发现象，所以打新必须要学会选择。

总体来说，长期港股打新还是能够盈利的，港股有些专注研究打新的投资者获利不错。通常来说，香港的一些高科技上市公司比如小米集团、易鑫等，上市初期都有很好的表现，如果股价涨得不错，投资者应该根据上市公司真实情况进行操作，如果估值较高，应该出手兑现收益。比如小米集团从2019年7月9日上市后很快从发行价17港元涨到7月18日的22.2港元，但随后就进入了漫长的下降通道，2019年8月23日股价仅为8.96港元。

还有就是一些稀缺题材公司，比如中烟香港，由2019年6月12日的4.88港元发行价到2019年7月3日的最高价28.5港元，实际上中烟香港本身业绩在港股并不突出，但这类题材港股缺乏，所以也有很好的空间。但总体来说，香港股市打新不是稳赢，投资者应该有所选择地打新，或者拿出小部分资金来打一些热门股和明显被低估的新股赢面会比较大，不宜使用大资金来打新。并且要及时兑现打新的收益，不要将打新变成长期持股。

第六节　港股交易规则

一、交易时间

港股的交易时间和A股有所不同。这包含两个方面：港股休市日和A股不同，交易时间段也和A股不同。

（1）港股休市日。香港2020年休假日可以参考表2-3。除了周六周日和内地一样为假日外，香港还是一个融合中西方文化的地方，所以中国和西方的许多节日都放假，比如西方的圣诞节、耶稣受难日、复活节。但和内地的假日又有所不同，比如国庆节只有10月1日当天放假，而A股则是连续放假7天。这样也造成港股通会有比较多的不开通日，只要是A股休市或者港股休市，港股通都会关闭，有些重大节日还会提前关闭。比如2020年春节期间，港股通在1月22日就已经关闭，同时由于新型冠状病毒疫情的影响，A股从原定1月31

日开市推迟到2月3日才开市,而这个比较长的时间内港股通在港股开市的情况下不能交易。这是港股通投资者必须要了解和接受的一个规则,当然对于长期价值投资者来说不是大的问题。港股和港股通交易日可以查询港交所网站日历表,网址链接:https://sc.hkex.com.hk/TuniS/www.hkex.com.hk/News/HKEX-Calendar?sc_lang=zh-HK。

表2-3 香港股市2020年度休市日

月　　份	具　体　时　间
1月	1. 元旦(1月1日) 2. 半日市(1月24日下午休市半日) 3. 春节(1月25日至28日)
4月	1. 清明节(4月4日) 2. 耶稣受难日(4月10日) 3. 复活节星期一(4月13日)
5月	劳动节(5月1日)
6月	端午节(6月25日)
7月	香港特别行政区纪念日(7月1日)
10月	1. 国庆日(10月1日) 2. 中秋翌日(10月2日) 3. 重阳节翌日(10月26日)
12月	1. 半日市(12月24日下午休市半日) 2. 圣诞节(12月25日) 3. 半日市(12月31日下午休市半日)

资料来源:港交所网站。

(2)交易时间段。根据《交易所规则》第五章交易时间,港股每个交易日分为两个交易时段,早盘连续报价交易时间段为9:30—12:00、13:00—16:00,全天连续交易5.5小时。半日盘只有早盘,收市竞价交易时间段为12:00—12:10。

港股在连续交易时间段外还有两个时间段:早盘开市前时段和下午收市竞价交易时段。

开市前时段(9:00—9:30):

- 早盘9:00—9:15,投资者可以输入竞价盘和竞价限价盘,可以撤销或修改。但是港股通投资者只能输入竞价限价盘,只能撤销订单不可修改。
- 早盘9:15—9:20，投资者只可输入竞价盘，并且不可以修改和撤销。
- 早盘9:20—9:28为对盘时段，投资者不可以输入、更改、取消买卖盘。
- 早盘9:28—9:30为暂停时段，等待早上交易时段开始。

实际上部分券商自上一交易日16:10到本交易日早盘开始前，都可以输入买卖盘指令的服务，但只是先提交给券商，券商会在开盘后提交给交易所。

收市竞价交易时段仅适用于收市竞价交易时段证券，时间为16:00—16:10。

交易所可不时地全权行使其酌情权，决定收市竞价交易时段适用证券名单。不是所有股票都可以集合竞价，只有港交所规定纳入收盘集合竞价的港股才可进行，并且港交所会随时更改名单。一般可以集合竞价的股票为恒生综合大型股和中型股指成份股以及交易所买卖基金（ETF），大约500只以上。

收市竞价交易时段包括以下四个顺序的时段：

（1）16:00—16:01为参考价定价时段，在该时段计算及公布参考价，不得输入、更改或取消买卖盘。

（2）16:01—16:06为输入买卖盘时段，在该时段可输入、取消或修改竞价盘和竞价限价盘。港股通投资者仅可以输入竞价限价盘，买卖盘的价格限制是参考价的±5%内，系统会自动带入持续交易时段符合价格条件的买卖盘。

（3）16:06—16:08为不可取消时段，在该时段可输入竞价盘和竞价限价盘。港股通投资者仅可以输入竞价限价盘，不可取消和修改。

（4）16:08—16:10为随机收市时段，实际收盘时间由系统随机决定。各个时段的持续时间由交易所不时订定，也就是可能会改动。

二、五种买卖盘的解释

在开市前时段,香港交易所的交易系统只接受竞价盘及竞价限价盘。

在持续交易时段,香港交易所的交易系统只接受限价盘、增强限价盘及特别限价盘。

(1)竞价限价盘。竞价限价盘是指有指定价格的买卖盘,不会以差于最终参考平衡价格的价格对盘,简单说就是买盘不会高于投资者的指定价格,可以低于投资者的指定价格,卖盘不会低于投资者的指定价格,可以高于投资者的指定价格。在开市前时段结束后,任何未完成而输入价格不偏离按盘价 9 倍或以上的竞价限价盘,将转为输入指定价格的限价盘,在同一个交易日的持续交易时段进行自动买卖盘配对。

(2)竞价盘。竞价盘是指没有指定价格的买卖盘,在输入自动对盘系统后按照最终参考平衡价格进行对盘,享有优先对盘次序。在开市盘前时段结束后,任何未完成的竞价盘会于持续交易时段开始前自动取消。竞价盘风险很大,因为集合竞价时段股价可能大涨大跌,而且在 9:15—9:20 时段输入的竞价盘是不可以撤销的。

(3)限价盘。限价盘是指投资者只可以其指定的价格买入或卖出证券,卖盘的价格不可低于最佳买入价(如有),而买盘的价格不可高于最佳卖出价(如有)。任何未完成的限价盘,将存于所输入价格的轮候队伍中。

(4)增强限价盘。可在同一时间与最多 10 条轮候队伍进行配对(即最佳价格队伍至距离 9 个价位的 10 条轮候队伍),但成交的价格必须不低于输入价格。增强限价盘的输入卖盘价不可以低于最佳买盘价 10 个价位,输入买盘价则不可以高于最佳卖盘价 10 个价位;配对后任何未能成交的买卖盘余额都将按原先输入的指定限价转为一般限价盘,存于所输入价格的轮候队伍中。

(5)特别限价盘。特别限价盘的卖盘的价格必须等于或低于当时最佳买入价,又或买盘的价格须是等于或高于当时最佳卖出价。配对后，交易系统会取消原买卖盘中未能成交的余额。

香港股市除 9：15—9：30 以及收盘竞价不可以取消时段不得修改和撤销买卖盘申报，12：30—13：00 不可以修改买卖盘申报以外，其余交易时间既可以撤销未成交申报，也可以修改申报数量和价格，**但是港股通投资者不可以修改申报，只能采用先撤单再申报的方式修改订单。**

三、交易手数和报价变动幅度

不同于 A 股每手为 100 股，港股每手股数为上市公司自行规定，有可能是 100 股、500 股、1000 股、2000 股等，具体在券商软件里可以看到。

不足一手的股票被称为碎股，不能通过港交所自动对盘系统成交。碎股可以通知券商后采取人工撮合成交，比如富途证券投资者可以通过富途牛牛手机版进行碎股交易。通过富途牛牛下出的碎股订单被放置在港交所专门的碎股板块，等待人工撮合成交。

A 股价格的最小变动单位为 0.01 元人民币，但港股价格变动单位则和港股所处的价格区间有关，具体如表 2-4 所示。

表 2-4　港股证券价格对应的不同报价变动幅度（单位：港元）

证券价格	最小变动价位
0.01 至 0.25	0.001
0.25 以上至 0.50	0.005
0.50 以上至 10.00	0.010
10.00 以上至 20.00	0.020
20.00 以上至 100.00	0.050
100.00 以上至 200.00	0.100
200.00 以上至 500.00	0.200
500.00 以上至 1000.00	0.500
1000.00 以上至 2000.00	1.000
2000.00 以上至 5000.0	2.000
5000.00 以上至 9995.00	5.000

资料来源：港交所网站。

四、交易交收机制

（1）交易机制。港股是T+0交易，当天买入的股票可以当天卖出。

（2）交收机制。港股交收机制是T+2，即今天（T0）成交的股票，证券公司和结算所清算后会在第二个交易日（T+2）完成资金和股票交收。例如，T0是周一，交收将在周三完成；T0是周四，交收将在下周一完成。

五、暗盘交易

暗盘是场外交易市场。在港股一般用于新股上市前交易，于新股上市前一个交易日收盘后进行。港股交易一般是交易时段通过港交所系统撮合，但是暗盘交易不通过交易所系统，而是通过某些券商提供的内部系统进行报价撮合。

暗盘交易时间为新股正式上市前一个交易日的16:15—18:30；若暗盘当日为半日市，交易时间为14:15—16:30。

第七节　投资信息来源和分析

应该感谢互联网时代的便利，使得我们足不出户就可以得到大量的信息，不必像20年前那样必须到证券公司买卖股票，公司的年报等相关资料也很难拿到。现在散户能拿到的有效资料已经不比机构少多少，公开的资料包含年报这样最重要的资料。散户和机构几乎是在同一起跑线上，机构比散户有优势的地方是它们有专业的分析部门和卖方的研究报告，但这些对于能够自己独立思考分析的散户来说也不算什么。散户从公开资料里做出的分析和独立思考对自己投资同样有价值，加上雪球网等股票投资平台里有大量的信息供参考。

下面介绍一下港股投资信息的一些主要来源，供投资者参考。

一、指定信息披露网站

香港联合交易所网站：http://sc.hkex.com.hk/TuniS/www.hkex.com.hk/?sc_lang=zh-cn。

香港联合交易所披露易网站：https://sc.hkexnews.hk/TuniS/www.hkexnews.hk/index_c.htm。

披露易网站披露内容主要包含四个部分：

（1）上市公司文件：上市公司的各种公告内容基本都可以查询。

（2）股权披露：
- 披露权益
- 中央结算系统持股记录查询服务
- 沪港通及深港通持股记录查询服务

（3）新上市：
- 申请版本，聆讯后资料集及相关资料
- 新上市资料
- 上市申请进展报告

（4）交易所报告：
- 每月有关长时间停牌公司之报告
- 股份购回报告
- 董事会会议通知
- 证券持有人享有的权益（股息及其他）
- 董事名单
- 除牌程序及停牌公司之报告
- 有关企业管治常规披露情况的报告
- 上市规则执行的公告
- 保荐人及合规顾问：纪律及其他监管决定／决策

二、指数及成份股查询网站

恒生指数有限公司网站：https://www.hsi.com.hk/schi，所编算的指数涵盖香港及中国内地市场。现编算及管理超过 500 多项指数，涵盖香港及内地市场。

国际股市指数：http://www.stockq.org/。

上交所沪港通专栏：http://www.sse.com.cn/services/hkexsc/home/，内容涵盖沪港通成份股及沪港通相关知识和规则等。

深交所深港通专栏：http://www.szse.cn/szhk/index.html，内容涵盖深港通成份股及沪港通相关知识和规则等。

三、公司网站及第三方网站等

上市公司都有自己的网站，有些公司新闻、行业信息及公司理念、经营状况等都可以从公司网站得到，当然有些公司网站更新慢，基本没有什么信息，这个也许可以从侧面反映公司情况。

雪球网：https://xueqiu.com/，该网是专业的股票投资交流平台，我就是雪球网的用户。雪球网除了有网站，也可以在应用商店下载手机 APP 使用，并且网站和 APP 的许多功能都可以同步，十分方便。可以按照关注的股票来分类信息，比如关注中国建材（03323），那么只要打开中国建材页面，下面就有各个不同的投资者包括散户和部分机构在上面发布的各类有关中国建材的信息，因为各种各样的信息都有，所以要自己甄别信息的真伪以及信息的价值。这些信息只是参考，一定要根据情况做出自己的判断，断不可盲目相信。同时也可以关注喜欢的信息发布者，从而了解该信息发布者发布的相关信息，为决策提供多方面的信息参考。雪球网的港股股票价格通过刷新能提供实时的交易价格，在盘中交易具备参考价值。同时雪球网个股的公告部分能涵盖绝大部分该股票的公告信息，并且当这只股票有新的公告的时候雪球网会有相关提示，这样就不会错过该股的最新公告。雪球网还有"今日话题""访谈""私募"等栏目,对于股票投资者来说,雪球网是一个很好的平台。

万得金融终端(wind)电脑版：https://www.wind.com.cn/(需付费),可以用手机APP,目前免费开放。

东方财富港股频道：http://topic.eastmoney.com/。

新浪财经港股：http://finance.sina.com.cn/stock/hkstock/。

集思录：https://www.jisilu.cn/。

行业相关网站（有些内容需要付费）

克而瑞：http://www.cricchina.com/Home/Index_V2?v=1567070393,房地产数据最全面的网站。

卓创资讯：http://www.sci99.com/,提供大宗商品信息。

中国报告大厅：http://www.chinabgao.com/,提供个股行业分析。

化工网：http://china.chemnet.com/。

勾股大数据：https://gogudata.com/,提供交易数据。

四、给公司打电话和拜访上市公司

还有一个重要的信息来源就是给公司打电话,通常在公司网站或者公司年报里都可以找到该公司的联络电话,上市公司通常都设定了投资者关系部门,可以把阅读年报后的疑问或者其他问题整理好了咨询公司的IR（投资者关系）部门,还可以加公司IR部门的微信,这样交流更加方便,同时也可以关注公司的微信公众号。当然给公司打电话的时候,应该事先准备好要问的问题,不要一上来就说"投资你们公司的股票我亏死了"或者问"为什么你们公司的股票最近一直跌"这样的傻问题。真正有质量的沟通大多数来源于充分的准备,当然也不要期望会得到什么特殊的内幕消息。

要去拜访上市公司之前,应该和公司投资者关系部门先联系,还可以事先让他们帮忙约好公司高层（不一定能约上）,通过面对面的访谈和公司实地考察可以获得许多一手资料。当然绝大部分资料实际上在公开资料中就可以获得,如果没有时间,投资者并不需要到上市公司拜访。

五、参加公司业绩发布会和路演

很多公司业绩公布后都有业绩发布会,作为股东可以报名参加,不过港股公司发布会经常会选择在香港举办。如果不方便去香港,可以手机下载 APP"路演中",登记注册后就可以用手机直接观看业绩发布会或者路演,也可以参加业绩电话会等相关活动。业绩发布会通常有公司高管包括董事长参加,所以参加业绩发布会也能拿到一些有用的信息。

其实,大多数情况下,投资者善于使用搜索、分类整理收集相关的数据,可以为投资股票提供充足的数据分析来做决策。

第三章
树立长期价值投资的理念

　　价值投资是适合普通人学习的投资理念,学会价值投资能够终身受益,并可传承给下一代人。本章主要是用我自己的方法介绍如何树立价值投资理念。但要注意,价值投资并非一件容易的事情,需要具备知识、技能、实操经验以及控制情绪等多方面的能力,并需要长时间的积累,在没有做好准备的时候容易发生亏损,但对自身财商的教育则是越早越好。

第一节　价值投资是适合普通人的投资方式

我的工作主要是销售公司自有品牌的休闲食品。由于工作的关系，和大型零售企业的工作人员、政府部门人员、供货商、经销商以及同行的伙伴经常接触，并询问了解他们关于股票投资的情况。我认为股票投资是一种很好的投资理财方式，所以只要时间、场合允许，都会去了解他们对股票投资的看法和经历，但我发现身边的朋友要么就压根没有投资过股票，要么就是投资股票亏损，少有投资股票盈利的。而我本人由于一开始就遵循价值投资的理念，股票投资到目前为止收益很好。从我们国家的发展现状及未来，以及目前股市特别是港股的整体估值相当低估的现状来看，我甚至觉得在中国股市做长期价值投资是很难亏损的。

实际上，几乎每个家庭都会有投资理财的需求，只是由于大部分人对股市理解不深，认为股市是赌场或者认为中国的股市根本没有投资价值，又或者是由于投资理念和方法有问题，在股市里栽过跟头，所以不是选择了远离股市，就是用投机或者根据道听途说来的消息随意买卖股票等我认为不正确的方法在做股票投资。这些年来，我尽自己的能力在向身边的人说明如何进行股票价值投资，**通过复利每年追加部分投资从长期来看可以实现财富的巨大增值，本金多的可以通过长期价值投资实现财务自由，本金少的也可以在退休的时候获得不菲的养老资金。**

一、为什么说价值投资适合普通人

股票投资是很好的一种投资方式，普通人可以通过学习，正确理解股票投资理念，发现股票所代表的真正含义，采用价值投资理念来投资股票，并获取长期丰厚的回报。股票的投资没有金额限制，从几千元到百亿元的资金都可以进行，对普通人的理财投资有非常好的帮助。而事实上现在许多普通人都有这方面的投资需求，但是由于对股票市场感到陌生或者没有好的理念和具体的方法而放弃了股票投资。相对于技术派来说，价值投资更容易入门，而且抓住股票投资的本质，能够透过层层迷雾看到核心，那就是投资股票就是投资企业。而技术派那些复杂的理论和分析更是普通人难以掌握的。而且即使学会了，长期来说，也会发现这种分析并不可靠，常常出错。

股票市场并不是零和游戏，股市本质并不是赌场。我个人理解股市的最初本质（也可以说是初心）就是：①帮助企业融资发展；②提供投资者投资企业的渠道。企业通过股市融到企业发展所需的资金，投资者对筛选好的企业以合理的价格投资，从而获得企业发展的利益，这实际上是个双赢的游戏。对于价值投资者来说，通过价值投资使得资金得到增值；对于企业来说，融到的资金能够帮助企业发展壮大，这就是价值投资在市场中的重要作用。所以在本人看来合理的融资包括配股、增发并不是"洪水猛兽"，关键在于企业融资的价格是否合理，资金的使用对企业发展贡献如何。

事实上，普通投资者相对于机构投资者也有很多优势，机构投资者相对于普通投资者最主要的优势在于了解更多的信息和专业知识，但实际上在网络信息化时代，这种差异已经大大缩小。而普通投资者的优势在于：

（1）不会有赎回的压力。而机构投资者往往在大跌的时候遭遇赎回，被迫在不该卖出股票的时候卖出股票以应对赎回。而普通投资者只要坚持价值投资，经历过风浪，没有这个压力。

（2）普通投资者有工资收入或者其他收入可以持续投入股市，

而机构一旦业绩下降却常常面临赎回。普通投资者还可以选择市场低迷时补充仓位。

（3）自由投资，不受投资品种和仓位限制。机构有很多限制，比如有些股票不能买，或者单只股票有仓位限制，比如单只股票不得超过10%仓位或者其他比例。有些机构还有总持仓比例的限制，比如仓位不得少于什么比例或者多于什么比例。

（4）没有业绩压力，可以选择长期价值投资。股票涨高了，该卖就卖，或者有很明显其他低估的股票，该换仓就换仓。机构是很难这样操作的，有时会迫于压力选择非价值投资的方式，难以保持长期投资理念的一致性。彼得·林奇在《彼得·林奇的成功投资》里也从多个角度论述了普通投资者的优势，而这些优势都是真实存在的。

当然，股票投资并不适合所有人，因为股票投资除了受知识体系，还受性格和其他因素的影响，但普通投资者还是能通过系统的学习和长期的实践来自己投资股票的。

哪怕自己不适合投资股票，也可以通过学习了解股票投资，了解价值投资，帮自己投资普通基金或者指数基金做出更好的选择，比如投资基金的时候如何分析选择基金管理人的理念和风格，从而判断基金管理者是不是符合自己需求的人或者是不是真正的价值投资者。有时候，选择基金管理人甚至比选股还难，需要耐心地反复比较才能找到适合的人。如果找不到合适的普通基金（不论公募还是私募），也可以从指数基金开始投资。

二、如何用价值投资理念来选择基金产品

选择基金一要看长期业绩，不要过于在意短期业绩，这个业绩起码要看三年以上，最好有过牛熊转换期的记录。二要看基金管理人投资理念是否符合自己，是否是真正的价值投资者。三要看基金经理是否将自己的利益和基金绑定，比如自己是否拿出大部分的资金来跟投自己的产品。

选择普通基金一定要用选美的标准来找，严格要求，宁缺毋滥。如果找不到满意的基金，宁可选择ETF类的被动追踪指数基金，比如追踪恒生中国企业指数成份股的恒生H股ETF。ETF基金有着费用低、被动追踪指数产品的特点，同时还享有分红，也是自己不直接投资股票的投资者可以选择的良好产品。

> **知识链接**

ETF基金

ETF是Exchange Traded Fund的英文简称，即交易所买卖基金，港交所的ETF是现货市场的一种投资产品。ETF投资于一篮子证券或商品，以紧贴基准指数/商品的表现，让投资者可投资特定的市场/投资组合而非单一股票。身处港股市场，还可以打破地域及投资渠道的限制，投资世界各地不同资产类别，达到投资组合多元化及符合成本效益的好处。ETF在1993年诞生于美国，上市后得到大力发展，截至2019年12月，全球ETF管理资产规模超过6万亿元美元。

ETF基金具备以下特点。

（1）买卖方便：买卖方式跟一般股票无异，投资者可在交易时段内进行买卖。

（2）入场门槛低：以每手为买卖单位，适合各类型投资者的需要。

（3）透明度高：ETF追踪的基准指数一般都信息公开并具有知名度，投资者可轻易取得这些基准指数的相关数据。

（4）费用低：港交所2019年2月13日起免征所有ETF印花税。ETF本身属于被动管理基金，基金经理不需要主动选股，只需要以最小误差追踪挂钩指数就可以，管理费用也通常低于一般的基金。以挂钩恒生指数的ETF盈富基金（02800）为例，该基金每年的管理费最高不超过0.05%。

ETF基金与一般的开放式基金相同，都可以分红派息。

实际上，理念正确的股票或者和股票挂钩的基金投资长期回报是会远远超过一般的理财产品的。我们所熟知的诺贝尔基金和一些国家基金，比如挪威全球养老基金（GPFG），都是以股权为主进行投资，GPFG近年来还不断加码投资我国的股权。

> **知识链接**
>
> **挪威全球养老基金**
>
> GPFG是目前全球最大的主权财富基金，规模超万亿美元，资金来源于石油收入，全部投资于挪威以外国家及地区。
>
> 挪威全球养老基金（Government Pension Fund Global）前身为石油基金，2006年随着《挪威养老基金法》通过后更名为全球养老基金。作为北欧最大的产油国和全球第三大石油出口国，挪威旨在通过石油资源收益实现资产的保值增值造福后代，目前根据议会规定，每年可提取不超过基金总额的4%用于财政开支。考虑到资金体量等因素，GPFG全部投资于海外市场，避免引起国内经济出现较大波动。
>
> 投资收益和财政拨款两大因素助使GPFG规模快速上升，权益资产是决定整体投资回报率的核心关键。
>
> 自1998年NBIM（Norges Bank Investment Management，挪威银行投资管理部）成立并正式管理，GPFG（政府养老基金）已产生4.4万亿克朗投资收益，超过挪威政府的财政转移拨款3.38万亿克朗。GPFG在成立初期，由挪威财政部直接负责管理，全部投资于政府债。1998年挪威议会批准成立NBIM，财政部作为受托机构，制定投资基准。NBIM作为执行机构，根据财政部制定的投资基准执行基金具体管理事项。2017年起，NBIM决定将权益资产占比提升至70%，是固收资产和房地产占比总和的两倍，如此高配比致使权益收益率成为决定整体组合回报率的核心因素。尽管房地产投资同样表现出色，但挪威财政部认为房地产市场周

期存在长期结构性调整,尤其欧美地区部分房地产接近历史高位,未来将继续"卖房"加配权益。NBIM更偏好亚洲、北美和欧洲三大区域的企业,但对北美和欧洲的投资比较集中,亚洲地区的投资更为分散,近年来对中国的投资在逐步增加。

三、中国提供了价值投资的沃土

巴菲特有一句名言:"人生就像滚雪球,重要的是找到很湿的雪和很长的坡。"在2019年的《致股东信》里,巴菲特回顾他的投资历程时,进一步把自己投资取得的成就归功于搭上了第二次世界大战后美国经济增长的"顺风车"。这是巴菲特对雪坡理论的最佳阐释:做好投资需要选对行业赛道,更需要稳定繁荣的国家经济!

中国,一个持续向好,有着全世界最全工业体系的国家;一个有着勤劳勇敢并高度重视教育的国民的国家;一个创新能力十足,截至2019年新经济独角兽企业数量占全球28%,仅次于美国的国家,提供了我们价值投资的基础。中国经济在有基础、有条件、有动力地实现稳中有进、持续向好,这是一个增长动力更足、成长性更高的国家。

截止到2018年,改革开放40年来中国经济年均实际增长率9.5%,1978年中国GDP仅3645亿元,2018年GDP突破90万亿元,增长245倍,年均名义增速14.7%。中国GDP自2010年超越日本成为世界第二大经济体后一直稳居世界第2位;中国GDP占世界经济总量的比重从1978年的1.8%跃居至2018年的16.1%,自2006年以来,中国对世界经济增长贡献率稳居世界第1位,2018年中国对世界经济增长的贡献率达29%,成为全球经济增长的头号引擎。2019年的中国经济更是交出了一份了不起的成绩单:中国经济总量突破99万亿元,人均GDP突破1万美元大关,经济增速6.1%,继续保持中高速增长,社会消费品零售总额突破40万亿元,外贸出口逆势增长5%,连续7年城镇新增就业人口1300万人以上。

中国虽然通过改革开放取得了巨大的经济成就，但目前仍然有巨大的增长空间，作为最大的发展中国家，和最大的发达国家美国之间的对比，能看到我们还有着很大的差距：2018年中国人均GDP达到9769美元，美国人均GDP高达62 590美元，中国不到美国的1/6。2018年我国的城镇化率为59.6%，户籍化率仅为43.4%，美国为82.3%。我国号称"基建狂魔"，但实际上我国的基础设施和美国相比还有很大差距：2018年年底中国拥有235个公用机场，航空运输量为436万次，铁路总里程为13.1万千米，其中高铁总里程为2.9万千米，轨道交通运营长度为5021.7千米，公路总里程486万千米，其中高速公路里程为14.4万千米。美国2017年年底公用机场数量为5104个，2018年年底公用机场数量为5087个，2017年年底航空运输量为964万次，铁路总里程为22.5万千米，轨道交通运营长度为18 264千米，公路总里程为666.3万千米，其中高速公路里程为9.2万千米。可以看出除了高铁和高速公路外，我们和美国在其他方面还有很大差距。人均差距就更大了，也正是这些差距让我们看到中国的发展空间和潜力更大。

正因为我们生长在政局稳定、持续发展并有很大发展空间的国家，我们才有了那个价值投资所要求的很长的坡。在中国做价值投资是能够积少成多、发家致富的，如果我们在这个时间选择了对价值投资更为有利的港股，让财富得到增值则变得更加有可能。

第二节　股票资产是各类资产中长期回报率最高的第一大类资产

如果只是把钱放在银行里拿利息，肯定不能指望能跑赢通货膨胀，也无法实现资产的保值增收。20世纪80年代初期的万元户是当时的富裕家庭，当时的几万元就能买一套房子了，但是现在一个月工资万元在大城市里都不算什么。

投资房产是我们内地居民 30 多年来最为靠谱的投资,但到了 2019 年,随着房价的上涨以及未来可以预计人口的下滑,房产未来的投资前景我不认为可以超过股票。

《乐观主义者的胜利:全球投资回报 101 年》(*Triumph of the Optimists: 101 Years of Global Investment Returns*)一书对全球 19 个国家的金融市场收益率进行了严谨的分析,结果表明各国股票经通货膨胀调整后的收益率全部高于债券资产,更远高于银行存款。投资股票可以成为这家公司的股东,虽然普通散户只是很小的一个股东,但仍然可以从公司的增长中获得相应的回报。投资公司有风险,但我们可以通过分析公司、相对分散投资来平衡我们的风险从而获得长期的高收益,当然前提是需要通过学习和实践后掌握股票的投资方法。

《股市长线法宝》的作者杰里米 J. 西格尔对于美国股票、债券、国库券、黄金在不同持有周期下的盈利及亏损幅度进行了一个长期的跟踪统计研究,发现随着持有周期越长(从 1 年到 5 年到 10 年、20 年、30 年),股票的回报越好。当持有股票 10 年以上时,平均回报明显高于持有债券和国库券的收益。当持有 20 年和 30 年以上股票时,股票的收益远远超过债券和国库券,如图 3-1 所示。而且,要强调的是,这里的股票投资不是特定的什么牛股,而是普通股票的投资组合。如果用长远的眼光来看,股票作为一项资产是不容忽视的,是普通人实现资产长期保值和增值的最佳选择。

杰里米 J. 西格尔所做的这张图对一个虚拟投资者的 1 美元投资在两个多世纪的时间内所产生的真实(去除了通货膨胀的影响)财富进行了逐年跟踪,这 1 美元分别投资于美国股票、债券、短期国债、黄金及美元。最后的结果一目了然,一个充分分散的股票投资组合的年平均真实收益率为 6.6%,远远高于其他投资品种。

但在短期内,股票收益率的波动十分剧烈,受盈利的变化、利率、风险等不确定因素以及心理因素影响。尽管股市的这些短期波动对投资者和财经媒体影响很大,但当与股票投资收益率的整体向上走势相比时,这些波动就微不足道了。

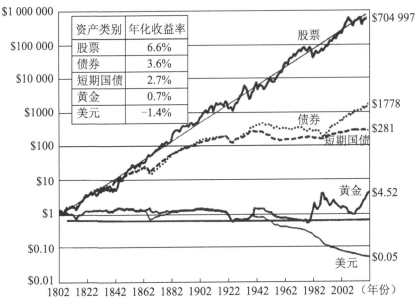

图 3-1 美国股票、债券、短期国债、黄金及美元在 1802—2002 年的真实收益

资料来源：《股市长线法宝》。

投资股票是需要通过学习并且最好是系统的学习以及实践才能掌握的，并没有哪一种股票策略是可以避免风险的，即使买入蓝筹股并长期持有这样被人们普遍认为安全的投资策略也同样有很大风险。蓝筹股之一的中国石油 2007 年上市后从 48 元一直跌到 2019 年 9 月 6 日的 6.26 元，也就是说绝大部分在二级股票市场投资中国石油的人都没有赚到钱。目前市场上十分红火的大家公认的白马股比如贵州茅台、五粮液、恒瑞医药、海天味业、格力空调，投资者（包括我在内）也都公认这些是目前的好公司，所以市场给了它们较高的估值。但我认为，比如海天味业固然是优秀的公司，但这么高的估值已经透支了未来盈利的预期。调味品行业护城河并非十分深厚，一旦增速放缓，股价也会受到明显影响。海天味业 2020 年 3 月疫情后股价不断上涨，在我看来，即使是未来的 10 年海天味业依然优秀，但高估的股价也透支了未来的成长，股价上涨的空间并不是太大，较高的估值将不会给股民带来幸福，长时间的股价徘徊或者只是缓慢增长都是可能的，

在未来 10 年，我认为海天味业股价增长的速度只能相当于上证 50 指数，而由于估值较高，股息率也不高，股价增长缓慢意味着对投资者来说，并非很好的投资标的。

啰唆了这么一大通，目的是想说没有永恒的蓝筹股，没有人能保证好公司的股价能够一直增长下去，过高的价格去买入一个好公司的股票也不是好的投资，用合理或低估的价格去投资一个好公司才有更大的安全边际。所以，明显比 A 股低估的港股是价值投资者更好的选择。

第三节　价值投资是可以传承给后代的投资方式

1949 年，格雷厄姆的著作《聪明的投资者》（第一版）出版。1950 年，19 岁的大学生巴菲特读到此书，猛然顿悟：原来这才是真正的投资之道，这绝对是最伟大的投资书。1970 年巴菲特受邀修订《聪明的投资者》（第四版），巴菲特在序中表示："1950 年年初，我阅读了本书的第一版，那年我 19 岁。当时，我认为它是有史以来投资论著中最杰出的一本。时至今日，我仍然认为如此。要想在一生中获得投资成功，并不需要顶级的智商、超凡的商业头脑或内幕消息，而是需要一个稳妥的知识体系作为投资基础，并且有能力控制自己的情绪，使其不会对这种体系造成侵蚀。"

股神巴菲特的投资理念主要来自于他的老师本杰明·格雷厄姆。实际上，作为价值投资理念的开山鼻祖，格雷厄姆对于价值投资的理解以及投资安全性的分析，影响了直到现在的整整三代华尔街基金经理人。

我再给大家推荐一本《戴维斯王朝》，这是一本关于一个美国家族祖孙三代的真实投资故事。1909 年出生的老谢尔比·戴维斯，从 5 万美元起步，到他 85 岁离世时创造了 9 亿美元财富，累计复利回报

23.18%；第二代谢尔比·戴维斯（父子同名）20年中有16年战胜标普500指数，年化复利19.9%，超越同期标普指数4.7%；第三代克里斯·戴维斯年化复利11.95%，同期标普指数为7.61%。如雷贯耳的"戴维斯双击"就出自戴维斯家族。

> **知识链接**
>
> **戴维斯双击**
>
> 当盈利为正时，股价＝每股盈利×市盈率（PE），在不同的市场阶段，投资人会给出不同的估值水平（PE），对于同一个标的，熊市中人们或许只愿意给10倍PE或者更低的估值，而在牛市中却愿意给出20倍或更高估值也无所谓。所以，如果伴随着公司盈利的提升，恰好又遇见牛市中信心的提升，股价就会出现正向戴维斯双击效应。例如，每股盈利1元，PE为10倍的股票，价格为10元，当公司盈利提升到2元，正好遇见牛市，PE估值提升至20倍，此时的股价会达到40元。即在盈利上升100%的情况下，股价可以上升300%。这就是著名的戴维斯双击理论。但当遇见公司盈利下滑，同时遭遇熊市时，就会出现极其惨烈的反向作用，可以称为"戴维斯双杀"。

这些都说明了价值投资是可以系统地学习的，并且永不过时，是可以传承给后代的宝贵财富，我从2018年女儿还在读五年级的时候开始到现在，每周都会给她上一节股票投资课。对于孩子的财商教育，很多人持有不同观点，有的人认为孩子太小，不适宜过早接触这些，但我观点鲜明地认为财商教育要从小抓起，并付诸行动：在小学5～6年级是完全可以开始财商教育的，而且投资是需要时间来磨炼的，越早接触投资将会对投资有越深的了解。我的目的并不是培养孩子走上从事投资的职业道路，孩子的职业将来会由她根据自己的兴趣做选择，培养孩子的财商正是为了可以让孩子在未来做出更自由的职业选择，选择自己喜欢的工作，因为有了价值投资，财富的积累就不是问题了。

第四节　从企业的角度去理解你投资的股票

股票的本质并不是一个个代码，也不是市场里上蹿下跳的价格，股票的本质是股票后面的企业，所以要花时间去读懂要投资的企业，去了解企业的基本财务状况，企业所在行业的发展趋势、企业在行业中的地位和未来发展、企业的主要股东等，没有这些基本面的分析，所谓的价值投资只能是无稽之谈。这个道理很浅显不过，因为只有了解这些内容，之后才能判断这家企业是不是具备投资价值。巴菲特曾经说过："如果你不想持有一只股票10年，那就连10分钟也不要持有。"一句话，投资股票归根结底就是投资企业，对企业的解读就是我们一定要做的功课。

进行股票投资要选择好的行业，所谓好的行业就是指有广阔的增长空间和良好的竞争结构的行业。除了极少部分已经注定日薄西山的行业，比如有线电视、胶卷之类的行业，我认为绝大部分行业都有投资的价值，关键在于对这个行业要有真正的了解，对企业要有真正的了解，最重要的是要了解股票的估值水平。比如房地产行业，房地产行业本身处于周期性行业，同时大家也都知道政府明确表态"房住不炒"，行业的发展空间在未来几年也将触碰到顶，但实际上由于这种预期差，房地产行业特别是港股地产行业估值低得离谱，反而留下了巨大的投资机会。这种预期差往往是超额收益的来源，当然，由于地产行业竞争激烈，杠杆高，需要投资者有较强的分析和甄别能力来选择其中好的企业进行投资。首先，房地产行业作为中国的支柱行业，有足够大的空间容纳更多的优秀企业。其次，行业增速下降甚至不增长，但房地产中的企业正在分化，优秀的企业仍然有发展的空间。最后，由于预期差已经体现在股价上，房地产行业普遍估值很低，给投资者提供了更多戴维斯双击标的来源。

有的新兴行业即便未来增长潜力大，但不见得投资会有好的收益，因为有的新兴行业门槛低，大家一窝蜂进入，激烈竞争后往往存活的企业并不多，即使存活下来也未必能有多大盈利，比如共享单车、共享汽车行业。而有的新兴行业门槛较高，但是技术更新非常快，需要不断地投入才能进行，而且行业竞争激烈，我们也很难判断未来哪些企业适合投资。新能源汽车行业和人工智能行业，这样的行业一定是未来发展的方向，有非常巨大的发展空间，但短期内我们看不出来哪家企业能在这个赛道中最终胜出，而且投资巨大，回报却难以在短期内判断出来，只能在被低估的时候并且对企业的未来仍然有信心的时候来投资。比如蔚来汽车 2019 年 9 月宣布投资 3 年半以来已经亏损 220 亿元，全球领先的特斯拉也曾长期处于亏损状态，直到 2020 年才借着上海工厂的神速走出产能低谷，开始盈利。

第五节　正确对待股价波动

在股票市场中投资，会发现股价不断地出现大幅度的价格波动。价值投资如何看待波动呢？有两个理论。一个是"遛狗理论"，主人就是价值，狗就是价格，狗有的时候跑在主人前头，有的时候跑在主人后头，但总要回到主人这里来。还有一个理论是格雷厄姆的"市场先生"，市场先生脾气不可捉摸，有时候乐观有时候悲观，投资者应该利用市场先生而不是跟着他一块儿疯疯癫癫。市场先生每个交易日会给一个报价，只有当他给出的价格高得离谱的时候，投资者才会乐意将手中的股票卖给他；同样，当他给出的价格很低时，投资者才乐意从他手中购买。但是，在其余时间里，最好根据企业整个经营状况和财报来思考所持股权的价值。

比如市场上有号称坚定的所谓价值投资基金经理，在 2018 年年末贸易争端期间减仓在低位，结果却错过了 2019 年年初的一波大涨。也有挖掘港股低估的价值投资基金经理，为现在港股明显弱于 A 股抱怨不断。事实上，纵观历史，港股每次被极度低估之后往往会带给投资者很大的回报。

真正的价值投资者应该按照合适的价格购买并持有合适的股票，并分析手中的股票所代表的企业真实经营状况。市场明显被低估的情况下，投资者应该理智地做出购买决定；市场出现明显的高价，投资者应该停止买入，甚至卖出自己手中明显被高估的股票。

2019年9月的港股市场，就是一个明显被低估的市场，这时候投资者应该买入并持有，也可以将手中的股票做个分析，看看企业的基本面有没有发生重大变化。如果有，可以在自己长期跟踪分析过的股票里寻找可以替代的股票，也就是调仓。毋庸置疑，中国还处于蓬勃发展的阶段，虽然2018年起由于中美贸易摩擦的影响港股和A股都较为低迷，再加上2019年6月发生的一系列社会事件，港股2018和2019年度都跑输A股，使得原本就被低估的港股更为惨淡。但就像弹簧一样，压得越紧，反弹力度越大，将来港股反弹的力度将更为强大。

再者，把眼光放远一点，看五年或者更长时间，当前这些事情都不会长期影响中国。千万不要因为股价大跌而抛售，也不要因为股价大涨而购买。

第六节　时间越长，价值投资越有效

从短期来看，股票价格波动难以捉摸，但从长期来看，股票的价格总是围绕着股票所代表的企业的真正内在价值波动。也就是从长期来看，企业内在的真正价值才是股价的决定因素。因此，过滤掉那些短期因素，价值投资是长期有效的方法。即使是在A股，我们从10年的长周期来看，市场也是有效的。比如从1996年到2006年，再从2006年到2016年，价值发现也是有效的，那些好的公司都创造了很大的收益回报给股民。就拿2007年开始的大涨来看，即使我们2007年买了被高估的泡沫顶端的股票，如果是茅台、招行、格力等这些优秀企业，那么到2019年收益仍然可观。当然，话说回来，2007年年末的时候我已经觉得市场上很难找到值得投资的股票，因为几乎所有的股票价格都太高了，所以在上证指数涨到4000多点的时候放弃了股票投资。也就是说，即使是好的资产，估值过高的时候也不是一个好的投资项目，这让我错过了后面的大涨，但也避免了后面的暴跌。不讲估值只看趋势或技术分析的投资要不得，千万不要相信那些在电视里包括权威电视台财经频道或者其他媒体里吹得天花乱坠的股评家，他们总是对一些行业或者某个股票描绘了远大的前景，但是当我们静下心来查一查这个股票的估值，却会发现该股票已经贵得离谱，基本没有了投资的价值。在任何时候，估值都是有效的，不讲估值只讲愿景的投资都是无根之木。

因为价值投资长期是有效的，短期往往无效。如果价值投资短期也是有效的，那岂不是所有人都是价值投资者了？实际上，正是由于价值投资短期的无效才保证了它的长期有效性。这个长期指多长呢？一般来说是5年以上，最好还是期间有大的牛熊转换期来验证。格雷厄姆说过，市场短期是投票机，长期是称重机。换句话说，股票价格短期是由市场决定的，长期是股票的内在价值决定的。美国的士兵守则里有一句话：若一个蠢办法有效，那它就不蠢。在股票投资中，长期价值投资的有效性就是那个有效的蠢方法。

我们知道港股市场估值低，股息率高，那么是不是直接找到所谓被低估的股票或者单纯看股息率高的股票就可以了？当然不是。之所以强调港股估值低，股息率高，是因为整体市场环境更加适合长期价值投资，投资企业主要是投资企业的未来，估值低只是具备较高的安全边际，股息率高也只代表过去，未来未必一定也高。我所理解的价值投资，是通过对企业过去的定量分析和财报解读来推算未来的可能，所有对行业和企业过去和未来的分析都是为了提高对未来预测的准确概率，因为行业和企业的未来并不是能真正准确预测的，但通过详细的分析可以提高准确率。也就是通过分析企业的基本面来找出将来能够持续创造价值的企业，我们通过分享企业创造的价值来获得投资收益。

并不是说长期持股就是价值投资。如果对企业没有真正了解，也没有分析企业将来的发展是否良好就买入,买入后被套然后被迫长期持有,这绝对不是价值投资。

股票投资分析既有科学性,也有艺术性,分析行业和企业的过去偏重于科学性,因为有大量的数据可以分析,预测企业的发展和未来则艺术性更多一些,但投资股票重要的是未来,所以科学主要是为艺术服务的。有的人买股票只看财务报表,或者只是根据市盈率(PE)以及市净率(PB)来买股票,这也不是价值投资。

价值投资要和价格匹配。有的企业很好,但是估值水平过高,这种投资也许长期来看还是能够盈利,但会影响回报率。有时候好企业也会发生不利变化,这时可能会让投资人损失惨重。而港股估值低,股息率高,正好提供了这种安全边际,使得价值投资更容易获得好的回报。

对于普通投资者来说,好公司、好价格、适度分散、长期持有就是投资股票的正确方式。

第四章
建立股票池

对于股票投资者来说,建立自己的股票池非常重要。

第四章 建立股票池

第一节 什么是股票池

股票池就是投资者的股票蓄水池。通过分析、筛选，把需要关注的股票放入这个池子，并跟踪关注它们的基本面和估值的变化，从而更容易抓住良好的建仓和调仓的机会。股票池也是能力圈，如果没有平时股票池的积累，很难抓住好的机会。一些有经验的股民还有这样的操作，十分看好有些股票但是价格不理想或者由于其他原因暂时没有打算真正建仓，也会买上一手股票作为观察仓放在那儿。说实话，哪怕只买了一手股票，关注度也会明显增强。他们还有一个习惯，那就是即使选择卖出股票，也会留一手在自己的账户里，以便观察今后再次买入的机会。

没有股票池，股票投资就会成为无源之水、无本之木，往往人云亦云，变成盲目买入的人。打个比方，投资者没有股票池，就像是没见过世面的人，只要有一点点机会就会赶紧去抓住，而不管它是不是真正的好机会，结果往往丢了西瓜捡芝麻。有了股票池就意味着形成了或正在慢慢建立自己的操作模式或战法，也就有了操作范围；跟随市场的变化，不断更新股票池，也等于在优化自己的战法。股票池才是持续稳定盈利和自我修炼的根基。更新股票池的过程是学习的过程，也是跟随市场变化的过程，分析能力都是在潜移默化中慢慢提高的。没有人会无缘无故地成功，成功的背后都有量变到质变的积累过程。

第二节　如何建立股票池

一、选择市场和基本原则

如果以港股为主，就可以在港股市场里筛选股票；如果以A股为主，就可以在A股市场里进行筛选。这样相对可以减少一部分工作量。当然，如果有足够的时间和能力，可以二者兼顾。选定市场后，下面就要用到一些基本面的指标来筛选出想要投资的股票。

在筛选股票前要明确"**选股票就是选企业**"这么一个基本原则。前面反复强调过，股票是代表所投资公司的权益凭证。这点很重要，就是说市场上的股票代表的是公司。所以我们一定要深入分析将来可能要买入的公司，有些朋友们买卖股票非常随意，听到财经节目里有专家推荐就买入，或者某某股票群里有推荐的股票就又买入，根本没有自己的深入分析，这种做法不可取。必须牢记买股票就是买公司的股权，一家不值得购买的公司干脆远离它。

二、筛选股票的方法

（一）指标筛选法

投资股票首先要运用几个基本指标来筛选标的股票，这里要用到第一章里面介绍过的4个重要指标：市盈率、市净率、股息率、净资产收益率。根据这4个重要指标对公司有个大致的了解，对筛选股票有着重要的作用。接下来举例说明一种筛选的方法。

在这里首先强调一下：在股市里是"条条大路通罗马"的，只要适合自己的投资方法就是有效的。每种方法都有其局限性，都只是其中一种相对比较安全有效的方法，比如下述的方法就有很大的局限性。

在新兴产业及一些快速发展行业里采用设定指标筛选法可能会漏掉好的标的，对一些强周期行业的筛选也不太准确，对房地产行业的筛选有问题（房地产业的业绩结算有一定的滞后，当前的报表不能完全真实地反映出现阶段的情况）。像房地产企业这种情况应该在房地产行业里单独设定方法筛选，不适宜用设定指标筛选法。每个人还可以根据自己的要求来增加或者减少一些其他指标或者重新设定数值。或者部分行业重新设定指标来筛选，指标的设定初期不能过高，那样可能都没有什么企业能通过筛选了。

1. 设定指标筛选

根据这 4 个指标可以对股市做一个初步的筛选，比如设定如下：

（1）净资产收益率（ROE）10% 以上。这个指标一般用 5 年平均数做标准，5 年平均数据低于 10% 的股票一般不考虑。但是一般软件没有提供 5 年平均数据，可以先设定 10% 筛选，然后在行业分析里通过对比再看看有没有漏网之鱼。

（2）市净率（PB）小于 3 倍。

（3）市盈率（PE）低于 15 倍。

（4）股息高于 2%。这个指标也可以不设定，因为一些成长期的股票分红率不会高。

其实，每个指标都有局限性，有些指标在某个年份里甚至是无效的，比如公司刚好计提了一大笔金额，而这个实际上可能只是财务手段，并没有实际的亏损，这样它的 PE 特别高甚至亏损，但实际上这个企业的经营情况正在好转。另一种情况是相反的，公司正好卖了一栋楼，结果今年的 PE 特别低，但却是不可持续的。综合各个指标才是有效的，通过以上几点设定筛选出来的股票在 A 股里可能只有 100～200 只股票，这样就大大缩小了范围。因为一些比较特殊的原因而漏选的，就要通过行业筛选或其他渠道筛选的时候再做补充。

2. 分类比较

将筛选出来的股票按行业分类，先找找自己最熟悉或者看好的行业，然后把筛选出来的股票放在行业里，和行业内所有的股票做个比较，特别是要和行业内的龙头企业做个比较。通过这种对比也许还能找到原来漏掉的好企业。通过行业的对比还能了解企业在行业中的地位和未来发展情况，和龙头企业的差距如何，估值如何，然后根据行业的大小选择部分股票放入自己的股票池。

这里要强调的是：比较的数据一般来说要比较至少 5 年的数据，不能只看最近一两年。还要结合行业的特点来分析，比如分析银行业不能单纯看净资产收益率、市盈率和市净率，还要对不良率、拨备覆盖率、逾期贷款等数据进行综合分析。还有就是企业的品质和发展比目前的估值更为重要，当然品质和发展更难以把握，要自己设立一个平衡来取舍，我更倾向于"千鸟在林，不如一鸟在手"，如果估值明显低并且前景看好，更值得买入。但是一些夕阳企业估值再低也不一定值得投资，企业未来的发展还是最重要的。

通过各行业的筛选比较，还有行业与行业的对比，可以在各种行业中选出几十个企业作为股票池的基本股票。这部分的工作其实是很花费时间的，需要大量的数据筛选对比并了解行业特点及未来发展等，所以建立股票池是一个持续的工作，必须在投资过程中不断完善，同时还要不断筛选。初期的几十个股票一般至少需要两到三个月的时间来建立。

建立股票池不代表确定股票投资标的。一般来说，买入一个企业的股票前一定需要至少看最近的季报或半年报，并且阅读最近 3 年的年报、5～10 年的财务数据，和行业龙头以及直接竞争对手的对比，还要对企业未来的发展做出预判。

（二）信息筛选法

生活中有许许多多和上市公司有关的信息，比如把钱存入招商银行、给孩子买平安保险、住着绿城的房子、穿着李宁的服装、开着长城的汽车到海底捞吃火锅、到大润发超市（高鑫零售）购物，等等。上面提到的这些公司都是香港上市公司，也就是可以通过了解身边的这些可以接触到的上市公司，从而筛选出需要的股票放进股票池。

（三）特定行业筛选法

这种情况就是投资者可以选择自己特别熟悉的行业，比如自己所从事的行业或者经常打交道的行业。还有就是自己特别感兴趣的行业，以及将来有广阔发展前途的行业。此外市值占据整个市场第一类的金融行业和第二的房地产行业，不论是否购买，都一定要选出部分股票放入股票池长期关注。投资者一定要关注这些行业，从这些行业里选出适当的股票进行分类比较、筛选后放入股票池。进入股票池的股票不一定是要购买的股票，但是股票池的股票提供了持续关注的可能，一旦行业发生积极的变化或者估值跌到很低的水平，就可能提供了绝佳的买入机会。如果平时对行业和企业不太关注，当机会真正来临的时候，了解的程度不足，是不敢投资的，即使投资了也不敢买入足够的仓位，从而错过绝佳的机会。这正是股票池能提供给我们的巨大帮助。

这里要强调的是，绝不是只要是身边的这些公司就不加选择地放入股票池，更别说去购买这些股票了，这些身边的上市公司只是提供了一个初选的信息，无论是从最熟悉的行业还是从身边发现的好公司，还是某位神秘的朋友给了一个公司的代码，哪怕是投资者看到身边的海底捞火锅天天排队等候还是说李宁的服装店人满为患，这些都不是购买一个股票的理由，需要进一步去了解这家公司各方面的情况才能确定它是否能放入股票池。初选出来的股票还必须经过上面谈到的分类比较步骤后，才能确定是否放入股票池。

三、建立股票池

通过上述筛选后选出的股票就可以放入股票池，同时还应该把该行业的龙头企业一起选入股票池，以方便关注这些行业龙头和筛选出来的企业的对比变化，并通过关注这些行业龙头获得被市场错杀低估的机会。比如地产行业关注宝龙地产、绿城中国时，还要关注万科、恒大、碧桂园、融创这样的企业。

四、初入股市者的几个基本原则

（1）净资产在 100 亿元以下的股票，初学者不宜将之作为投资标的。首先净资产小的股票容易被操纵；其次企业自身的发展变化也大，不适合初学者投资。注意，这里讲的是股票的净资产，而不是股票的市值。

（2）市净率 3 倍以上且前 3 年净资产收益率平均不到 20% 的股票也先不要考虑。

（3）前 10 年的净资产平均年收益率在 10% 以下的股票也不在考虑范围之内。当然，近年曾经亏损 2 年或 2 年以上的股票更不在考虑之内。

（4）前 3 年都不分红的股票也不考虑。

（5）适度分散持仓，一只股票一般不能超过仓位的 20%，就算再看好也不要超过 30%。

遵守这五条原则，即便不能保证赚钱，但至少也能够避开股市中绝大部分的雷区，使初学者的投资不至于有巨大亏损。在股市里投资，安全是最重要的因素。当然，在股市中投资取得成功，还需要看大量的资料并做出自己的分析判断。这样能让投资有更多的合理性，同时也大大提高了投资的准确性。先声明一下，这些原则是初学者筛选股票的原则，等初学者变成老师傅了，投资股票时就不一定需要用这些原则来筛选，方法相对更加灵活复杂一些，完全可以根据自身情况来设定一些适合自己投资的原则。

投资股票需要掌握相应的股票和财务知识，可以去购买一些相关的图书或者百度搜索学习这些知识。本书的第五章里也会介绍一些基本的财务知识。财务知识方面至少需要学会看懂三大财务报表：

（1）资产负债表。

（2）利润表（也称损益表）。

（3）现金流量表。而且还应该学会杜邦分析。

第三节　股票池分类

股票池必须是一个活的水池，不是一潭死水，即所筛选的股票必须要有进有出。对股票池里的股票一般来说都应该做到有基本的了解。一个人的精力是有限的，所以股票池的数量必然也是有限的。我把股票池分为三个等级：第一等级为初选池；第二等级为观察研究池；第三等级才是重点关注的股票池。

一、初选池

进入初选池的股票就是通过筛选法得到的股票，即通过各种信息从特定行业中选出的股票。对进入初选池的股票进行进一步的筛选，通过筛选比较后具备投资价值的股票进入观察研究池，不具备投资价值的股票直接淘汰。进入初选池的门槛比较低，投资者有时候只是刚刚从某个新闻里听到这个行业这个股票具备很好的发展前途，通过简要分析后就把它选择进来了。甄别初选池的股票是重要的工作，通过各方面的综合指标，如行业情况、行业地位、股东情况、股份情况、估值情况、发展空间等加以甄别，在了解的过程中发现不适合投资的情况基本就可以淘汰掉。比如有些股票估值高得离谱，也没有广阔的发展空间；有的行业已经是夕阳行业，行业萎缩已成定局；有的则完全看不懂，这种情况下放弃是最好的选择。

如果初步了解后发现某股票具备一定的投资价值，那么需要进一步的筛选才能让它进入下一级，这时候要分析这家企业，将之与该行业的龙头企业比较，看该企业有什么优势。比如房地产行业，房地产行业近年来有逐步从头部企业集中的情况，但行业规模巨大，并不是一个赢家通吃的行业，头部企业集中度还不是那么高，仍然处于一个群雄逐鹿的阶段。根据克而瑞地产的数据，2018年前10名的集中度为26.9%，前20名的集中度为37.5%，前50名的集中度为55.1%，前 100 名的集中度为 66.7%。因此这个行业里的各级企业，只要有它独特的优势，就有可能成为好的投资标的。比如绿城中国（03900）具备产品口碑一流、溢价率一流的优势，宝龙地产具备商业地产运营能力，从而具有以商业地产勾兑拿到廉价土储的能力。事实上，这两家地产公司 2019 年度股价涨幅也明显超过地产头部企业。截至 2019 年 12 月 31 日，绿城中国 2019 年度股价涨幅达到 70.59 %，宝龙地产 2019 年度股价涨幅达到 88.54%。我们可以从产品溢价能力、操盘能力、拿地能力和土储、融资能力和成本等方面综合分析，并和行业龙头比如万科、碧桂园、融创等企业，以及目前同级别的地产企业做个比较，如果这个企业有独特的优势和发展空间，或者估值水平明显低于同级别企业，就可以使它进入观察研究池。

分析中如果发现特别好的股票，可以让它直接进入重点股票池。

二、观察研究池

股票经过严格的筛选才能进入这个池子，这个池子的股票必须作进一步深入分析才能进入下一级重点股票池。

第一步，首先需要了解股票所属行业的情况，然后根据行业情况来制定分析的策略和重点。我国制造业是世界第一，这里面有非常多的优秀企业可供选择和投资，比如国内医疗器械龙头微创医疗、水泥利润之王海螺水泥等诸多企业。有些细分行业的龙头也会有比较好的投资机会，比如铅酸电池的龙头天能动力，也是一家很优秀的企业，在电动二轮车和三轮车用的铅酸电池领域占据了 45% 以上的市场份额，而且由于这个市场 80% 的来源为替换市场，而天能电池在替换市场上面对经销商拥有绝对话语权，执行"款到发货"的销售政策，现金流良好，也是很好的商业模式。而铅酸电池并不会很快被锂电池替代掉，它们会在较长时间内共存，并且由于天能有 40 万个经销网点，那么将来锂电池市场特别是替换市场，天能动力也具备明显优势。再比如纸业龙头——玖龙纸业也是不错的投资标的，周黑鸭作为卤味食品的领军企业，在开放加盟后也有良好的发展前景，还有中芯国际这样的国产芯片制造龙头、TCL 科技（显示屏行业）、TCL 电子这样的黑家电龙头也是值得关注的企业。

第二步，还要了解所研究股票的行业特点。仍以房地产行业为例，在我国，房地产是采用预售制，即房子竣工前就可以销售。在中国绝大多数三四线城市及内陆省会城市，高层住宅往往刚出地面就能拿到预售证开盘。而在一线城市和部分发达二线城市，预售的要求较高，往往要接近封顶才能开始卖。只有交楼才能确认营业收入，尽管房屋已经预售出去，确认了合同销售额，开发商也已经收到首付及按揭全款，但在交楼给业主之前，开发商的损益表上不能确认营业收入、相应的销售成本和销售毛利。直到房子竣工交付给业主的那一刻，预收款才能结转为营业收入，对应存货才能结转为销售成本，毛利兑现同时增加应缴税金及股东权益。也因为如此，费用和结算收入往往会产生错配，销售高速发展的房地产商往往当期结算利润不理想。还要弄清统计口径，做对比的时候必须统一口径才有效，比如权益金额、操盘金额等。而且我国采用的是累进土增税征收。只有了解这些，才能有效分析数据和报表。

接着还需要详细分析目标企业在行业中的地位，必须和龙头企业和同级别的企业做对比分析，同时至少要阅读近 3 年以上的企业年报以及最近 5～10 年的财务数据并进行分析。不符合要求的股票则要淘汰或者退回初选池，或者继续放在观察研究池等待进一步的分析。经过这些层层筛选工作留下来的股票才能进入重点股票池。

三、重点股票池

能进入这个池子的股票一般不宜超过 30 只，因为这些股票需要重点跟踪分析，是需要耗费大量时间、精力的，太多了根本跟踪不过来。进入这个池子的股票一般是等待准备建仓的股票或者已经是持仓的股票。我们需要对重点股票池里的公司做好研究，然后按照重要性原则筛选出 5 家公司进行深度研究。实际上真正重仓的股票可能就只有几只股票，买入其中 3～5 只并获得良好的收益，这个投资就可以说是非常成功。对 10 家以上的公司进行非常高质量的研究非常困难，把 5 家公司研究到 80 分以上远比把 20 家公司研究到 70 分更有价值，也更容易做到。进入这个池子的公司如果基本面发生重大变化，也可以淘汰出局或者退回研究分析池。

第四节　持续更新股票池

"书山有路勤为径，学海无涯苦作舟。"在股市里做投资，如果想要获取超过指数基金的收益，需要长期的学习和研究。格雷厄姆在《聪明的投资者》一书中将投资定义为"投资操作是以深入分析为基础，确保本金的安全，并获取适当的回报；不满足这些要求的操作就是投机"。书中有一段话令人印象深刻："投资艺术具有一种不广为人知的性质。普通投资者只需付出很小的努力和具备很小的能力，就可以取得一种可靠（即使并不壮观）的成果；但是，要想提高这一可轻易获得的成果，却需要付出大量的努力和非同小可的智慧。如果你只想为你的投资计划付出一点额外的知识和智慧，却想取得大大超过一般的投资成果，你很可能会发现自己陷入一种更糟糕的境地。"可以说，如果没有深入分析为基础，一切都是浮云，想获取更好的收益无异于痴人说梦。

深入分析向我们提供了坚定持有的信心。如果没有深入分析，我们很可能在股市大跌，持有的股票也同样大跌甚至更惨的情况下，无法坚定持有信心，从而将这带血的筹码轻易交出。但是如果有了深入分析，熟知公司的真实状况，就会知道这是加仓的机会，也许应该从其他仓位换一些股票到这只股票上来，也许应该将近期的一部分收入进一步投资买入这只股票，从而为将来获取高额的收益种下收获的种子。

只有持续跟踪分析公司，动态更新股票池公司的资料，不断淘汰和补充新的股票入池，才能让股票池充满活力，才能扩展能力圈，才能让股票池成为股票投资决策最重要的依据。

股票池的动态管理结构如图 4-1 所示。

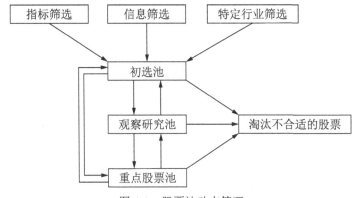

图 4-1　股票池动态管理

用三种本章提及的筛选法筛选股票，进入初选池后再进入观察研究池和重点股票池，三个等级股票池之间可以互通，并可以直接淘汰不合格的股票。

如果仅仅是要求一般的收益，则完全可以购买一些被动指数资金，比如第三章讲过的 ETF 基金。

还有一种方法，即采用分散购买大行业里的龙头企业，用这种方法获得的收益可能会比购买指数更高一些，但承受的风险也更大一些。比如选取 10 个行业里的龙头企业：保险行业里的中国平安、白酒行业里的茅台、电器行业里的格力、医药行业里的恒瑞、金融业里的招商银行、化工行业的万华化学、建筑行业的中国建筑、地产行业的万科、互联网行业的腾讯、服装行业的安踏。这 10 个公司各买 10% 长期持有，如果有公司出现重大基本面问题再做出调整，这样的策略跑赢指数也是没有问题的，长期来说收益也会不错，如果没有时间做深入研究或者不想花太多时间的投资者可以采取这个策略进行投资，长期来看也会获取远超银行理财、债券的收益，这也是我建议一般的投资者采用的投资方式。

第五章
港股财报解读

　　财报是投资者最重要的分析资料,也是股票的投资说明书,通过财报投资者可以了解企业的运营情况和投资价值,也可以发现问题并排除对该企业进行投资。巴菲特曾说:"你必须了解财务报告,它是企业和外界交流的语言,一种完美无瑕的语言。只有你愿意花时间去学习它,学习如何分析它,你才能独立地选择投资目标。你在股市赚钱的多少,跟你对投资对象的了解程度成正比。"这一章讲一下如何解读港股财报。港股的财报在规则和方式上和 A 股有很多不同之处,读者们必须花时间去了解。

　　由于篇幅所限,本章只是简略介绍财务报表的分析方法,重点讲解港股财报同 A 股的不同点。读者可以自行购买财报解读方面的专门书籍。

第五章 港股财报解读

第一节 港股财报规则及准备工作

港股主板年报及中报和A股有所不同。首先，财务时间上不同，A股是以自然年度作为财政年度，年报规定是4个月内披露，所以一般都是在每年4月30号前披露。但是港股的财务年度可以由上市公司自行规定，它的财政年度可能不是自然年度，比如玖龙纸业（02689）财政年度是每年的10月1日到次年的9月31日。绝大部分内地企业在香港上市的公司也是以自然年度为财政年度。港股年报披露期限规定和A股相同，都是要求4个月内披露。

港股中报（也称半年报）是要求3个月内披露，但是业绩公告必须在两个月内披露，A股中报规定是2个月内披露。A股有季报披露要求，第二季度和第四季度结束一个月内要求披露季报，第一季度为年报取代，第三季度为中报取代。港股没有季报披露要求，由上市公司自行决定。

从时间上看，年报准备时间充分，信息披露最详细；半年报次之；季报（如果有的话）则相对简单，仅供投资者了解基本数据。

最权威的财务报告来源是港交所的披露易网站。以绿城中国为例，填入03900的代码，选择标题类别中的"财务报表/环境、社会及管治资料"，右边就会出现各种年报、中报、季报等选项，选择需要的下载即可。如图5-1所示。

在雪球网、富途的公告栏目里也都可以很轻松地找到所需要的财务报告，同时也可以通过上市公司自家的网站找到财务报告。

本书涉及内地房产公司的内容比较多，以绿城中国2018年度的财报作为范本简要介绍。读者可以自行下载一份，对照阅读。

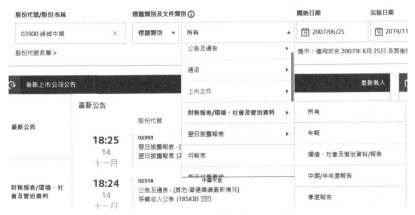

图5-1 披露易查询财报界面

资料来源：披露易网站。

当然，地产公司的报表和其他行业有很大的不同，比如交楼才能确认营业收入。尽管房屋已经预售出去，确认了合同销售额，开发商也已经收到首付及按揭全款，但在交楼给业主之前，开发商的损益表上不能确认营业收入、相应的销售成本和销售毛利。与普通制造业预收款只停留几个月不同，房地产企业的客户预收款最长可能停留三年，平均大约一年半。因为内房股在港股投资中占有重要地位，我在内房股投资中受益良多，因此会在后面专门拿出一个章节结合实例讲解港股内房股投资，并介绍房地产投资的特点和要点。

第二节　财报阅读的方法

港股的财报通常都是英文和繁体字，一般的内地企业都有繁体字版本的财报。为方便阅读，本书将繁体字转换为简体字。

打开绿城年报，会看到有精美的插图和修饰，接下来就会看到目录：

002　公司简介

004　公司资料

第五章　港股财报解读

006　财务摘要

008　主席报告

010　行政总裁报告

014　物业组合

026　管理层讨论与分析

044　董事及高级管理层履历

052　环境及社会责任报告

084　企业管治报告

090　投资者关系

094　董事会报告

114　独立核数师报告

123　综合损益及其他全面收益表

124　综合财务状况表

126　综合权益变动表

127　综合现金流量表

130　综合财务报表附注

291　释义

右边是财报的目录主要内容，左边对应的是开始页数。

如果是从未看过港股财报以及首次阅读目标公司的财报的投资者，建议通读一遍，这样才能对公司有个全面的了解。拿绿城中国来说，虽然财报多达291页，但是实际上图片占有不少的比例，加上做投资必须了解要投资的公司，这个是必修的功课。如果投资者已经通读过目标公司的财报，那么这里简要介绍几个需要重点阅读的部分，这种快速阅读方法能比较快速地获取重要信息。当然，每个读者也可以结合自己的实际情况来自行设定方法。

首先，要看一下第114页的"独立核数师报告"，了解一下核数师的情况。通常来说，国际上的四大会计师事务所相对比较让人放心，但不是绝对的。四大会计师事务所是指普华永道（PWC）、德勤（DTT）、毕马威（KPMG）、安永（EY）。这四家事务所相对比较公正，但也仍然有不少出事的案例，而其他的会计师事务所也并不是不可接受。这部分报告要看有没有"保留审计意见"这种说法，如果有，那么这份财报首先就需要打个大大的问号。我们可能要剔除掉这家公司，或者要先了解这个"保留审计意见"究竟是什么情况，如果没法清晰地了解到情况，建议宁可错过也不可错入。

公司简介和公司资料篇幅不多，需要阅读一下，了解公司的概况。从封面就可以了解到绿城中国是注册于开曼群岛的中国内地公司，其股票也就是前面所说的红筹股，通过港股通购买的绿城中国股票需要缴纳20%的红利税（股息税），但是直接香港开户购买的则不需要缴纳红利税。

接着看第006页的"财务摘要"，这部分里面有近5年的主要财务数据状况，在这里可以快速了解企业近5年的一些基本财务数据。有的公司会出一个5年财务概要，其内容和绿城中国的财务摘要差不多。

接着要看的是"主席报告""行政总裁报告""管理层讨论和分析"。这里有很多内容，包括对行业的分析以及公司整体情况的分析，很有参考价值，特别是"管理层讨论与分析"。绿城的这个章节分：①经营回顾；②前景展望；③财务分析。这三部分围绕公司主营业务、未来行业分析及公司计划、公司资产负债和财务情况对过去一年作出总结和分析，并对未来做出展望。其他公司这部分财报也大同小异，都是非常有参考价值的信息。和前几年这部分的内容对照起来看会更有价值。

"物业组合"这部分内容也很重要，但这是房地产行业所特有的，能够了解地产公司的土储情况。其他行业没有这部分内容。

"董事及高级管理层履历"这部分可以简要了解一下，接下来的几个部分——"环境及社会责任报告""企业管治报告""投资者关系"，如果之前的年报已经阅读过，粗看一遍基本就可以了，或者找这几个部分中需要的地方看一下即可。

"董事会报告"里面要注意的有股息派发事项的部分以及主要股东持股、高层管理人员及机构持股情况和购股权计划方面，相关关联交易也可以在这里查询,在这里有绿城和大股东中交的多个合作项目,这种合作对绿城和中交来说是共赢的。

接下来的核心部分是"财务报表附注"部分。这里首先介绍一下港股和 A 股财务报表的不同。A 股的财务报表遵循的是中国颁布的会计准则,而港股则完全按国际会计准则编制,虽然两者十分接近,但仍有稍许不同之处。综合损益及其他全面收益表相当于 A 股的合并利润表(利润表也叫损益表);综合财务状况表相当于 A 股的合并资产负债表;综合权益变动表相当于 A 股的所有者权益变动表;综合现金流量表相当于 A 股的合并现金流量表。这四张表的附注是财报的重要组成部分,几乎所有的重要科目都会在附注里附加明细说明。这四张表和附注是整个财报的核心部分,必须仔细阅读。

第三节　四张表简析

综合财务状况表反映的是公司的财务状况,公司有什么资产,资产是什么类别的资产;公司有多少负债,负债的类别和期限是什么时候,有息负债多少。

综合损益及其他全面收益表反映公司一段时间内的盈利情况,赚了多少或者赔了多少,成本和费用情况如何。

综合权益变动表反映了公司本期内所有者权益变动情况,其中包括该公司股东和永续债以及非控股股东权益的变动情况。

综合现金流量表反映公司现金收入和支出过程,能够反映公司的资金筹措和管控能力。对于地产行业来说,现金流就是企业的生命线,一旦现金流出问题就是重大问题。

这四张表相互关联,相互验证,共同反映了公司的财务信息。

综合损益及其他全面收益表的年内全面收益总额中归属于该公司股东的部分就相当于 A 股的归母净利润,正收益将增厚公司净资产的保留盈利(相当于 A 股中的留存收益),从而也增加了综合权益变动表中的股东权益。这样,综合损益及其他全面收益表和综合财务状况表以及综合权益变动表就产生了关联。

综合损益及其他全面收益表展示的是绿城中国控股有限公司及其控股子公司的经营活动,抵销了内部交易之后的全部利润总和。如绿城中国 2018 年度财报第 123 页所示,综合损益及其他全面收益表情况见表 5-1。

表 5-1 绿城中国综合损益及其他收益表　　（单位:千元）

项　　目	2018 年度	2017 年度
年内利润	2 375 230	2 670 965
其他全面收益:		
将不会重新分类至损益的项目:		
按公平值计入其他全面收益的权益工具的公平值收益	178 192	
以后能重新分类至损益的项目:		
可供出售投资的公平值收益	—	383 776
年内其他全面收益（除税后）	178 192	383 776
年内全面收益总额	2 553 422	3 054 741
以下人士应占年内利润:		
本公司股东	1 003 285	2 189 598
非控股股东权益	1 371 945	481 367
以下人士应占年内全面收益总额:		
本公司股东	1 181 477	2 573 374
非控股股东权益	1 371 945	481 367
	2 553 422	3 054 741
每股盈利		
基本	人民币 0.18 元	人民币 0.77 元
摊薄	人民币 0.18 元	人民币 0.77 元

资料来源:绿城中国 2018 年年报。

表 5-2 代表绿城中国及其控股子公司,2018 年共计从合并范围内的购买者处赚取了 23.75 亿元人民币净利润,由于子公司并非全部为上市公司 100% 持股,因此有 13.72 亿元利润是属于子公司其他参股股东的,在综合损益及其他收益表中以"非控股股东权益"（相对于

A 股财报的少数股东损益）项目单列。去掉非控股股东的权益后，属于上市公司全体股东的净利润为 1 003 285 千元。**这个数字还要扣除掉永续债的利息 611 589 千元，得到 391 696 千元，才是真正属于上市公司全体股东的净利润。这点要特别注意，由于永续债在国际会计准则归类于权益不是负债，所以房地产企业常常有这个情况。**用 391 696 千元除以公司总股本 2 167 671 千元得到每股 0.18 元，就是归属于股东的每股净利润。

表 5-2 绿城中国归属股东利润和非控股股东权益表 （单位：千元）

本公司股东	1 003 285	2 189 589
非控股股东权益	1 371 945	481 367
合计	2 375 230	2 670 965

在表 5-2 里，还存在着不计入年内利润但直接计入资本公积的其他全面收益：按公平值计入其他全面收益的权益类公积的公平值收益有 178 192 千元。这部分和本公司股东应占年内净利 1 003 285 千元相加就得到 1 181 477 千元，为本公司股东应占年内全面收益总额。这部分收益不属于利润，和每股收益无关。

通常来说，房地产一般都有重估收益。所谓重估收益，是指公司持有的投资物业经过第三方机构评估和审计后扣除原来评估的估值后产生的收益或亏损，这部分并不产生现金流，主要对利润、税收、净资产等产生影响。因此，可以采用核心净利润来做指标分析。核心净利润和净利润的区别在于前者不含投资物业公平值收益，并扣除汇率浮盈浮亏、证券投资收益等一些一次性损益。

综合现金流量表和综合财务状况表、综合损益及其他全面收益表的联系更加紧密，公司的每笔进账，无论是债务、资本还是营业收入，都会被计入综合现金流量表，然后再通过支出转化为资产或者费用。同理，公司的每笔支出都会被计入综合现金流量表。

所以这四张表要关联起来看，并相互验证，这样如果公司造假，会留下破绽或者疑问，而且通过多年的报表连起来看会看得更清楚。

第四节　港股财报综合分析

阅读完报表后，我们对公司以及公司的财务状况有了一个基本的了解。接下来我们还要对财报进行综合分析，进一步了解公司。

我们首先需要分析财报数据里有无异常，如果有异常要到附注里寻找解释，如果还不清楚，可以和公司直接联系，或者在雪球、知乎这样的网站浏览或者发帖寻求答案。如果这个问题很关键也没有合理解释，就应该打个大大的问号了。

接着还应该对财报进行横向和纵向的比较。所谓横向比较，就是要把关键数据和竞争对手（或者是同级别的行业对手）以及行业中的龙头企业做对比。纵向比较则是和历史数据比较，并对比公司利润和现金流变化的趋势，以及各个关键指标。研究一个公司，没有分析这个公司过去5年以上的财报，很难做出好的判断，有的公司造假，一年两年的报表不好看出来，但是多看几年就会比较清晰了。

通过对财报的综合分析、横向及纵向的对比，以及公司目前估值的分析，我们可以对公司有个相对清晰的认识。**但是财报分析仅仅是基础，光有对财报的分析对于股票投资是远远不够的。财报只能提供过去的数据，分析公司更重要的是分析企业未来的发展。过去的数据能提供我们分析未来的基础，是分析和推断未来用的，所以还要对行业和公司的未来做出定性分析，并结合估值情况来决定股票是否买或卖。决策一定要综合公司的未来分析，否则很容易落入价值陷阱。**

分析公司，还必须对行业的特点有清晰的认识。比如分析周期性行业没有认清行业顶点就购买股票往往会买在高点；再比如分析房地产行业时，我国房地产行业采用的是预售制，结算滞后，结算和费用错配、统计口径不一致等问题如果没有搞清楚，只通过分析财务报表来决定股票投资就很容易失误。

第五节　如何利用港股财报排除企业

财报最重要的作用之一就是可以帮助投资者排除企业。不好的企业会在长期的财务报表中体现出来，即便是造假的企业，投资者也会在长期的财务报表中找到蛛丝马迹，从而将其排除在外。首先，可以通过财报分析排除一些盈利不好、发展前途不佳的企业。比如设定ROE指标，如果连续几年ROE都低于12%，这个企业如果不是新兴行业，可能就没有什么研究价值了，但是如果只是其中几年出现困境，并且由于困境导致估值很低，这个时候必须通过多年的财报分析以及对行业和企业的分析去判断企业是暂时的困难还是整个基本面不行，如果是可以克服的困难，往往是投资的好机会。比如白酒塑化剂风波叠加严控"三公"经费导致茅台、五粮液估值极低，还有李宁也曾经因为库存过大等原因陷入困境，但如果长期跟踪分析会发现，这时反而是买入的好机会。当然，这个是很难把握的。比如贵人鸟、李宁、361度、海澜之家都曾经历过困境，但是有的企业再也起不来了，这就需要综合的分析和判断。总的来说，当没有把握的时候，宁可错过这种所谓的机会，错过总比错买要好得多。股市永远不缺机会，只不过机会是给有准备的人的。

财报作假的方式很多，这里简单谈谈几种财务作假的手段，第九章"港股风险防范和应对"将给大家讲解如何防范港股所特有的"老千股"以及港股的陷阱。

核数师更换。前面讲过，核数师出具保留"审计意见"是非常重大的问题，一定要核实。还有一种情况是上市公司干脆更换核数师。这里又有两种情况：一种是"四大"换"四大"，有可能是正常更换；比如到了年限更换；另一种则是更换成不知名的或者过往记录不佳的核数师。第二种情况非常需要投资者保持警惕，但也有"四大"换成其他核数师的情况，这也是合理的更换。比如天能动力在2019年12月24日发布公告将原核数师德勤（"四大"之一）更换为中汇安达（非

"四大"），主要原因是由于天能动力分拆 A 股上市的核数师为中汇会计师事务所，而中汇安达正是中汇会计师事务所在香港的唯一成员所，为了统一起见更换为中汇安达。

和 A 股一样，港股中的农、林、渔、牧行业是非常需要仔细甄别的行业，因为在这些行业里，猪、羊、鸡、对虾、扇贝、草料等都是存货，但是这些存货往往很容易受到天灾人祸的影响。天灾包括猪瘟、禽流感等。人祸更难预料，往往可以假借天灾来抹平假账，并且很容易借天灾调节利润。比如提前计提猪瘟损失，使得当期利润减少，然后下期又告诉大家，没有问题，将计提拨转回来。这种来回折腾是我们无法预计的，獐子岛的扇贝已经游走了好几回。这些行业除非特别熟悉，否则最好不碰。

还有应收账款造假问题。手法比较低级的就是直接加大所谓的应收。比如卖了东西，虽然没有收到钱，但是按照会计准则可以确认收入，虚增收入和利润，美化当期报表，但这个坑随时可以在后期埋掉投资者。因此有些公司应收账款大幅增长，应收账款占收入比例很大，账龄很长（超过六个月或一年以上），这些情况都要引起警惕。手法相对高级的则会通过客户打入现金，然后再通过其他手法比如购买将款项转回到客户手上。这种方法需要客户（往往需要多个客户和多个环节）和其他手法配合，难度较大，也比较不好查，但是结合多年报表看下来，并结合综合财务状况表和综合现金流量表来看，还是会发现蛛丝马迹的，如果突然发生异常就需要警惕了。

上市公司还可以通过操纵费用造假，手法有延长折旧摊销、不计提事实上的坏账、化坏账为新的应收账款、加大费用资本化等。

除此之外，上市公司还可以通过操纵现金流，比如将投资现金流美化成经营现金流的手法或其他方法来作假。

操纵财报的手法很多，不一一列举。虽然普通投资者难以确认作假，但如果是重点关注的公司，将多年的财报连起来看，是完全可以察觉到疑点的，如果这些疑点得不到合理的解释，或者自己无法相信这些解释，那么最好不要购买这家公司的股票。

第六章

个股分析和投资

第一节　从长期股东的角度去分析公司

前面的章节已经一再强调股票代表的就是公司，当有朋友找我们合伙做生意，首先要考虑的是合伙人的能力和人品如何，财务制度是否健全，当然最重要的是这个生意是不是一门好生意，能在未来给股东们创造多少利润，并且如何分配这些利润，这些利润是否值得我们投资。这些事情其实和二级市场投资股票没有什么大的区别，主要的区别就是二级市场的股票可以轻松地在市场买卖而已。

正是这种自由买卖，让许多人忘记了股票的本质，以至于追逐热点、追涨杀跌。比如二级市场有不少股票价格虚高，但人们总是不断给它们寻找估值虚高的理由。休闲食品行业的三只松鼠就是其中一个例子。

三只松鼠股份有限公司成立于2012年，主要以各类休闲食品为主，起家于阿里巴巴旗下的天猫店，起家时并没有真正自己独立研发生产的产品，主要以委托加工及分装各类采购过来的休闲食品为主，是一个地地道道的分装商，但是当时网络流量竞争不是那么激烈，凭借出色的网络营销能力以及萌宠的包装和服务，崛起于电商时代，成为坚果类继而休闲食品类产品网上销售第一名。虽然几经波折，最后还是成功于2019年7月12日在A股上市，发行价14.68元，截至2019年12月31日，上市后股价最高到81.50元，最高市值达到326亿元；2019年12月31日的收盘价为64.37元。

网上休闲食品已经是一个红海市场，三只松鼠的优势只有网上营销，但是这个优势并非牢固的"护城河"，网上和他同级别的对手还有良品铺子、百草味、来伊份等，而且这几家公司的产品同质化十分严重。上述几家公司的许多产品甚至都是同一个供应商生产出来的，各家的产品差别不大。而网上新客流量的获取成本越来越高，甚至已经超过线下新客获取的成本，网上销售的增速开始趋缓。直到现在，三只松鼠仍然以交给工厂代工或自己进原料分装产品为主，自主研发生产的产品寥寥无几。虽然管理层也已经意识到这一点，并开始自主研发产品，但目前未见多大成效，有待观察。

至于销售方面，由于严重依赖平台商，因此真正获取大量利润的是天猫这样的平台商。天猫首先要抽取2%的平台使用费，同时为了保持流量的领先地位，三只松鼠每年在平台上需要支付大量的直通车、钻展等获取流量的费用。

食品行业监管严格，由于三只松鼠产品种类多达数百种，供应商众多，产品质量参差不齐，容易出现"黑天鹅事件"，坚果炒货和蜜饯类食品是三只松鼠的主打产品，同时也是很容易出现质量问题的产品，加上以供应商供货为主，在产品把控上更加难以做到优秀，这些年来三只松鼠每年都多次出现质量问题，IPO（首次公开募股）就曾经因为质量问题而延迟。

不单是三只松鼠的问题，上文提到的来伊份、良品铺子、百草味（已经被百事食品有限公司收购）都有同样的问题。如果企业规模还小，比如三只松鼠上市之前，以合理价位在一级市场投资都是很好的投资机会，因为这个行业发展潜力还是不错的，但很难想象随着追涨杀跌，三只松鼠在二级市场上居然最高炒作到326亿元市值，市盈率过百倍，市净率超过15倍，这个估值水平超过了茅台。随着对这个行业的深入分析，可以得知这个市值明显处于高估水平。当然资本市场有时候就是这么疯狂，并且如果三只松鼠有了新的突破，仍然有短期突破原高点的可能。这里的意思并不是说三只松鼠是一家烂公司，实际上三只松鼠在休闲食品行业算得上是一家优秀的公司。

任何时候买股票都要看估值，太贵的股票即使是中石油也套了中国股民11年（2008年中石油A股上市开盘价48.6元，2019年12月31日后复权价格仅为8.59元），还不知道要套到什么时候。电视、网络上很多所谓的专家分析的股票有些确实很好，可是一看估值都是贵得吓人，这样的股票要是买可能就被套住了，所以不谈估值分析只谈未来前景的专家都是"砖家"，要是不想被砸晕，就不要信他们。

第二节　用未来现金流折现的方式对公司估值

购买公司股权，最重要的就是通过股权获得企业发展带来的未来现金流。未来现金流的折现方法是重要的估值手段。

一、现金流

现金流就是指公司一定时期的现金和现金等价物的流入和流出的数量。例如，销售商品、提供劳务、出售固定资产、收回投资、借入资金等，形成企业的现金流入；购买商品、接受劳务、购建固定资产、现金投资、偿还债务等，形成企业的现金流出。如果整体上是收到钱的，则为净流入现金流；如果整体上是付出钱的，则为净流出现金流。

二、现金流折现法

巴菲特说过，公司的价值就在于未来现金流的折现。所谓折现，可以这样来理解，比如投资一个生意100万元，这个项目一年后赚了10万元，一年后可以收到110万元，由于货币贬值，假设我们的预期是资本一年赚10%，那折现率就是10%，也就是一年后的110万元相当于现在的100万元，这个公式表示为

$$资金的价值 = \frac{资金一年后的价值}{(1+折现率)}$$

那么如果预期回报率（预期资产到期后的收益率）为5%，按5%

折现率推算资金价值为110÷（1+5%）=104.76（万元），那么这笔生意是一个不错的投资。

可是当预期回报率上升为20%，我们用20%的折现率来计算：110÷（1+20%）=91.67（万元）。换句话说，如果我们要求的是现在投资91.67万元后一年能增值到110万元，那么这笔生意就不划算了。

由此可见，不同的预期带来不同的折现率。继续假设刚才的那个生意是可以一直做下去的，每年赚10万元并分红，按10%的折现率来计算这笔生意，就得到这样一个公式：

$$P=C/(1+r)+C/(1+r)^2+C/(1+r)^3+\cdots$$

这里的 P 就是根据折现率算出的这个生意的现在价值，C 就是每年分红得到的现金流，r 就是我们要求的回报率，根据等比数列求和，该公式可演变为

$$P=C/r$$

将每年分红的10万元、r 值10%代入，则得到 P 为100万元，也就是如果预期回报率为10%，这个生意的价值符合我们要求的回报率。但如果我们要求的回报率高于10%，那么这生意就不值100万元了。

三、折现法

投资股票就是投资公司未来能产生的现金流，可以将公司未来产生的现金流通过折现法计算公司现在的估值。既然投资股票就是投资公司，那么站在长期股东的角度来估值公司就是最重要的角度。

既然选择了站在长期股东的角度来估值公司，权益自由现金流（Free Cash Flow of Equity，FCFE）就是股东未来可以获得的现金流。权益自由现金流是经营现金流量净额扣除资本性开支后的现金流。其公式为

权益自由现金流＝经营现金流量净额－资本性开支

经营现金流量净额：经营活动现金流入的部分扣除经营活动流出的净额。经营活动现金流入部分主要有：

（1）销售商品、提供劳务收到的现金。

（2）收到税费返还。

（3）收到的其他与经营活动有关的现金。

经营活动现金流出部分主要有：

（1）购买商品、接受劳务支付的现金。

（2）支付给员工以及为员工支付的现金。

（3）支付的各项税费。

（4）支付的其他与经营活动有关的现金。

资本性开支：在企业的经营活动中，供长期使用的、其经济寿命将经历许多会计周期的资产如固定资产、无形资产、递延资产等都要作为资本性支出，即先将其资本化，形成固定资产、无形资产、递延资产等，而后在各个会计期间转销为费用，如固定资产的折旧，无形资产、递延资产的摊销，等等。

对公司来说，一般情况下，经营现金流净额是不能完全用于分红的，每年需要投资扩大经营，保持公司的竞争力，会有一定的资本性支出，只有扣除了这部分的权益自由现金流才是公司可以自由支配的现金流。每年的权益自由现金流就用 $FCFE_1, FCFE_2, \cdots, FCFE_n$ 表示，公司每股股票的价值就等于未来每股权益自由现金流折现之和。权益自由现金流求和公式如下：

$$\sum FCFE = FCFE_1/(1+r) + FCFE_2/(1+r)^2 + \cdots FCFE_n/(1+r)^n + \cdots$$

公式并不复杂，难点在于对未来现金流的预测，如果预测3～5年还比较靠谱，5年以后的预测就很困难了，8～10年的预测就纯属拍脑袋了。所以这种估值模式需要针对不同类型的公司设计出不同的模型，对于增长比较稳定的公司，这种估值方法通常准确率较高。

通常来说，在股市里我们一般会选取10%的折现率来衡量资产价值。这是因为大盘蓝筹股包含股息再投资的长期投资回报率在10%左右。这也是我们前面章节里提到普通投资者可以在股市里获取年化10%长期投资回报率的原因，如果投资者自己深入研究分析，完全有可能实现年化15%的长期投资回报率。

第三节　怎么分析要买的公司

拿到目标公司资料后，可以来试着分析所要投资的股票。从哪里开始分析呢？首先要对企业所在的行业作出分析，比如完全夕阳化的行业可能就不值得投资了，但是大部分的行业都不会是完全夕阳化的行业，行业会有自身的调整和发展。或者行业不再快速增长甚至不再增长，虽然这个市场不怎么增长但行业容量足够大，行业里一样会有值得投资的企业，甚至可能找到牛股，比如某些企业逐步蚕食其他企业的市场份额，开始形成行业寡头，典型的有白电行业的格力电器和美的集团。所以我认为投资不一定要局限在所谓的好行业里，行业和个股的分析都很重要。当然选择好的行业仍然非常有必要，只是高成长的行业不一定就是好行业，有时候某些行业增长很快，但是竞争者众多并且极其激烈，大家都很难赚钱，对普通投资者来说反而很难选出好的公司。**对行业的分析并不是仅仅筛选所谓的好行业，更重要的是通过分析这个行业的发展趋势和行业规律、特点，从而了解我们可能要投资的公司在行业竞争中处于一个什么样的位置、未来会是怎么样的一个情况、公司上下游的产业链情况如何、对上下游的定价权如何、和竞争对手比较有什么优势和劣势、行业门槛如何。**

如果行业选择是适合的，公司在行业中的发展也很有前途，那么接下来就是对企业的具体分析。我认为只有通读了目标公司至少 3 年的年报，以及近 5 年以上的财务数据，将数据进行横向和纵向对比并做过分析后，才能算是初步了解了公司。主要分析内容如下：

（1）主要股东和管理层分析、主要股东有没有问题、过往的情况如何、管理层情况如何。

（2）公司的发展历程。

（3）按产品类别或者按其他方式对公司进行分析。比如分析在港股上市的化工行业公司东岳集团，就要按照东岳集团公司的 4 个主要产品类别加一个物业开发部门来进行分析，分析各主要产品在行业中的情况并预估其未来 2～3 年的情况。然后再综合各个产品类别或者是部门的情况，对企业做整体分析。

（4）对企业的资产负债表及现金流量表进行分析，搞清楚各项资产情况对分析企业十分重要。如果企业财务作假，通过仔细分析资产负债表和现金流量表就能看出一二，特别是要分析多年的财报，企业也许一年两年作假很难被看出来，但你看它 5～10 年的报表就能看得比较清楚了。光分析利润还不够，没有结合分析企业的资产负债情况以及现金流量的利润是无效的。通过分析资产负债和现金流量也能搞清楚企业偿还债务的能力和真实盈利情况。

（5）最后还要通过杜邦分析搞清楚企业的净利率、资金周转以及杠杆情况，来对企业做出综合分析，比如高杠杆模式的企业要看它的风险管控能力、偿债能力、融资成本，等等。

> **知识链接**
>
> ### 杜邦分析
>
> 杜邦分析就是将净资产收益率（ROE）进行拆分的方法，这个方法最早由杜邦公司使用，所以称为杜邦分析。在杜邦分析中，净资产收益率可以拆解为三个重要的财务比率：
>
> $$净资产收益率 = \frac{净利润}{净资产} = \frac{净利润}{营业收入} \times \frac{营业收入}{总资产} \times \frac{总资产}{净资产}$$
>
> 根据这个公式推导出：
>
> 净资产收益率 = 净利率 × 资产周转率 × 权益乘数
>
> 净利率：反映销售收入的盈利水平。
>
> 资产周转率：反映资产使用效率。
>
> 权益乘数：反映债务杠杆使用情况。

通常来说，同样的净资产收益率，在含金量上，净利率高的企业＞资产周转效率高的企业＞权益乘数高（财务杠杆高）的企业。

净利率高的企业通常具有较高的"护城河",比如茅台、五粮液、恒瑞医药等。

资产周转效率高的企业毛利不高,更注重资产的利用效率,要求有较高的管理水平,房地产行业高周转率就比低周转率更具效率。

财务杠杆高的行业有银行、地产行业,部分重资产制造业也有较高的财务杠杆。

接下来就是分析企业和同行业其他企业之间的对比,比如分析东岳集团,我们就会把东岳集团和同行业的新安股份、巨化股份、三友化工等做对比,要仔细分析新安(有机硅行业龙头之一)和巨化(氟化工行业龙头之一)的数据,并和东岳做比较,还应该对比化工行业的龙头企业万华化学(但细分行业和东岳有所不同)。从这些对比中得知东岳集团虽然是周期股,在2019年处于行业不太景气时期,但盈利能力仍然不错,发展前景良好,股价估值偏低,特别是市净率指标已经接近历史低位,未来有望走出低谷,可以开始建仓买入东岳集团。2020年3月24日,东岳集团的收盘价为2.93港元,市净率0.71倍,十分低估,当然由于东岳集团是周期股,此时仍处于周期低谷,我们在测算内在价值的时候还必须至少打个六折。如果对企业有充分的了解,可以清楚这个股价从长期来看算得上一个还不错的建仓时机。我们分析任何一个企业都要和同行业的其他企业作对比才有效,对比不单是现在的横向对比,还要有历史数据的对比,以及未来发展的预测对比。

其实几乎不可能选到十全十美的企业,如果你用太过于挑剔的眼光,也许任何企业你都无法投资,关键要分析企业存在的问题或者缺点是不是决定性的因素。如果存在的问题是原则性的,那么宁可错过也不可错入,安全总是第一的。

第四节 如何对初创型企业进行分析和投资

分析和估值企业其实没有固定的标准,不同的行业有不同的分析方法，不同阶段的企业也有不同的估值方法。巴菲特说过，企业真正的价值是未来现金流的贴现值，但是对未来进行预测和分析是比较困难的，只能根据企业过往的数据，结合对行业未来的分析来判断企业的估值。我们还可以根据行业和企业的不同发展阶段对其进行估值。

初创企业，特别是新型行业比如互联网、新能源汽车这些行业中的企业，是无法使用传统的市盈率（PE）来进行估值的。在这个阶段企业需要投入大量资金，形成生产能力，开拓市场，需要投入大量的研发、资本开支等，其资金来源只有举债、融资等筹资活动，没有盈利，经营活动现金净流和投资活动现金流均为负数，但是并不代表它们以后没有盈利能力，这种新型行业企业如果在竞争中脱颖而出的话，盈利能力是很惊人的。阿里巴巴、腾讯、特斯拉、亚马逊都从亏损的泥潭中走出而成为伟大的企业。投资大师段永平更是在网易已经跌到1美元以下大量买入，获得了几百倍的收益。当然，这种类型的企业投资难度极大，因为在初期，我们不知道阿里巴巴会成为电商巨头，腾讯会成为社交和游戏之王，特斯拉一定会成功。在这些赛道上的企业往往有众多的竞争者，但是初期看不清哪家能够胜出。有些投资大师对行业理解深刻，和企业创始人有深入的交流甚至是极好的朋友，对企业了解深刻，他们在公司初创时期就开始投资并获取很好的收益。普通投资者很难这样来投资，但我们完全可以绕开企业的初创阶段，比如在腾讯确定了社交之王和游戏之王的地位后再投资，那么到现在也有几十倍的回报。下面我就讲讲自己投资特斯拉和蔚来汽车的亲身经历。

新能源汽车是未来汽车发展的方向，但是由于锂电成本高，如果扣除国家补贴，绝大部分电动车制造商包括比亚迪前期都没有真正实现盈利，我从2018年年初开始重点关注特斯拉和蔚来，因为当时的特斯拉已经是世界第一电动汽车生产商，而蔚来则是高端电动车中国第一品牌。特斯拉创始人马斯克有着类似苹果创始人乔布斯的品质，而蔚来的创始人李斌也有着优秀企业家的品格，将自己的大部分资产和精力都投入到蔚来汽车。

我关注特斯拉的时候，由于它的股价已经不低（2018年1月2日收盘价每股320.53美元），而且汽车交付量一直上不去，产能方面有很大的瓶颈，并不是买入的好时机，但它始终在重点股票池里被我关注，我在等待着时机，2019年年中，由于产能还是不达预期，加上盈利不好等因素，股价一直下跌。但实际上，当时的特斯拉已经能够开始盈利了，而且电动车世界第一的地位更加稳固。创始人马斯克开始大幅削减营销费用，狠抓成本控制，更重要的是当时中国超级工厂进展十分顺利，从当时的资料分析可以得出2020年就可以量产的结论。而中国工厂能大幅提升产能并大幅降低成本，实际上基本面从长远来看是在好转，困难和问题是短期的。于是我在每股230美元的价位开始建仓，并且随后还在200美元左右加仓。随着三季报超过投行预期实现盈利，中国工厂也在2019年11月8日顺利下线试制车，股价大幅攀升到11月18日每股361美元，到2020年1月突破900美元。

蔚来公司2018年9月12日上市开盘价格每股6美元，价格不低，到2019年由于首席财务官辞职，加上创建4年多来共亏损220亿元左右，叠加国家补贴退坡、汽车自燃问题等因素，股价也在2019年10月初跌到1.6美元左右（最低点1.19美元只是短暂的股价，一般是买不到的）。投资者认为蔚来要破产了，所以恐慌抛投。实际上，最差的时候往往可能是黎明前的黑暗。2019年10月初的蔚来实际汽车销售却在持续上升，8月份交付2000台，9月份交付2019台，10月份交付2526台，以每台车平均单价40万元计算，这时候每个月有10亿元左右的现金流并在持续上升，而且战略投资蔚来的都是腾讯、高瓴资本（2019年年末退出）、红杉资本、京东这样鼎鼎大名的企业，而蔚来在造车新势力里是最早量产的，电动汽车专利数也是排名靠前。也就是说，蔚来亏掉的220亿元换来的是无形资产，主要体现在三个方面：①品牌价值和客户关系；②企业文化和公司组织；③专利与技术。正是这些难以量化估值的无形资产带来股价的巨大波动，按每股2美元价格计算总市值只有21亿美元，折合人民币不到150亿元。我通过简单的定性分析，作为新势力新能源车里面做得最好的蔚来不会破产，由于汽车获得客户认可，口碑传播，销量会继续攀升，带来成本下降亏损降低，目前估值足够低。退一步说，在极端情况下这些专利和技术卖给其他公司都不止这个市值。在准备建仓时股价开始大涨，但仍然处于低位，我在 2.09 美元时先买了一点，继续等待机会，跌到 1.78 美元时继续补仓买入。2020 年 1 月 1 日蔚来股价回升到每股 4.02 美元。

当然，由于对这些新兴行业了解可能不很深刻，投资仍然有较大的风险，我只是拿出小仓位的资金购买，并且秉承不到自己认可的低估安全点不买的原则，必须等到已经大约可以看出输赢的时候或者很低估才买入。比如上述的特斯拉在 2019 年我投资的时候已经是世界第一的电动车企业，而蔚来也已经是国内电动车高端品牌第一。

到了 2020 年，特斯拉也已经从初创型企业成长为发展型企业。

第五节　如何对发展期企业进行分析和投资

大部分港股内地上市公司都处于发展期，这时产品迅速占领市场，销售呈现明显上升趋势，表现为经营活动中大量货币资金回笼，同时为了扩大市场份额，企业仍需要大量追加投资，而仅靠经营活动现金流量净额可能无法满足所需投资，必须筹集必要的外部资金作为补充。

此期间的企业分红占净利润比例并不会太高，因为企业必须留出足够的发展资金进行投资，并且还经常通过融资行为来获取必要的外部资金作为补充。分析这类公司的情况同样也是需要将其和行业龙头以及行业同级别企业做对比，如果未来增长速度还比不上行业龙头，那这家企业就没有多少分析的价值了。试想一下，如果市场占有率没有龙头企业高，增长速度还没有龙头企业快（除非已经是龙头企业），那么它未来的前景则十分渺茫，即使估值再低也没有太多投资的价值。同时分析公司业绩和利润增速也要和整体国民经济增速对比，比如我国 2019 年整体国民经济增速约为 6%，选择这类公司一般要求未来平均增速能起码在 15%～20% 或更高为佳，并要求高于行业平均增速。当然，增速再高一些更好。

如果在这个类型的股票里能找到快速增长型的公司是非常好的，事实上这类股票也是我的最爱，这意味着可能找到 10 倍股，但还是要考虑股票的估值，不能为此支付过高的价格，因为未来的增速是很难预测的，必须给自己留够足够的安全边际。结合估值情况来分析企业是最基本的常识，又好又便宜的股票才是最佳投资对象。

快速增长型的股票不一定要在快速增长的行业里面，比如房地产行业在 2013 年以后已经不是快速增长行业了，但恒大、融创、新城控股等内房股却超高速增长，一跃成为行业的龙头，股价也都有了 10 倍以上的增幅。到了 2019 年，绿城中国、中国金茂、中国奥园也开启了快速增长的势头，究竟几年后会怎么样，则需要拭目以待。

快速增长的行业里也同样能找到好的股票。教育行业的商业模式非常优秀，可以预先收款，并且不会被欠费，现金流非常好，而且好的学校还有社会效益，甚至政府部门会邀请办校，这样可以获得优惠的政策和土地资源等。比如天立教育、新东方在线就处于快速发展中，它们的股价在这几年增长也很快。

2018 年年末，物业股票也是一个不错的赛道，当时的物业股估值不高，成长确定，轻资产，现金流好，负债率低，商业模式优秀，好的物业公司还可以做到永续经营。奥园健康、保利置业、滨江服务、佳兆业美好的利润和股价都处于快速增长的态势。

这个时期的公司我们最好选取这样的企业：经营活动现金净额大于资本性支出，企业不仅能正常经营、补偿资产的折旧摊销，还能为企业扩大再生产提供资金，企业具备成长性，而且经营活动现金净额能够明显超出资本性支出。

这个时期的公司存在着很多经营风险，特别是风格激进但又没有认清自身实力的公司更是有大风险，一旦出现严重财务问题，股价会被打入低谷，难以翻身，或者即使艰难度过危机，也会由快速成长型企业变成慢速企业，估值仍然被市场看低，毕竟能够从困境中逆转的企业不多。这也是我为什么一直向大家强调估值，如果在估值高的时候买入，又由于企业业绩下滑，会出现戴维斯双杀的局面。

这个时期的企业分化现象比较严重，有些企业一飞升天，到达龙头地位或者到达挑战龙头的地位，有的企业就此平庸，慢慢增长直到不再增长，如没有东山再起的可能，那么也就失去了好的投资价值。但是那些到达龙头地位的公司也可能失去了巨大的增长空间，并失去了快速增长的速度，这个时候的估值也会有所改变。所以，各种类型的公司之间也是在相互变化的，要持续跟踪并做出自己的预判。

第六节　如何对成熟期企业进行分析和投资

在教科书中，当经营活动现金净流量为正数，投资活动现金净流量为正数，筹资活动现金净流量为负数时，表明企业进入产品成熟期，这样的企业也称为成熟期企业。在这个阶段企业产品销售市场稳定，已进入投资回收期，但很多外部资金需要偿还，以保持企业良好的资信程度。

投资成熟期企业要选择那些还能继续保持行业领先，并有一定增长的企业。这种类型的企业通常是行业龙头，也是大白马股票，已历经多年业绩考验，比如万科企业、腾讯控股、阿里巴巴、建设银行、海螺水泥、中国平安、百威亚太、福耀玻璃、石药集团、玖龙纸业等龙头企业。但这种类型的股票通常由于业绩优秀，多年回报稳定，增长稳定，市场通常已经给了比较高的估值水平。上述港股在 2020 年年初，除了万科企业、建设银行、玖龙纸业这三只股票估值不高以外，其余港股估值水平已经不算低估。

投资这类企业要有长期投资的打算，同时还是要有估值的概念。这类股票要放进股票池中，不一定是重点股票池，但应该持续关注，当它股价下跌的时候往往是买入的好时机，当然我们仍然需要分析它的基本面是否有重大恶化迹象，如果不是基本面问题，往往都是很好的买入机会。如果在高点买入这类股票，虽然好公司仍然会通过业绩增长消化掉估值因素，但股价也可能会徘徊几年时间。

最后还要提醒的是，没有永远的白马股，白马股也有可能变成垃圾股，持续关注分析是一定要做的功课。

这类公司能较好地抵抗港股整体风险，但是缺点就是通常估值不算便宜，难以得到较低估值买入的机会，也不要期望有特别高的收益，但长期收益仍然不错。通常我都会择机买入一两家这类股票作为长线投资，但会在有更好机会时换为其他股票。

第七节　强周期行业的股票投资

这里的强周期股票有航空、航运、轮船、汽车、钢铁、化工行业，它们都具有鲜明的周期特点，周期强的时候收入和盈利水平大幅扩张，周期下行的时候收入和盈利水平急剧收缩，而且幅度很大，由于强周期行业都有高杠杆特性，从而放大了周期的波动，其中关于制造业的周期性，我在第十二章里会阐述。实际上，金融和地产也是周期性行业，但只属于中周期这一类。由于金融地产估值在港股普遍比较低，本身的安全边际比较高，金融行业有一定的定价权，地产由于预售制通常储备了一定的利润，所以这两个行业都能比较好地调节利润，哪怕是在周期下行期间，行业普遍还是盈利的，只是盈利能力下降了，但不会出现强周期行业那种行业里不少企业亏损的现象。所以属于周期行业中较好的投资对象。

投资强周期企业，最难的地方就在于把握买入时机。通常来说，行业景气时，如果用市盈率（PE）指标来看是十分低估，但往往此时可能已经是周期的顶峰，股价已经比低谷时期上升不少，此时应该兑现收益走人。而在行业低谷时，行业已经到了很糟糕的境地，但市盈率很高，行业中的好企业已经有了复苏的迹象，此时反而是买入的好时机。但强周期行业的难度就在于时机很难把握，当我们觉得企业开始走出低谷的时候，却可能只是短期反弹，而当我们觉得这次不一样，会有很长时间的好日子的时候，却很快出现低谷。图 6-1 是长城汽车（02333.HK）前复权月 K 线图，起起落落的曲线说明买入时机的选择是多么重要。

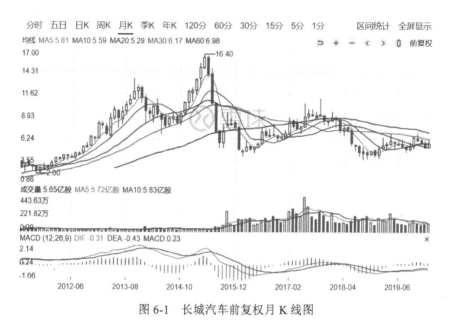

图 6-1　长城汽车前复权月 K 线图

所以投资强周期企业，一是要长期跟踪分析，能够对行业有个相对清晰的了解，不熟不做是投资强周期行业的基本原则；二是要有逆向思维，在行业顶峰的时候卖出，不赚最后的钱，提早撤出，在行业低谷时买入；三是可以运用市净率指标来辅助分析，在行业低谷期，并且企业市净率处于历史低谷时期可以考虑买入，而在行业高峰期，企业市净率处于历史相对高位时卖出。时机选择是强周期股票的投资要点，但这类股票很难把握，投资者需要发现企业衰退和兴盛的早期迹象，而且要有坚强的心态能够逆向长期投资。**初学者最好不要投资强周期股票。**

第八节　投资的几个原则

（1）买得便宜永远都很重要。估值就是硬道理，买得足够便宜即使出错了也不会有很大的损失，即使买入普通公司，只要足够便宜，还是有机会获得不错的收益。再好的公司也要以合理的价格买入。

（2）买能力圈以内的股票。"不熟不做"是基本原则，在股市里并不需要什么行业都懂，事实上，投资者只需要熟悉一小部分企业就足可以赚大钱，赚能力范围内的钱就足够了。

（3）人弃我取，逆向投资。投资并不要求有多高的智商，但逆向投资要求投资者有独立思考的能力和不被他人左右的性格，还要有忍得住亏损的心理素质。

（4）减少买卖股票的次数。频繁交易的人不适合做价值投资，如果没有大的股票调整换仓，一年内换仓的比例如果超过150%就算频繁了。如果一个人股票投资一年内换仓比例超过300%，则此人不适合做价值投资。

第七章
整体仓位控制和建仓

本章主要讨论建仓的时机和方法,以及各种持仓风格和方法,通过探讨这些风格和方法的优缺点,让投资者们通过界定自己的能力圈范围去选择最适合自己的建仓、持仓风格及方法。

第七章 整体仓位控制和建仓

第一节 什么是仓位

仓位通常是指某个权益类资产，在股市里指某只股票占自己拥有的用于投资的资金（不含融资的钱）的百分比。假设有100万元资金，买入绿城中国花了10万元，绿城中国这时候占的仓位就是10%，同时还买入债券花了10万元，剩下的钱暂时还没有动，那么就是持仓20%，空仓80%。如果所有的自有资金都买入股票，这时就是满仓。如果把自己的资金全部买了股票，并且动用了融资，用"孖展"的方式加杠杆买入了自有资金20%的股票，仓位就超过100%，变成120%仓位，这多出来的20%仓位就是融资仓位。

仓位还有一层意思，就是有的人会设定某只股票的既定仓位，比如要买入30%仓位的绿城中国，现在只买入了15%的仓位，那么就是完成建仓的50%。

仓位对普通投资者来说也常常是动态变化的，因为每年可能会有其他新的收入，有时也会有紧急需求动用股票资金。我们需要做好资金往来记录，以便计算每年的年终收益率，便于总结和分析使用。

第二节 仓位的三种选择

持仓好几种方法，这里给它们加以分类，并探讨各种方法的优缺点。每个方法都有可取之处，最重要的是选择适合自己的方法。这里讲的持仓方法都是针对普通投资者（散户）来说的，不讨论公募、私募等基金或机构的持仓方法。这里也不探讨融资仓位，因为对于普通投资者来说，融资是一件相当有风险的事情。有些杠杆高手会在股票极其低估的时候加小部分杠杆，然后在股价涨起来后去掉杠杆。如果是投资高手，那么这种方法可以使用，但是一定要有能承受杠杆带来的风险。如果只是普通投资者，强烈建议不要使用该方法。

根据投资风格的不同以及对行业、企业研究和了解程度的不同，有三种持仓方法可供选择。

一、分散持仓法

分散至 3～6 个行业或者不限行业并设定行业最高仓位，比如 40%，再分散多个股票持仓并设定个股最高仓位，比如不超过 25%～40% 仓位的方法，就叫分散持仓法。

这种方法的好处是显而易见的，就是可以降低风险，哪怕其中一个行业整体出现问题，也不会全盘皆输。这种持仓方法的坏处也是一目了然的，就是难以把握住某个特别好的机会，某个行业的爆发以及个股的爆发难以重仓，而且市场上很少同时出现几十个差不多好的机会，自然拉低了整体收益率，同时个人精力有限，难以跟踪众多股票标的，出错概率也同时增加。分散持仓法中的相对集中法可以弥补不足。

巴菲特曾经在接受电视采访时说过：如果你买入价格远低于内在价值的股票，并且适度分散持仓，那你基本不会亏钱。

分散持仓法又分为完全分散法、适度分散法、相对集中法三种。

1. 完全分散法

具体来说，分散持仓就是配置 5～6 个行业或者不限行业配置 15～30 只股票，而且基本没有重仓股，相对平均配置。这种方法个股风险较小，但由于过于分散，普通投资者根本没有这么多精力跟踪分析这么多家企业，所以会有不少表现不佳的股票出现，收益率不见得会好。这种方法未必适合有选股能力的普通投资者，如果一定要用这种方法，就应该大部分选择行业中的龙头企业。说实话，如果是投资港股，这种持仓方式还不如配置恒生指数基金或者国企指数基金来得更加稳妥，还省心省力。当然，对于立志准备自己操盘长期投资股票的初期投资者，这种方法不失为一种学习和扩展自己能力圈的方法，因为不自己操盘，就无法真正学会投资，但一定要在自己成熟后进化到下个阶段。

2. 适度分散法

同时持有 3～5 个行业里的 5～10 只股票，并设定单个行业不超过 40%，单只股票持仓不超过 25%～30%，这种方法兼顾了分散和相对集中，在可能获取较高收益的同时也分散了短期风险，是多数情况下的较好选择，也是普通投资者比较好的选择。这种情况下如果有明显好的股票投资机会，在充分研究的基础上，一定要把仓位买够，比如设置 30% 为上限，来获取较大收益。当有鹤立鸡群的机会出现时，如果自己的研究深度足够并且有长时间的跟踪（至少 2 年以上），可以自己来设定仓位，甚至可以满仓一只股票，但是前提是自己能承担得起满仓这只股票可能出现的不良后果。

3. 相对集中法

虽然分散行业和个股投资，但前 3～5 只股票占到 80% 以上仓位，每只股票仓位不超过 40%，其余的仓位买多只股票，甚至可以超过 20 只股票，但基本都是小仓位持有，因为有些股票虽然在股票池里面，但没买的话关注度就不够。当时机成熟时，加大其中看好的个股仓位。这种持仓方法很适合对个股研究深入的投资者，并且没有丢失对其他个股的持续研究，保持自己的研究广度，为将来换仓做好准备。

二、行业集中法

仓位集中在 1～2 个行业，超过 80% 以上的仓位就在这 1～2 个最熟悉、研究最透彻的行业里选股，但个股设定最高仓位，比如 40%。其余行业作为观察行业，拿出不到 20% 仓位来持股，甚至完全不配置其他行业。

这种方法适用于对行业研究较深，但又对个股没有绝对把握的投资者。这种方法可使投资者有机会把握住行业的整体机会，当行业蓬勃发展时，能获取较高的收益。但仍然有可能错过行业的最佳潜力股票，甚至在行业分化的时代，行业虽然整体不错，误判买入不好企业股票的可能仍然存在。当然，可以买入这个行业的龙头企业来降低这种风险，但有些行业小，龙头企业可能估值已经很高，这时买入未必适合。有些行业足够大，比如银行、地产，但龙头企业未必是增长最好的企业，比如2017—2019年，银行里做得好的招商银行、宁波银行都不算严格意义的龙头企业。而地产行业里的龙头企业万科、碧桂园、恒大在2019年度的增长速度明显不如绿城中国、时代中国这样的中型企业。

这种方法不能规避行业整体风险，如果行业整体出现系统性风险，有可能损失惨重。当然，行业出现系统性风险时，选好行业中的好股也可以避过损失。

这种方法对投资者的要求很高，要求对行业了解透彻，如果相对重仓个股，还必须对个股研究相当深入，如果对行业了解不够深入，只是自以为深入，很可能掉入价值陷阱，造成全面亏损，或者是高价买了周期股，数年才能解套。这种方法更适合于研究这个行业到了深度理解阶段并有恒心和定力的投资者，或本身从事这个行业并对该行业有深度理解的人士。

我在新浪博客里认识一位博客名叫"养股"的老先生，2019年，65岁的"养股"先生投资股票已经有近30年的历史，这期间"养股"先生基本就投资银行业，他深知银行和国运紧密相连，对银行有着深度理解，"养股"先生投资股票很简单，就用净资产收益率（ROE）、市盈率（PE）、市净率（PB）3个指标以及一些银行的指标比如不良率等衡量投资银行，"养股"先生近些年并没有太多深入分析银行的财报，分散买入四大行以及招商、兴业、浦发等龙头银行。"养股"先生在投资的二十多年里通过投资银行股获取了几十倍的收益，现在每年光收取的股息已经足够他富足地周游世界，除了家乡哈尔滨，海南三亚等地都有自己的度假房，并且将来会给移民加拿大的子孙留下一大笔股权财富。大家可以到新浪博客里搜寻"养股"的博客，博客里讲的投资理念简单易懂。俗话说："存银行不如买银行"，就是指将存银行的钱去买银行股远比存银行的收益高得多。

三、绝对集中法

绝对集中法就是仓位集中在 1～2 只股票上甚至全仓一只股票的持仓方法。

如果选对了，收益最大化，比如 2012—2017 年间持有的融创中国能赚取 10 倍的收益。但是一旦选错了，风险也同样巨大。

如果在万科、格力、腾讯控股、舜宇光学这样的企业上市时就买入并持有到 2019 年年末，如果用等比精确复权的方法投资（也就是分红即买入股票），收益将是几百甚至上千倍。万科的著名投资者刘元生就是在万科初创阶段 1988 年买入万科长期持股获得上千倍的收益。这件事情事后看起来很容易，其实在这么长的时间内能长期持有一个优秀企业十几年甚至更长时间的股票是普通人无法做到的。这些现在看起来优秀的企业无一不经历过危机，万科身处的房地产行业经历数次严格调控，好几次大家都认为房地产行业都难以为继了。格力能在空调市场初期的红海中杀出重围，但早期我们并不知道格力这个企业能占据龙头地位，早期的春兰空调曾遥遥领先格力。腾讯控股所在的互联网行业更是九死一生，甚至用百死一生来形容都不为过。2001 年，李泽楷就将持有的腾讯股权卖给了南非 MIH 控股集团，这部分股份当时占腾讯 20% 的股权，售价仅为 1260 万美元。腾讯即使上市后也曾经经历过数次危机，如果微信的推出再晚上一年，那可能什么都改变了。

以上例子说明，绝对集中法是这些方法里最难的一种，要求投资者不但有超群的研究能力和行业战略分析能力，还要有强大的心理素质和坚定的决心。当然，阶段性的满仓也是可行的，原来严重低估的股票，随着市场的认可，慢慢回归价值，这时候慢慢减仓顺势走向分散。我国的投资大师段永平早期就是运用这种方法的高手，他从网易的投资里获取了数百倍的投资收益。但我不建议普通投资者采用这种风险相对较高的方法。

第三节　如何建仓

实际上如何建仓与入场时机有很大的关系，如果入场时机是2007年年末的A股，当时市场处于癫狂状态。那时候的我虽然没有系统地学习过股票投资，投资的资金也很少，但我从一开始投资股票就明白投资股票就是投资股票所代表的公司这个简单的道理，满眼望去，绝大部分的股票都太贵了，所以在4000多点的时候就将股票清仓。基本上，当股票池中没有股票可以购买的时候，往往都是牛市里最疯狂的阶段，普通散户最好是宁可错过，不可错入。这种情况怎么办？不买股票就是了，或者只是轻仓持有，这个时间可以等待或者用部分资金买短期债券，等待机会，更重要的事情是深入地研究股票池里重点关注的企业，牛市里往往都是喜讯，那就从全面的角度去挑挑错，找找问题。

另一种情况则是过了2007年年末的顶峰开始跳水后的股市。短短一年，上证指数从最高6124点跌到最低1664点，并在2000点附近徘徊很长时间，这时候是建仓的绝佳时机，但事实上，很多人已经对股市失去信心，远离股市。这两种情况都属于极端，股价绝大部分时间都处于中间状态，我们很难卖在高点，也很难在最低点抄底，我们真正应该做的是根据股票池里的股票估值来判断机会。每家企业就是池子里养的鱼，这些鱼就是经过长期精挑细选出来的优秀品种，平时跟踪、研究这些企业就像是养这些鱼一样。每到一定时期还要给这些鱼检查是否有病，就像给企业重新估值一样。只要股价连续下跌或者公司业绩明显增长，基本面好转股价却不涨或者涨得很少，股票的股价明显低于内在价值，就是买入的时间了。

我从来就不是趋势投资者，也不会判断趋势，但是整体市场低估或者高估还是看得清的。做投资更重要的还是要认清企业的内在价值，在市场处于绝对高估的情况下，如果找不到价格低于内在价值的股票，只能保留小的仓位参与，但哪怕市场处于绝对高估，还有好企业股价明显低于内在价值，我也会继续持有这个企业的股票，当然这时候还应该保留足够的现金，因为将来一定会有用桶来装金子的时机。这个方法简单来说就是逆势而为，市场处于高估值时低仓位，低估值高仓位，只重视个股研究而不去判断市场走势。2019年年末的港股，明显处于低估时期，应该重仓甚至全仓参与。

当然价值投资者有其天然的局限性，就是牛市卖得过早，熊市买得也早，比如2007年上证指数4000多点时我就清仓，结果股市一路上涨到6124点。但进行长期的价值投资，更应该强调个股的估值，价值投资的短期无效以及局限性作为价值投资者也同样需要承受。做投资，重要的是看得远一点，看得高一点。

2018年、2019年这两年，港股几乎是全世界表现最差的市场。2020年3月末的港股更是明显处于低估状态，一旦市场信心有所恢复，很多港股将迎来戴维斯双击，开启一段价值修复之路。

当有很好的买入机会时，是先一次性建仓到一个比较高的仓位比如70%以上甚至100%还是分批建仓，这个事情恐无定论，只能具体情况具体分析，如果已经做好了准备，深入分析过要买的这些企业，那么高仓位建仓是没有问题的。但是如果没有做好准备，对港股的上市公司缺乏基本了解，那只能分批建仓，并且前期不能买小市值股票，只能在港股通的范围内选择，最好买各行业龙头股票和极度低估值的股票，然后随着能力圈拓展再制定适合自己的持仓方法。

如果已经是港股老司机或者是已经做好充分研究准备的投资者，有很好的机会，比如相当于内在价值的3～5折买入机会时，不妨首批建仓就直接买到个股计划仓位上限的70%，继续下跌就买满。如果只有一般的机会，比如说是内在价值7折的机会，则先买个股计划仓位的40%，在基本面没有大的变化情况下，再跌10%就加仓买到六成，再跌10%就买到八成或者买够，越跌越买。当然要分析下跌的原因，如果下跌是由于整体大盘下跌引起，或者是其他不影响基本面的变化引起，要克服越跌越悲观的心理障碍。因为这是便宜建仓的机会，同样的企业，如果10元愿意买，现在8元了，是不是更值得买入？这个时候要考虑我们买的是企业，企业业绩一直在增长，股价迟早会涨上去的。但是如果建仓完毕还继续下跌怎么办？答案就是等，价值投资者最基本的能力就是能熬得住，如果做不到这一点，就不要投资股票了，买基金比较好，而且最好是买被动指数基金比较适合。如果建仓未完成市场就出现大幅反弹了，不再有这种7折的机会，那就应该收手不再买入了，不要担心股价回不来。事实上，这些年牛熊交替的频率越来越快。即使回不来，这部分资金还有其他股票的投资机会，这时候股票池的作用就发挥出来了。

知识链接

指 数 基 金

指数基金，顾名思义就是以特定指数（如上证50、沪深300、恒生综合指数、恒生国企指数）为标的，并以该指数的成份股为投资对象，通过购买该指数的全部或者部分成份股构建投资组合，以追踪标的指数表现的基金产品。

市场越是悲观的时候越有机会，越是疯狂的时候越要小心。2008年年末股价大跌之后，中国已经没有多少人愿意买股票了，其实之后的数年都是蓝筹股绝佳的建仓机会，遍地都是黄金，茅台在100元左右徘徊，万科低至5元，疯狂的2007年万科股价还到过40元，透支了未来5～10年的成长性，而低点的万科给了我们捡黄金的机会。

第四节　根据自身的能力来选择仓位控制方法

各种风格的持仓计划都有优劣之处，投资者需要认清自己目前的能力，做出适合自己的投资计划，只有适合自己的才是最好的。初学者比较适合采用分散持仓的方式，并且宜配备部分大白马股票作为基础仓位。

而当我们能够深入研究一个好企业，并且该企业还出于种种原因被市场严重低估的时候，只要我们的研究分析是对的，推理过程也对，也足够有深度，那么我们不妨采用相对集中法持有这只股票。

避免大的亏损一个最有效的办法是预期回报率不能过高，要相信取得年复利10%～20%的收益率已经不简单了。如果相信这一点，事情就相对容易做了，譬如清楚什么时候应该卖出。**价值投资者并不是一直持有企业股票的，当股票价格明显高于企业内在价值的时候，就是兑现收益的时候，该卖就卖。**

很多人在牛市里取得很高的收益，以为自己能力超群，却往往在接下来跌得很惨。只有认清自身能力圈的界线，身处疯狂牛市的时候就不会忘乎所以，此时不妨减仓甚至退出来休息一下。换到个股来说也是这样的，个股估值过高就是换仓的时机。所以投资一定要从股票的内在价值出发，不断寻找更好的投资标的，相信常识、相信规律。

投资中能够认清自我的能力、界定自己的能力圈是非常重要的一件事，"知己知彼、百战不殆"就股票投资而言，指的就是这一点。很多股民投资时追逐热点，总是"这山望着那山高"，而热点股票往往上涨很快，等我们注意到时，股价可能已经涨了不少，而且热点股票往往都是根本没有真正深入研究的企业的股票，我们不可能一下就很快了解这个行业、这个公司，即使这次"瞎猫碰到死耗子"赚到钱了，最终还是会因为这种方式亏回去。所以放弃对热点的追逐是明智的选择，守住自己股票池里的鱼才是最重要的。当然放弃热点的追逐不是说不要关注，而是不要因为是热点才买入。关注热点可以学习新的知识，如果这个热点我们很感兴趣，我们也能研究清楚，那就努力研究学习，直到深入了解透彻，将它转化为能力圈范围内的股票，才会有把握抓住下一次类似的机会。历史总是会重演，机会总是给有准备的人。上文提及的新浪博客里的"养股"先生是我很敬佩的人，他恪守能力圈，就在低估值的银行里投资，从不羡慕能力圈之外的机会，取得了很大的投资收益。

几句很有意义的股市谚语：

- 吃鱼吃中段，头尾留别人。
- 对你的能力圈来说，最重要的不是能力圈的范围大小，而是你如何能确定能力圈的边界所在。
- 你永远赚不到超出你认知范围之外的钱。
- 想得到你想要的东西，最好的办法是让自己配得上它。
- 购买上市公司的股票，要把它们当做非上市公司看，如果不上市以目前股价你还愿意持有5年以上你才买。

提高自己的能力是投资道路上最重要的事情，能力圈扩展以后，我们在进行投资时能够更加游刃有余。但是一个人的时间精力总是有限的，提高广度不如加大深度，并且不投资能力圈以外的股票，专注于自己的能力圈才是更重要的事情。当能力圈提升的时候，也可以根据我们的能力圈和当下股市情况择机改变自己的持仓方法。每个持仓方法都不是一成不变的，能够根据自己的认知和市场的变化进行改变是最佳的选择。

第八章
何时卖出股票

股市有句谚语:"会买的是徒弟,会卖的才是师傅。"实际上价值投资者是不认可这句话的。会买才是根本,买什么样的公司、在什么样的估值买是价值投资的核心。只要买的是好公司,买的价格远低于其内在价值,何时卖出其实就相对简单得多。买入是投资的基础,是最重要的一步。

卖出当然也很重要,选择适当的时机卖出和换仓,能显著提高收益率,所以这一章就主要来谈谈何时卖出股票。

第一节　价值为尺，衡量价格

关于何时卖出股票，众说纷纭，技术派和价值派的观点更是截然不同，分歧巨大，趋势派也有自己的看法。技术派喜欢盯着K线图，用各种复杂的理论和公式预测短期股价走势，关键是这种预测的准确率很少能超过50%，从长期来看往往是无效的，即使确实有效，也只有极少数的技术派天才能够做到，普通投资者根本无法掌握。

对于价值投资者来说，最重要的是判断股票的内在价值，然后以内在价值这把尺子去衡量价格，当价格明显高于内在价值时卖出股票。内在价值这把尺子还可以用于各股票之间的对比，投资者可以根据内在价值来判断换股的时机。

关于这一点，高毅资产管理有限公司董事长邱国鹭曾在《投资中最简单的事》这本书中谈过3种卖出股票的情况：①基本面恶化；②价格达到目标价；③有其他更好的投资。

在探讨卖点的时候首先要明确一下判别股价高低的标准：以价值中枢判断卖点，不以买入成本为判别标准。成本只是投资者自己买入的东西，市场上没有人会关注，也不会对股价有什么影响。忘掉买入股票的成本，是投资成功的必要经历。只有以价值为尺，才能准确地度量股票的价格是否高估。

第二节　当基本面恶化时卖出

基本面的恶化实际上有几种情形，我们要判别出来这一恶化是长期恶化的还是短期的，是影响企业长期经营的问题还是可以短期解决的问题，然后根据分析的结果区别对待。

一、落入价值陷阱

这种情况常见情形之一就是强周期股买在顶部，航空、钢铁、汽车、化工行业的股票常常有较强的周期性，行业顶点的时候大家日子都很好过，包括市盈率也看起来很低。但由于行业顶峰不可持续，顶峰过后往往需求下滑，行业整体过剩，价格战硝烟四起，大部分企业都如履薄冰，亏损连连。如果本身不具备绝对的优势，这时往往业绩下滑明显，股价也随着下跌。

我就曾经落入过汽车股的价值陷阱。2017年年初，我想配置部分汽车股仓位，于是通过综合分析后买入长城汽车港股（02333.HK）。现在来分析当时我是怎么落入陷阱的。表8-1是2017年2月份各汽车行业公司年报出来之前我做的一个数据分析。从表中可以看出，长城汽车2012—2016年的表现十分优秀，净资产收益率5年平均值达到23.43%，而且当时的股价并不太高，已经从高点回落到7港元左右，市净率1.3倍和市盈率不到5.3倍，都不高。

表8-1　2016年三季报后部分上市汽车行业ROE比较表

汽车行业近10年净资产收益率（ROE）比较表（2016年度为前三季度数值）								
年度	潍柴动力	江铃汽车	长安汽车	长城汽车	庞大集团	华域汽车	上汽集团	福田汽车	广汇汽车
2016	4.83%	8.97%	19.82%	16.24%	1.25%	12.29%	12.54%	1.25%	8.72%
2015	4.38%	18.50%	28.94%	21.03%	1.90%	17.54%	17.01%	2.19%	9.48%
2014	15.48%	19.89%	29.49%	24.04%	1.17%	18.87%	17.74%	3.12%	3.51%
2013	12.88%	18.51%	18.67%	29.37%	2.33%	18.59%	18.01%	5.10%	5.55%
2012	12.03%	18.77%	9.32%	26.46%	-9.34%	16.11%	16.96%	9.19%	5.15%
2011	24.44%	25.59%	6.57%	20.47%	6.68%	18.05%	19.76%	13.03%	0.67%
2010	36.63%	27.93%	19.08%	26.97%	37.78%	17.32%	20.75%	20.42%	1.72%
2009	28.99%	21.80%	12.26%	13.21%	47.57%	12.34%	15.52%	25.46%	1.80%
2008	24.15%	19.36%	0.32%	7.63%	47.72%	-1.29%	1.89%	11.50%	5.15%

续表

汽车行业近10年净资产收益率（ROE）比较表（2016年度为前三季度数值）									
年度	潍柴动力	江铃汽车	长安汽车	长城汽车	庞大集团	华域汽车	上汽集团	福田汽车	广汇汽车
2007	31.65%	21.52%	8.81%	0	65.40%	6.06%	12.40%	20.28%	3.73%
平均值	19.55%	20.08%	15.33%	18.54%	20.25%	13.59%	15.26%	11.15%	4.55%
近5年平均值	9.92%	16.93%	21.25%	23.43%	-0.54%	16.68%	16.45%	4.17%	6.48%
近5年平均值排名	6	3	2	1	9	4	5	8	7
主营	发动机制造商	汽车制造商	汽车制造商	汽车制造商	汽车经销商	汽车零部件	汽车制造商	汽车制造商	汽车经销商

比较后发现，长城汽车过往的数据十分优秀，董事长魏建军以自己姓氏命名的"WEY"品牌中高端SUV也即将上市冲击中高端15万～20万元区间的SUV，发展前景可观。我参考各方面的资料，接着对长城汽车进行简要分析，具体如下。

董事长魏建军的战略清晰且坚定，制定了适合长城的专注SUV战略，作为民营企业的长城汽车在成本控制方面做得较好，效率高，利益激励充分。企业文化方面，长城汽车有廉洁的企业机制，各级采购员基本没有腐败，没有回扣，既节约了成本又加强了对供应商的管控，供应商产品质量稳定、可靠。由于企业位于保定这样一个三线城市，用工成本和土地成本均较为低廉，成本控制也是长城汽车长期的优势。

长城汽车研发投入比在车企中处于领先地位，其自主开发的直喷涡轮发动机和变速箱技术水平均处于自主车企前列，其中发动机已经不逊于合资车，是个非常重视研发的车企，有着很大的发展空间。财务非常健康，其他车企研发费用资本化率很高，长城汽车2016年前研发费用几乎全部费用化。长城汽车财报透明清晰，各方面财务指标均处于车企领先水平。

长城汽车2017年的市场地位、产品口碑都很不错，也有着中国车企中优秀的经销商和供应商关系，多方协力之下，具备全产业链把控能力，以后提升服务水平、解决供应短缺等方面均有优势。

2017年年初，长城汽车港股和A股差价巨大，因此我选择港股投资，并且当时还出现了以下这些基本面的积极变化。

（1）新款H6上市，WEY也即将上市。这是长城汽车近几年的重大变化。公司主力车型H6全新换代，新品牌WEY则以15万～20万元的价格参与和抢占合资品牌市场，这个区间合资品牌众多，销量大，市场大，前景广阔，长城汽车用类似手机行业的方法，采用优秀的性价比切入市场。当然将来销售得好不好，需要持续跟踪。

（2）长城汽车将自主开发的涡轮增压发动机和7DCT湿式变速箱用于新品牌WEY和新款车上，会显著降低成本。

（3）长城汽车启动了大面积的广告投放，在央视黄金时间和各个卫视都有广告投放，这在以前是少有的，表明长城汽车更加重视营销环节，希望新品可以大卖。广告宣传短期增加了成本，但对企业长期经营应该是积极的影响。

（4）在新能源汽车方面，长城汽车收购了御捷汽车的股权，为长城汽车新能源领域发展提供了助力。

通过分析，2017年年初我以均价7港元价格配置了8%左右仓位的长城汽车H股，到2017年10月，在长城汽车和宝马公司准备合资生产MINI的消息刺激下其股价最高涨到12港元。我自认为分析准确，各项利好显现出来，于是继续持有长城股票不动，准备做长期投资。但是接下来的情况却朝着反方向发展，2018年汽车行业整体下滑，长城汽车销售出现明显下滑，其中有2017年年初老款H6库存过高，特别是手动挡汽车库存高的影响。新推出的WEY品牌在初期热销一段时间后，在2018年遭遇合资品牌同类型SUV价格下探的影响，销量开始下滑。为了争夺市场，保住市场份额，长城汽车全系产品做了较大幅度的让利促销活动，2017年在营收微增2.59%的情况下归母净利润同比大幅下滑52.35%，2018年营收和净利润和上年持平，叠加大盘整体下跌，长城汽车股价也"跌跌不休"，最低跌到4港元，并长期在4～6港元徘徊。在行业景气相对高点时我进行了这笔投资，是一个明显的错误。这个错误在 2018 年年初年度业绩出来时可以得到纠正,当时卖出就是比较好的时机,可惜当时我并未摆脱价值陷阱,直到 2019 年 9 月左右,由于看到地产股绿城中国被低估兼具高成长,才以 5.5 港元左右价格卖出换仓到绿城中国,亏损不少。2019 年年末,汽车行业开始出现好转迹象,预期 2020 年开始的未来几年,长城汽车、长安汽车等自主车企将可能迎来新的增长周期,2020 年可能将是长安汽车、长城汽车 H 股较好的买入期,当然还需要继续观察分析。

但有另外一种周期股,比如化工行业翘楚万华化学,它的顶级研发能力能使其在行业低谷时也能获取不错的利润。它虽然也是周期股,但每个周期业绩都是盘旋上升的,这样的股票就值得长期拥有。图 8-1 是万华化学的前复权季度 K 线图,从图中可以看出万华化学股价周期上升的情况。

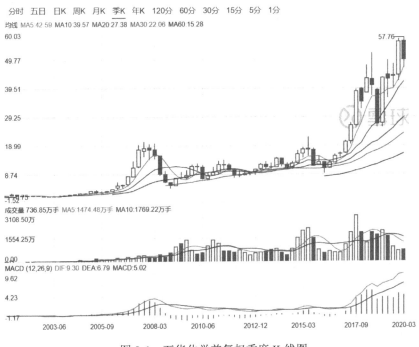

图 8-1　万华化学前复权季度 K 线图

二、其他基本面恶化的情形

除了周期因素之外,还有其他基本面恶化的情形,比如突发"黑天鹅事件"。2019年7月,新城控股董事长王某由于猥亵幼女被刑拘,这种事情没有人能事先预料到,知道消息后需要分析,当然也可以先卖出止损。实际上后期新城控股由于基本面良好,在董事长儿子接过董事长职位后做了一系列的举措保证了新城的继续发展,股价才慢慢回升。

企业如果有财务欺诈行为且被揭露,就没有了投资价值,该止损就得止损,比如港股中的蓝鼎国际(00582.HK)。

还有一种情况就是企业原来在行业里有一定的竞争优势,但是随着行业竞争格局的改变,自身已经没有成长性了,比如魏桥纺织(02698.HK),即便估值低也没有太大的投资价值。

第三节 价格达到目标价格时可以卖出

价值投资的目的是获取投资收益,所以当市场认识到该公司的价值,开始给它的股票高估值,最后股价上涨很多,已经明显超过股票的内在价值时,价值投资者应该兑现收益,将股票卖出。没有必要和投资的公司绑定在一起,非要一直拥有。

一、动态调整目标价格

首先强调一点,目标价格是动态的,并非一成不变,目标价格会随着行业和企业的整体情况而变动,投资者需要长期跟踪企业的情况来修正目标价格,否则会有可能拿不住好企业股票,过早将优秀企业股票卖出。如果不动态调整目标价,同时也可能在股价下跌过程中判断错误。我曾经在2016年年末以每股3.7港元的价格买入碧桂园,但

2017年涨到6港元时早早卖出，结果错过后面更大的涨幅（最高达到19港元）。这就是犯了没有持续根据企业情况调整目标价格的错误。碧桂园2017年业绩持续走高，销售节节攀升，显示出良好的盈利能力，6港元对于当时的碧桂园只是起步价而已。

所以目标价格最终在于对企业内在价值的判断和理解，这里用绿城中国举例说明，关于绿城中国的具体分析还可以参考本书第十一章第四节。2019年5月，绿城中国股价到了2016年以来的最低点5港元左右，我原来就持有绿城中国大约10%的仓位，这部分是8港元左右买入的，可谓浮亏惨重。当时的绿城中国股价虽然处于最低点，但由于当时绿城中国的股价根据我的观察仅仅只是低估，上半年销售情况不理想，处于下滑状况，虽然管理层在2018年度业绩发布会上表示由于货源不均衡，导致上半年可售货值很少，而下半年则有充足的货源保证销售指标完成，但由于绿城中国前面几个年度有过销售不达目标的情况，加之新任CEO（首席执行官）张亚东还没有充分地证明自己，有比较大的不确定性，所以我也只是持有绿城中国原有仓位不动，继续跟踪绿城的总体情况，根据绿城中国前几年销售和归母核心净利润做个大致的预估，按照2018年归母核心净利润以及2018年的销售前瞻PE推算出绿城中国2019年内在价值为每股9～12港元，由于当时其他股票也被低估，所以并未换仓买入绿城中国。

2019年9月初，绿城中国在上半年销售负增长的情况下，7月份的销售同比大幅增长49%，8月份的销售同比增长122%，并且从跟踪的项目来看，9月、10月的大幅增长也是比较确定的，于是我重新估值绿城中国，用下面所述的估值方法重新估算绿城中国的内在价值，在9月份将绿城中国内在价值调整为每股13～17港元，而当时绿城中国的股价仅为6港元出头，从而做出加仓决策。

二、简单的估值模型

在估值前要强调一下市值的概念，普通投资者常常用股价来做对比，甚至有些股市投资经验不太丰富的人认为100元的股价就比10元的股价贵，完全没有去看股价后面真正的含义，实际上贵州茅台1000元的股价可能比大多数公司的股价还便宜，老股民更习惯用市值来做企业间的对比。

首先，市值不会因为拆股送股而发生变动，用市值一看，就知道这只是个数字游戏而已。

其次，企业之间用市值对比更直观，不同企业之间的股份数目不一样，股价也不同，用股价不容易比较出彼此差距，如果直接用市值对比，就一目了然，比如同类型企业市值相差一倍以上，那一定有什么原因，如果是被市场错杀，也许是投资的机会。

最后，用市值筛选出行业里市值第一名的企业作为龙头企业（大的行业比如金融、地产行业可以选出3家以上龙头企业）来对比标的企业，这一点非常必要。一般来说，行业市值第一的企业也通常是行业里发展最好的企业，拿目标企业和它对比，只有目标企业发展速度能超过龙头企业或者特别低估才值得买入，否则不如直接购买龙头企业的股票，毕竟龙头企业是已经被市场证明的优秀企业。在对比市值的同时，也可以估算一下目标企业的发展潜力。

还是以绿城中国为例，首先对企业做个定性分析：绿城中国原来的优势在于一流的产品，央企中国交建集团和香港九龙仓集团有限公司分别成为第一第二大股东后带来的融资能力和融资利率水平到达主流房企准一流水平。周转效率和成本控制则是原来绿城中国的弱点，但是现在弱点改良了，周转效率从跟踪项目来看已经提升许多，和同类别企业相比已经毫不逊色。成本控制方面，由于绿城中国以产品品质著称，所以在产品品质上的钱是不能省的，设计、建安成本比其他企业高出15%～20%都是正常的，在保证品质第一的前提下，公司也通过产品标准化来降低成本。绿城中国在主要销售区域江浙沪地区以及北京等地具有良好的产品声誉，绿城中国的楼盘相对其他品牌有一定的溢价能力，从而完全可以覆盖建安成本的增加。

从这些分析可以观察出来，绿城中国有较大机会反转成为优秀的房地产企业。这种情况下，我在2019年9月末重新做了估值测算。为了便于理解绿城中国的估值变化，下面用两种简单易懂的估值模型来做个分析。

先按照绿城中国的核心归母净利润做个测算。2019年末，我预测绿城中国2019年度归母核心净利润为45亿元人民币（2018年度为38亿元），然后将2018年度和2019年度的数值采用不等权重的方法计算，2019年度按照65%的权重，2018年度按照35%的权重来计算，再按归母核心净利润6～8倍计算得出市值：

（45×65%+38×35%）×6=255.3（亿元人民币）

（45×65%+38×35%）×8=340.4（亿元人民币）

按2019年9月20日汇率约为人民币兑港元1∶1.1来计算，市值在281亿～375亿港元，对应每股价格在13～17.3港元。

第二种是采用前瞻利润估算法。先将2019年的销售额拆解为权益销售额和代建销售额两部分，2019年9月预估权益销售额约为750亿元人民币（2019年实际权益销售额为768亿元人民币），根据综合推算净利润大约为8%，即60亿元净利润，扣除永续债利息大约12亿元后为48亿元，前瞻利润估值必须考虑现金流折现，打个折扣按4～5倍PE计算为192亿～240亿元人民币，加上代建轻资产部分约650亿元销售额（实际为664亿元），代建部分按照净利率1%左右测算约为6.6亿元。由于代建属于轻资产项目，给予相对保守的估值也要10～15倍PE，为66亿～99亿元。其余设计装修和酒店部门不算。这样合计起来市值应为258亿～339亿元人民币，也就是284亿～373亿港元，每股价格为13.1～17.2港元。

通过这两种分析，我们基本确认2019年年末目标价格为13～17港元。截至2019年12月31日绿城中国最高价都未达到13港元的下限目标价格，当然不要卖出。

到2020年1月初，绿城中国2019年度销售数据已经出炉，2019年下半年逆袭成功，完成管理层提出双"两千"目标，即2019年操盘销售额（含代建）、新增土储双双完成两千亿元目标。全年权益销售增速在上半年负增长的情况下达到37.88%，权益销售增速在主流地产排名第三，新增土储2000亿元（不含代建），基本保障了2020年2500亿元人民币的销售目标。2019年提出的2020年2500亿元销售目标（含代建）、2021年3000亿元销售目标（含代建）还有可能提升。这种可以看到未来两年高速成长的企业，用前瞻PE重新估值是比较适合的。

根据2020年2500亿元人民币（新的目标会在公告或年报中披露）这个销售目标来分解，其中权益销售额会在1700亿元自建销售额的55%（保守估算）左右，权益销售额按8%的净利润来测算，代建约在800亿元，净利润按1%来测算，再扣除永续债利息预估为13亿元人民币。其中权益销售部分按照4～5倍PE计算，而代建部分按照10～15倍PE计算。根据上面的方法可以算出2020年目标价格。

下限市值：

（1700×55%×8%-13）×4+800×1%×10=327.2×1.1=359.9（亿港元）

总股本为21.71亿股，推算出每股约16.6港元。

上限市值：

（1700×55%×8%-13）×5+800×1%×15=429×1.1=472（亿港元）

总股本为21.71亿股，推算出每股约21.7港元。

经过修正后的绿城中国2020年股票目标价格就成为16.6～21.7港元，而且这种具有产品优势的企业在得到快速增长的验证后，上升趋势比较明显，通常在原推算的条件达成后，目标价还会随着企业的实际发展做出一定的修正，如果比预估还好，还应及时提升目标价格。及时修正目标价格，就不会轻易地在绿城中国涨1倍但是还远未到达目标值就轻易卖出。当然，如果基本面发生了重大的长期恶化，也应该分析具体情况择机卖出。

还有一种定性分析目标价格的方法，就是以绿城中国未来三年可能到达的行业地位来做估值。这种方法主要是采用毛估的方式，也一样需要跟踪分析并重新定性。根据统计，绿城中国自建销售额增长率、权益销售额增长率这两项关键指标在2019年均可以排在上市房地产企业前五的水平，并且根据对绿城综合资料的判断，未来两到三年绿城中国的自建销售额增长率有较大概率维持前五的水准，这样在2022年有望全口径销售额（不包含代建）重返行业前十。不考虑估值水平的增长，截至2019年12月31日，仅仅按香港市场2019年前10名中市值最低的两家企业世茂地产、新城控股来看，市值都在900亿港元以上，对应2020年1月2日绿城中国210亿港元左右的市值，有3～4倍的增长空间，如果再考虑到估值提升和代建部分轻资产的估值，那可能是一个4～6倍的空间。这样我们就有个3年的大致目标价格——40港元，当然这个目标未必能实现。必须长期跟踪推断这个目标是否能实现，根据实际发展情况调整目标价格，跟踪下来如果发现与我们的预计差距很大，那么卖出是最好的选择。

持续跟踪分析企业的经营情况是估值的必经之路。

第四节　有更好的投资机会时卖出换股

有明显更好的机会调仓换股时，股票池就可以发挥它的作用了。

其中一种情况是市场遭遇了系统性的大跌，造成股票普遍性下跌，但是跌幅不一样，这个时候应该将部分股票换入估值明显被低估的股票。但是，前提是投资者必须对换入的股票十分了解，跟踪较长时间，否则很可能换错股。

另一种情况则是股票A大涨，虽然还不到估值上限，但另一只你也很了解的股票B却没有什么涨幅，并且估值水平明显低于股票A，这时可以换仓。我在2019年9月就将手中的宝龙地产和长城汽车H股卖出换成绿城中国，由于年初宝龙地产的销售额高速增长，宝龙地产股价大涨，当时的宝龙地产市值超过220亿港元，而绿城中国的市值还不到150亿港元。因为两家企业都是我长期跟踪的重点股票，从产品品质、销售额、未来发展前景等各方面综合对比来看，宝龙地产不如绿城中国，但是估值水平却明显高出绿城中国，市场给的价格完全不合理，给了我换仓的良机。而且当时已经可以看出绿城中国的销售额在增长，管理和效率在提升，虽然当时的宝龙地产 5.2 港元左右的价格并不高估，但我仍然陆续将宝龙地产卖出换为绿城中国。这是一次很成功的换仓。当时我在雪球网上也发帖将换仓情况告诉大家，有兴趣的读者可以在雪球网里查看当时的帖子，再结合当时的情况和股价体会这种换仓的逻辑。

这里要特别提醒的是，千万不要轻易换仓到不熟悉的股票去，一定要抵制住诱惑，不追逐热点，不买能力圈之外的股票（除了建立观察仓外）。这种随意换仓的做法无异于夸父追日，终究会渴死在途中，只买自己能力圈之内的股票才是最重要的。

第五节　企业的利润在增长，股价就是不涨怎么办

企业业绩在增长，但股价就是不涨，这种情况港股市场比较多，特别是中小市值股票这种情况比较多，股票分红不错，但是股价就是不涨甚至还下跌。我有不少持仓股票特别是中小盘股票这两年也是如此，比如 2017 年到 2019 年利润连续高速增长的宝龙地产也曾长时间股价不涨。这里以几个假设来做个极限推演。假设公司现价为 5PE（就是股价 1 元，每股净利润 0.2 元），每年企业利润增长 5%、10%、20%、前 5 年增长每年 20% 后面每年 10% 这 4 种情况，分红率 35%，但股价扣除分红都始终不涨（实际上等于只涨了分红这部分）来进行推演。表 8-2 至表 8-5 是 2019 年 7 月 4 日按公司原始股数为 1 股，分红比率为净利润的 35%，分红按全年度计算（年中加年末合计）再买入正股，并假设正股扣除分红后一直不涨的情况下进行的推演。

表 8-2 是 2019 年 12 月 31 日 A 公司原始股数为 1 股，分红按年度计算（年中加年末）再买入正股，假设正股一直不涨的情况下的收益情况。营收和利润按年度增长 5% 计算，分红比率按 35% 净利润计算。

表 8-2　A 公司分红后净利润每年增长 5% 的情况　（单位：元）

年份	增速（%）	每股盈利	每股分红	股价	分红再买入	股数
2019	5	0.20	0.070 0	1	0.070 0	1.070 0
2020	5	0.21	0.073 5	1	0.078 6	1.148 6
2021	5	0.22	0.077 2	1	0.088 6	1.237 3
2022	5	0.23	0.081 0	1	0.100 3	1.337 6
2023	5	0.24	0.085 1	1	0.113 8	1.451 4
2024	5	0.26	0.089 3	1	0.129 7	1.581 0
2025	5	0.27	0.093 8	1	0.148 3	1.729 3
2026	5	0.28	0.098 5	1	0.170 3	1.899 7
2027	5	0.30	0.103 4	1	0.196 5	2.096 1
2028	5	0.31	0.108 6	1	0.227 6	2.323 8
2029	5	0.33	0.114 0	1	0.265 0	2.588 7
2030	5	0.34	0.119 7	1	0.309 9	2.898 7
2031	5	0.36	0.125 7	1	0.364 4	3.263 1
2032	5	0.38	0.132 0	1	0.430 7	3.693 8
2033	5	0.40	0.138 6	1	0.511 9	4.205 7
2034	5	0.42	0.145 5	1	0.612 0	4.817 7
2035	5	0.44	0.152 8	1	0.736 2	5.553 9
2036	5	0.46	0.160 4	1	0.891 1	6.444 9
2037	5	0.48	0.168 5	1	1.085 7	7.530 7
2038	5	0.51	0.176 9	1	1.332 1	8.862 8
2039	5	0.53	0.185 7	1	1.646 1	10.508 8

表 8-3 是 2019 年 12 月 31 日 B 公司原始股数为 1 股，分红按年度计算（年中加年末）再买入正股，假设正股一直不涨的情况下的收益情况。营收和利润按年度增长 10% 计算，分红比率按 35% 净利润计算。

表 8-3　B 公司扣除分红后净利润每年增长 10% 的情况　（单位：元）

年份	增速（%）	每股盈利	每股分红	股价	分红再买入	股数
2019	10	0.20	0.070 0	1	0.070 0	1.070 0
2020	10	0.22	0.077 0	1	0.082 4	1.152 4
2021	10	0.24	0.084 7	1	0.097 6	1.250 0
2022	10	0.27	0.093 2	1	0.116 5	1.366 5
2023	10	0.29	0.102 5	1	0.140 0	1.506 5

续表

年份	增速（%）	每股盈利	每股分红	股价	分红再买入	股数
2024	10	0.32	0.112 7	1	0.169 8	1.676 3
2025	10	0.35	0.124 0	1	0.207 9	1.884 2
2026	10	0.39	0.136 4	1	0.257 0	2.141 2
2027	10	0.43	0.150 1	1	0.321 3	2.462 5
2028	10	0.47	0.165 1	1	0.406 5	2.869 0
2029	10	0.52	0.181 6	1	0.520 9	3.389 9
2030	10	0.57	0.199 7	1	0.677 0	4.066 9
2031	10	0.63	0.219 7	1	0.893 5	4.960 4
2032	10	0.69	0.241 7	1	1.198 7	6.159 1
2033	10	0.76	0.265 8	1	1.637 2	7.796 4
2034	10	0.84	0.292 4	1	2.279 7	10.076 1
2035	10	0.92	0.321 6	1	3.241 0	13.317 0
2036	10	1.01	0.353 8	1	4.711 7	18.028 8
2037	10	1.11	0.389 2	1	7.016 7	25.045 5
2038	10	1.22	0.428 1	1	10.722 3	35.767 8
2039	10	1.35	0.470 9	1	16.844 0	52.611 8

表 8-4 是 2019 年 12 月 31 日 C 公司原始股数为 1 股，分红按年度计算（年中加年末）再买入正股，假设正股一直不涨的情况下的收益情况。营收和利润按年度增长 20% 计算，分红比率按 35% 净利润计算，2019 年开始都是假设。这里的计算都是按分红再投资复利计算的。

表 8-4　C 公司净利润每年增长 20% 的情况　（单位：元）

年份	增速（%）	每股盈利	每股分红	股价	分红再买入	股数
2019	20	0.20	0.070 0	1	0.070 0	1.070 0
2020	20	0.24	0.084 0	1	0.089 9	1.159 9
2021	20	0.29	0.100 8	1	0.116 9	1.276 8
2022	20	0.35	0.121 0	1	0.154 4	1.431 2
2023	20	0.41	0.145 2	1	0.207 7	1.639 0
2024	20	0.50	0.174 2	1	0.285 5	1.924 5
2025	20	0.60	0.209 0	1	0.402 2	2.326 7
2026	20	0.72	0.250 8	1	0.583 6	2.910 3

续表

年份	增速（%）	每股盈利	每股分红	股价	分红再买入	股数
2027	20	0.86	0.301 0	1	0.876 0	3.786 3
2028	20	1.03	0.361 2	1	1.367 5	5.153 8
2029	20	1.24	0.433 4	1	2.233 8	7.387 6
2030	20	1.49	0.520 1	1	3.842 3	11.229 9
2031	20	1.78	0.624 1	1	7.008 9	18.238 8
2032	20	2.14	0.749 0	1	13.660 0	31.898 8
2033	20	2.57	0.898 7	1	28.668 9	60.567 7
2034	20	3.08	1.078 5	1	65.321 8	125.889 5
2035	20	3.70	1.294 2	1	162.924 9	288.814 3
2036	20	4.44	1.553 0	1	448.536 6	737.350 9
2037	20	5.32	1.863 6	1	1 374.151 8	2111.502 7
2038	20	6.39	2.236 4	1	4 722.080 3	6833.583 0
2039	20	7.67	2.683 6	1	18 338.822 0	25 172.405 0

表 8-5 是 2019 月 12 日 31 日 D 公司原始股数为 1 股，分红按年度计算（年中加年末）再买入正股，假设正股一直不涨的情况下的收益情况。营收和利润按前五年度增长 20% 计算后面都按 10% 计算，分红比率按 35% 净利润计算，2019 年开始都是假设。

表 8-5　D 公司净利润前 5 年每年增长 20%，后面每年增长 10% 的情况

（单位：元）

年份	增速（%）	每股盈利	每股分红	股价	分红再买入	股数
2019	20	0.20	0.070 0	1	0.070 0	1.070 0
2020	20	0.24	0.084 0	1	0.089 9	1.159 9
2021	20	0.29	0.100 8	1	0.116 9	1.276 8
2022	20	0.35	0.121 0	1	0.154 4	1.431 2
2023	20	0.41	0.145 2	1	0.207 7	1.639 0
2024	10	0.46	0.159 7	1	0.261 7	1.900 7
2025	10	0.50	0.175 6	1	0.333 8	2.234 5
2026	10	0.55	0.193 2	1	0.431 7	2.666 2
2027	10	0.61	0.212 5	1	0.566 6	3.232 5
2028	10	0.67	0.233 8	1	0.755 7	3.988 5
2029	10	0.73	0.257 1	1	1.025 6	5.014 2
2030	10	0.81	0.282 9	1	1.418 3	6.432 5

续表

年份	增速（%）	每股盈利	每股分红	股价	分红再买入	股数
2031	10	0.89	0.311 1	1	2.001 4	8.433 9
2032	10	0.98	0.342 3	1	2.886 6	11.320 5
2033	10	1.08	0.376 5	1	4.262 0	15.582 6
2034	10	1.18	0.414 1	1	6.453 3	22.035 9
2035	10	1.30	0.455 5	1	10.038 4	32.074 3
2036	10	1.43	0.501 1	1	16.072 6	48.146 8
2037	10	1.57	0.551 2	1	26.539 2	74.686 1
2038	10	1.73	0.606 3	1	45.284 9	119.970 9
2039	10	1.91	0.667 0	1	80.017 0	199.987 9

我们会发现，即便股价扣除分红后一直不涨甚至跌下去，只要我们持有的企业有真实的内在增长，并且愿意拿出一部分利润分红，我们拿分红的钱再投资之后收益从长期来看并不差。并且随着时间的增长收益越来越好，到了后期简直是超额的收益。

（1）A公司5年的投资收益增长为1.58倍，10年的为2.59倍，20年的为10.5倍。

（2）B公司5年的投资收益增长为1.68倍，10年的为3.39倍，20年的为52.61倍。

（3）C公司5年的投资收益增长为1.92倍，10年的为7.39倍，20年的为25 172.41倍。

（4）D公司5年的投资收益增长为1.9倍，10年的为5.01倍，20年的为199.99倍。

当然，如果短时间来看，业绩增长但股价在几年内不涨，收益率远远不如涨幅大的企业，的确令人难以接受，这也是港股不少股票目前的状况，但随着弹簧越来越紧，后面反弹的可能性越来越大，随时有可能出现"戴维斯双击"。比如B公司、D公司10年后每年每股净利润已经超过股价的一半和七成，而C公司净利润已经超过股价，这显然是不会真正出现的。之前很可能出现企业获得10倍PE估值的情况，假设第10年这些企业估值为10倍PE，那么B公司第10年的股价应该是 5.2 元,加上 3.39 倍的股权,实际收益为 10 年 17.63 倍;D 公司收益应为 10 年 36.57 倍;C 公司为 10 年 91.64 倍,就是增长最差的 A 公司也可以做到 10 年 8.55 倍。

这里的假设前提是企业内在增长是正常的,实际上这里 10 年以后的数据分析意义不大,如果企业正常增长,事实上不可能 10 年后还这么低估,早就会在 10 年内出现"戴维斯双击"的估值修复。而事实上 C 公司在现实中也属于凤毛麟角,连续 20 年增长 20% 的企业极为罕见。

只要企业真正在增长,不管它增速是 5% 的低速还是 20% 的高速,只要时间足够长,加之企业有一定比例的分红,投资收益都不会差。

如果企业除掉分红后每年不增长,每年分红只有 35%,留存了 65% 的净利润,但净利润却只是和上年度一样,也就是说留存的净利润并没有获得收益,那么这种情况保持 35% 的分红又会如何呢?按 E 公司来假设。

表 8-6 是 2019 年 12 月 31 日原始股数为 1 股,分红按年度计算(年中加年末)再买入正股,假设正股一直不涨的情况下的收益情况。营收和利润按年度增长 0 计算,分红比率按 35% 净利润计算。

表 8-6　E 公司扣除分红不增长分红率 35%　　（单位:元）

年份	增速（%）	每股盈利	每股分红	股价	分红再买入	股数
2019	0	0.2	0.07	1	0.070 0	1.070 0
2020	0	0.2	0.07	1	0.074 9	1.144 9
2021	0	0.2	0.07	1	0.080 1	1.225 0
2022	0	0.2	0.07	1	0.085 8	1.310 8
2023	0	0.2	0.07	1	0.091 8	1.402 6
2024	0	0.2	0.07	1	0.098 2	1.500 7
2025	0	0.2	0.07	1	0.105 1	1.605 8
2026	0	0.2	0.07	1	0.112 4	1.718 2
2027	0	0.2	0.07	1	0.120 3	1.838 5
2028	0	0.2	0.07	1	0.128 7	1.967 2
2029	0	0.2	0.07	1	0.137 7	2.104 9
2030	0	0.2	0.07	1	0.147 3	2.252 2

续表

年份	增速（%）	每股盈利	每股分红	股价	分红再买入	股数
2031	0	0.2	0.07	1	0.157 7	2.409 8
2032	0	0.2	0.07	1	0.168 7	2.578 5
2033	0	0.2	0.07	1	0.180 5	2.759 0
2034	0	0.2	0.07	1	0.193 1	2.952 2
2035	0	0.2	0.07	1	0.206 7	3.158 8
2036	0	0.2	0.07	1	0.221 1	3.379 9
2037	0	0.2	0.07	1	0.236 6	3.616 5
2038	0	0.2	0.07	1	0.253 2	3.869 7
2039	0	0.2	0.07	1	0.270 9	4.140 6

如果企业不增长，把净利润都分红了，这种情况又如何呢？我们假设投资 F 公司，每年分红率为 100%，这种保持 100% 分红率的情况又会如何呢？我们按 F 公司来假设。

表 8-7 是 2019 年 12 月 31 日原始股数为 1 股，分红按年度计算（年中加年末）再买入正股，假设正股一直不涨的情况下的收益情况。营收和利润（扣除分红后）按年度增长为 0 计算，分红率按 100% 净利润计算。

表 8-7　F 公司扣除分红后零增长利润分红率达到 10%（单位：元）

年份	增速（%）	每股盈利	每股分红	股价	分红再买入	股数
2019	0	0.2	0.2	1	0.200 0	1.200 0
2020	0	0.2	0.2	1	0.240 0	1.440 0
2021	0	0.2	0.2	1	0.288 0	1.728 0
2022	0	0.2	0.2	1	0.345 6	2.073 6
2023	0	0.2	0.2	1	0.414 7	2.488 3
2024	0	0.2	0.2	1	0.497 7	2.986 0
2025	0	0.2	0.2	1	0.597 2	3.583 2
2026	0	0.2	0.2	1	0.716 6	4.299 8
2027	0	0.2	0.2	1	0.860 0	5.159 8
2028	0	0.2	0.2	1	1.032 0	6.191 7
2029	0	0.2	0.2	1	1.238 3	7.430 1
2030	0	0.2	0.2	1	1.486 0	8.916 1
2031	0	0.2	0.2	1	1.783 2	10.699 3

续表

年份	增速（%）	每股盈利	每股分红	股价	分红再买入	股数
2032	0	0.2	0.2	1	2.139 9	12.839 2
2033	0	0.2	0.2	1	2.567 8	15.407 0
2034	0	0.2	0.2	1	3.081 4	18.488 4
2035	0	0.2	0.2	1	3.697 7	22.186 1
2036	0	0.2	0.2	1	4.437 2	26.623 3
2037	0	0.2	0.2	1	5.324 7	31.948 0
2038	0	0.2	0.2	1	6.389 6	38.337 6
2039	0	0.2	0.2	1	7.667 5	46.005 1

我们发现，实际上分红率高的低增长企业，买的时候估值足够低的话，长期投资也能获得很好的收益。这种企业在港股有相当数量，典型的有SOHO中国（分红很好）、白花油这样的企业，但白花油的PE不低，SOHO中国则有准备开始重新进军房地产开发的打算。

事实上，上述所列举的A、B、D、E、F这样的公司在港股里有很多，比如现价5PE的宝龙地产2018年销售增长97%，2019年前5个月销售同比增长86%，由于地产企业结算滞后的特点，实际上已经锁定了2019—2021年的收入高速增长并带动利润大幅增长的局面。再比如中国建材2018年业绩增长63%，经营现金流高达485亿元，2019年度净利增长38%以上，经营现金流高达633亿元。天能动力已经在铅酸电池行业和超威动力形成双寡头局面，并将分拆主要业务回归A股。还有像必瘦站（高增长、高分红）、白花油（低增长，高分红）、SOHO中国（增长很少，分红很好）这样分红率很高的企业。有兴趣的读者可以自己在港股寻找上述各种类型的企业。

本节的假设只是做一个极限推演，推演后我们发现只要对企业的判断是对的，价值总是会回归的，只是很难知道它什么时候回来，但是后期一定会回来的！坚守价值，并有耐心等待价值回归的投资者们，才能走上价值投资的正道！

第九章
风险防范及应对

风险无处不在,但可以通过事先分析做好应对防范措施而降低风险,但有些风险是无法避免必须坦然受之的。本章主要讲述风险的种类以及如何防范和应对风险。

很多风险看起来很可怕,实际上真实风险很小,而有些风险常常发生,人们习以为常,反而不太重视。

提起港股,很多略知但并不真正了解港股的人首先想到的是老千股,其次是"黑天鹅事件"导致股价暴跌,最后是沽空报告导致股价暴跌。

实际上,老千股不难避开,"黑天鹅事件"和沽空报告考验的是投资者对企业了解的程度,如果持有仓位并对企业了解程度很深,而且持续关注,会发现有些"黑天鹅事件"只是短期影响,而有的沽空报告观点实际只是推测臆想,沽空的理由并不成立,这其实往往是买入的绝佳机会。当然如果确实有问题,我们也应该尽早卖出止损。

第一节　股价波动的风险和永久性损失本金的风险

这两种风险截然不同，前面第三章第五节里就谈过如何正确应对股价波动，就像"遛狗理论"里所描述的，价格总是围绕价值波动，只是有时候波动的范围大到怀疑"拴狗的绳子"是否还在。其实那根绳子一直都在，价格终究会回到价值，这是我们作为价值投资者必须要承担的风险。如果怀疑这点，将最值得坚守的股票在低点割肉出局，这时候风险就变成永久性的本金损失。举个例子来说明，宝龙地产曾经在2018年10月末最低跌到了2.61港元，如果此时投资者信心崩溃，选择卖出，就是在最该坚守的时刻出局了。即使后来股价回到了4港元以上，我们觉得势头反转后重新买入（宝龙地产在2019年10月股价冲高到5.95港元），这笔投资最后还是盈利，但这中间的1.39港元（4-2.61=1.39）差价就是我们的永久性损失。当然，如果是因为有其他更好的标的，换仓到其他更值得投资的公司则不是永久性损失。低点要坚守、高点要谨慎，是投资者应该有的基本能力，而实际上很多人是反过来做的，低点低仓位，高点高仓位，从长期来看，这样投资的收益是不会太高的。

估值低的好公司值得购买，如果已经没有钱再买入，那么最好的办法就是坚定持有，分析企业的基本面。前述的宝龙地产在股价阶段性最低跌到2.61港元的时候是什么情况呢？它的基本面不是变差，是变得更好了，当年宝龙地产前三季度销售增长明显，利润也在增长，股价却因为外部环境和其他不是基本面的原因下跌，这时候的宝龙地产更具投资价值。

永久性损失本金的风险除了上述割肉出局的情况，还有一种普遍的情形就是买入的企业发生基本面的恶化，从而被迫卖出。这往往是买入时对行业和企业的发展了解不够深入，错误判断未来发展情况所导致，也有行业或企业由于整体经营环境发生重大变化，从而导致经营恶化的情形。

第二节　如何避开老千股

一、香港市场的老千股

财务造假、内幕交易、操纵市场是全球各大市场监管机构都严厉打击的行为，上述这三种情况普遍存在于所有市场中，也是我们深恶痛绝的，但不是我们所说的港股老千股。这里的老千股主要是指港股市场的"土特产"，大股东不以做好上市公司业务来盈利，而主要通过玩弄财技和配股、供股与合股等融资方式损害小股东利益的企业的股票，它们通过各种财技把股民的钱装到大股东的口袋去。

二、典型的老千股合股、供股手法

老千股绝大部分都有典型的特征，比如合股、低价配售股票、从不分红或累计分红很少、公司没有什么主业或者是主业就是融资/收购。有些是几个特征都有，有些则是有部分特征，有上述任一特征的股票投资者都必须十分谨慎，如果自己搞不清楚，就应该遵循"疑者从有"的原则，避开不买。

A股的老股民都知道有些上市公司玩"10送10"的拆股游戏。所谓"10送10"，就是公司的总股票数扩大一倍，股价除权后也降低一半，实际上总市值并无变化的一种游戏。这只是一种数字游戏，并无任何实质性利好。

香港股票中的合股则是反其道而行之,假设投资者手中有1万股0.01港元的股票,合股则是将10股合为1股,股数减少到1/10变成1000股,每股股价也从原来的0.01港元变成0.1港元。

香港联交所《上市规则》第13条和第64条规定,当上市公司股价接近于0.01港元或9995.00港元的极点时,上市公司要进行股份的合并或分拆,经合并或分拆后的股价也不应接近于0.01港元或接近9995.00港元。

根据香港联交所的交易规则,港股的最低交易价为0.01港元(即一"仙",这也是"仙股"一词的由来),如果在此附近连续多日没有成交,该股票将会被停牌,甚至摘牌。因此为了"保壳",合股成为不少公司自救的一种方式。如某只股票合股前每股股价为0.01港元,10股并1股,复牌后的理论价格应该为0.1港元,暂时脱离被摘牌的危险。

在香港市场,大股东可以通过在股价相对高位的时候大量卖出自己的股票,让企业的股价不断下跌来获取盈利,这种荒诞的盈利手法在香港股市是真实存在的。假设某只老千股现价是1港元,总股本10亿股,那么总市值就是10亿港元,大股东的持股比例66.67%,大股东不一定是一个人单独持有,也可能通过他人账户持有几十个账号。

这时,大股东拿出16.67%的股份进行抛售,股价从1港元一路跌到0.3港元,理论上按照平均价0.65港元成交的话,就是约1.08亿港元现金。

这时候,大股东的持股比例变成50%,股价变成0.3港元,于是,他发布公告宣布现在1股供1股,配股价为0.15港元,相比当前股价折让50%,这时候由于供股价过低,散户抛售,股价可能跌到0.1港元,因为现价比供股价还低不少,小股东一般都不参与,大股东买下他有权供股的股票只需要花费5亿×0.15=7500万(港元),而且这里还不考虑大股东通过兼任包销或申请额外份额来拿到散户手中的供股权。

通过这一轮的供股,现在总股本变成了 15 亿股,大股东的持股比例从 50% 回到了 66.67%,同时还赚了 3300 万港元。

现在这只老千股已经跌到了 0.1 港元,大股东就开始打另外一张牌——合股。大股东发布公告说准备进行合股,10 股合成 1 股,这时候股价瞬间变成 1 港元,重新开始玩弄散户。

当然,如果散户 0.15 港元也参与供股,参与的散户多了,公司照样可以以 0.15 港元卖给散户,然后公司再次增发,这次供股价低到 0.1 港元,如此反复直到大股东拿回股权。

据万得数据统计显示,2008—2018 年这 11 年间,港股公司共有 524 次股份合并,2018 年(截至 10 月 25 日,包括已经宣布合并股份尚未完成的公司)合并公司最少,为 29 家。统计显示,11 年内进行合股的公司中,逾 80% 的公司在合股后股价出现了持续下跌。而 2018 年合股的这 29 家公司中,除去 7 家已经发布合股预案还未完成除权的公司外,22 家公司中有 20 家公司股价出现持续下跌,除权后股价持续下跌的比例超过九成,达到了 90.91%。

所幸港交所也意识到这个问题的严重性,从 2017 年开始加强监管,否决了一些不合理的配股合股,这种老千股的游戏才难以继续。

一句话来总结就是:凡是有过合股记录的股票都不要碰。

三、如何避开老千股

初入港股的投资者,并没有足够的能力来识别老千股,下面这些原则和方法可以供投资者参考。

(1)选择港股通标的来进行投资。港股通标的里没有所谓的老千股,但是仍然不排除有财务造假、内幕交易、操纵市场行为的股票(这种股票存在于所有股市中)。

(2)不投资有合股记录、低价配股记录的股票。低价配股不是指那些正常配股的企业,比如融创中国、宝龙地产都有过折价配股,这种配股通常是在公告前五个交易日的均价折价 10% 以内,属于正常配股,虽然配股也会导致股价短期下跌,但这种基本面强劲的股票仍然会由于业绩上涨再涨回来。低价配股通常是指低于公告前五个交易日平均价格 25% 以上的配股,这种基本不属于正常配股,投资者一定要警惕。

(3) 不投资有明显疑点的企业。有明显的疑虑,又不能从公告或其他有效公开资讯中找到解答,应该遵循"疑者从有"的投资原则,宁可不买。这里要强调一件事,不要相信所谓的小道消息,小道消息往往披着美丽的外衣,比如内部消息、绝密资料等,殊不知这种小道消息很可能是经过加工过带有某种目的的消息,投资者可能被卖了还在帮人家数钱。

(4) 初入港股,不要投资市值小于 50 亿港元的小型股票,也不要投资股价低于 1 港元的股票,直到你确信能分辨出什么是好的公司,并且深入研究过该公司后才能解除这个禁令,而且即使如此,也只能从小仓位慢慢开始。

(5) 不投资没有深入分析研究的股票。港股有很多看起来很便宜业绩还很好的公司,但如果没有足够的了解和深入的分析,千万不要买入。不要相信天上掉馅饼的事情,机会总是留给有准备的人。

还有一些情况也需要非常谨慎,比如公司审计师从四大审计师事务所(普华永道、德勤、安永、毕马威)更换为非"四大",而且没有给出合理解释,甚至不能按时出具财报。同时也要警惕那些上市多年从未分红或者累计分红很少,但却经常从股市融资的公司。

港交所行政总裁李小加在港交所网站发布过关于老千股的文章,感兴趣的读者可以在港交所网站李小加网志栏目里找到该文阅读。

第三节 黑天鹅事件

"黑天鹅事件"往往是指事先很难预知的突发事件。"黑天鹅事件"一旦发生,通常会引发整个市场的连锁负面反应,比如美国次贷危机、

2003年的"非典"、2018年的中美贸易摩擦、2020年的新冠肺炎对整体股市都造成了极大的打击。

香港2019年由"修例"风波引发的一系列社会事件，对香港市场造成了持续打击，相关本地股如莎莎国际等遭遇"戴维斯双杀"。香港本地上市企业包括零售商、地产、旅游服务行业经营业绩大幅下滑，股价也大幅受挫：

（1）香港零售业连续几个月销售数据创近年新低，奢侈品销售回落更为显著。

（2）地产公司同样受到冲击，2019年下半年香港楼宇买卖合约总额同比下跌。

（3）访客、入住率双降，对香港酒店运营造成冲击。内地访港游客2019年下半年同比入住率大幅下跌，影响幅度已超过2014年"占中"的滞后影响。

由于事件及其他因素影响，2019年港股大幅跑输A股。2019年度上证指数累计上涨22.3%，恒生指数仅仅只有9.06%的涨幅。

由于内地企业绝大部分只是在港交所挂个牌，在香港几乎没有什么业务或者是占比很低，如果只是投资港股中的内地企业，香港社会事件并没有对这些企业造成实质性影响。时间是最好的良药，这些事件终究会过去，而港股的低估值和高分红就是最好的反弹力量。事实上，到了2019年下半年，内房股（主营业务在内地但在港股上市的房地产公司）率先吹起冲锋的号角，不少内房股凭借良好的业绩股价大幅提升，不少港股也随之被带动，开启估值修复的路程。

针对个股的"黑天鹅事件"在港股也时有发生。2019年7月1日，《新民晚报》在微信公众号最先发布消息，港股上市公司新城发展董事长王某涉嫌猥亵9岁女童，于7月1日在沪被采取强制措施。7月3日下午，澎湃新闻报道称，警方已介入该事件的调查。受此消息影响，在内地上市的新城控股，以及在香港上市的新城发展和新城悦，3只股票都开始大幅下跌。新城发展港股从7月3号开盘价10.54港元，持续震荡下跌至8月15日最低点5.77港元，累计跌幅达45.26%。

随后，新城集团也采取了措施，先是火速变更上市公司董事长，由原董事长之子履职董事长之位；随后又推出了股权激励计划，借此稳定高管人员团队，并以更加明确的业绩考核数据稳定二级市场投资者信息。

截至 2020 年 1 月 1 日，关于董事长王某涉嫌猥亵女童案，尚未有更新进展。在前述措施的作用下，港股新城发展股价自 8 月 15 日最低点 5.77 港元，振荡上涨至 2019 年 12 月 31 日的 9.48 港元，涨幅达 64% 以上，相距"黑天鹅事件"爆发前的股价，仅相差 11% 左右。

"黑天鹅事件"发生时，如何应对也是非常重要的。如果是系统性的风险，比如中美贸易摩擦引起的股市震荡，而个股基本面良好，业绩一直在增长，那么就应坦然面对，等待价值回归。

当"黑天鹅事件"发生时，港股中的本港金融、消费股通常更易遭受冲击。

若触发"黑天鹅事件"的因素来自于外部政治经济事件，则经历调整后后续跑赢大盘的概率较高。如果情形非常严重，比如 2003 年的 SARS 疫情风波以及 2008 年的金融风暴，可以选择暂时规避，等待风波有转机后择机而入。

2020 年的新冠肺炎事件也是如此，疫情在春节开始发酵，港股春节期间开市后（港股于 2020 年 1 月 29 日开市）迎来大跌，但实际上下跌后往往是买入的好机会。在 2 月初的一片悲观情绪中，港股和 A 股出乎意料地重新迎来反转。个股如果遭遇"黑天鹅事件"，看清事情的本质是最重要的，如果是严重造假赶紧远离，如果基本面能够得以挽回，则可以先行离开后择机而入，或者如果当时已经深度跌出投资价值，远远超过事件的真实影响，也可以继续坚守。投资者必须正确认识"黑天鹅事件"存在的原因，尽量不要将所有资金都放在一个"篮子"里。

第四节 沽空报告及应对

港股市场沽空相当普遍,还有专门的做空机构发布沽空报告。沽空类似于 A 股的融券交易,投资者觉得一只股票被严重高估或者有严重问题,可以向券商借来股票,借来后卖出,当然借来的股票需要付一定的利息费用。券商出借的股票有可能是自身持有的,也可以从其他券商那里借来,也可以向在本券商账户里开户持有该股的小股东借。如果股票如沽空者预期下跌,沽空者能以更低的价格买回股票再还给券商,从中获利,反之则亏损。沽空的核心是判断股票会下跌,如果没有下跌则沽空者要承担损失。

在港股存在一种专门针对上市公司财务问题研究的沽空机构,它们通过预先卖出目标股票,然后突袭发布沽空报告,引起市场恐慌股价大跌从而获利。但实际上,沽空报告本身良莠不齐,有些报告确实发现问题所在并指出,但也有单纯为了做空而发布的报告,这些报告凭空臆想,甚至本身就是虚假信息,并无事实根据。2016 年 10 月 19 日,做空机构香橼因散布虚假信息做空恒大,被香港政府的市场失当行为审裁处裁定 5 年禁入香港市场,并归还做空所得。

表 9-1 整理了 2019 年度港股关于沽空报告做空的港股情况。从表中可以看出,实际上有些被沽空的股票当天并没有下跌,反而上涨。

表 9-1 2019 年港股被做空盘点

公司名称	代码	沽空机构	沽空日期	上一交易日收盘价(港元)	沽空首个交易日日股价表现(%)	12 月 31 日收盘价(港元)
中国中药	00570	GMT	2 月 20 日	5.31	-0.94	3.76(-29%)
周黑鸭	01458	Emerson	3 月 1 日	3.61	-0.28	5.56(+54%)
金蝶国际	00268	Vebb-site	3 月 18 日	10.62	14.22	7.79(-27%)
			7 月 8 日	7.98	13.53	(-2%)
安踏体育	02020	杀人鲸	5 月 30 日	49.70	-5.53	69.75(+40%)
		浑水	7 月 8 日	51.25	7.32	(+36%)

续表

公司名称	代码	沽空机构	沽空日期	上一交易日收盘价（港元）	沽空首个交易日日股价表现（%）	12月31日收盘价（港元）
澳优	01717	杀人鲸	8月15日	12.18	-0.20	11.22（-8%）
			8月19日	11.08	-0.54	（+1%）
波司登	03998	Bonitas	6月23日	2.23	-24.78	2.81（+26%）
百济神州	06160	美奇金	9月6日	85.35	-9.20	100.00（+17%）
			9月12日	76.70	-0.39	（+30%）
雅高控股	03313	Vebb-site	9月15日	9.48	-3.06	0.26（-97%）
中国飞鹤	06186	GMT	11月21日	6.72	-6.55	9.15（+36%）
卡森国际	00496	杀人鲸	11月21日	4.58	-90.07	3.65（-20%）

我们以安踏体育被做空为例来分析做空机构和企业之间的博弈。

安踏体育第一次被沽空是在2019年5月30日，杀人鲸（Blue Orca Capital）创始人索伦·安达尔在香港的Sohn投资论坛上发表对安踏体育的看空言论。他认为，FILA品牌在被安踏体育收购前业绩平平，国内市场没法打开，被收购后，有如神助，在国内以及国际市场所向披靡，也是推动安踏体育业绩向好的因素之一。沽空机构就选择FILA品牌作为突破点来攻击安踏体育，认为安踏体育财报大幅扩大了收入，FILA中国大陆的库存远高于FILA韩国和FILA中国台湾，安踏体育还利用大量秘密控制的一级经销商捏造收益。

当天，安踏体育股价一度暴跌13%，最终收跌5.5%，安踏体育随后发布澄清公告，强烈否认了有关猜测，认为有关猜测不准确且具有误导性，并公布了相关数据。公布的数据支持了安踏的论点，安踏体育股价也随后回升。

第二次是更加重磅的浑水五连空，2019年7月8日、9日、11日、15日、22日，美国做空机构浑水（Muddy Waters LLC）五次发布沽空报告，质疑安踏体育秘密控制一级分销商、贱卖资产、财务完全不可靠、依赖代理来做出未经证实且无意义的声明，并将成本从其生产实体转移到供应商身上等问题。2019年7月8日首次发布的沽空报告导致安踏体育股价当日跌 7.32%。

安踏体育面对来势汹汹的沽空机构，在 7 月 8 日先选择紧急停牌，次日复牌并发布公告回应，列出七点力证分销商独立性。对于第二份、第三份沽空报告，安踏体育都快速回应、强烈否认。在第四份沽空报告出来后，干脆不直接回应，而是直接发布半年报盈喜预告。在第五份沽空报告出来后，安踏体育还是发布公告回应，同时还表示相关指控可能旨在蓄意打击对公司及其管理层的信心并损害公司的声誉，股东应审慎对待相关指控。

在这场你来我往的沽空大戏中，多家券商纷纷力挺安踏体育，或调高目标价维持"买入"评级，或表示做空机构的质疑有失偏颇，为安踏体育呐喊助威，安踏体育在 2019 年 8 月 26 日发布的中期业绩公告、10 月 16 日发布的三季度最新营运数据也成为有力的回应。

安踏体育在被做空期间，从 2019 年 7 月 12 日到 7 月 24 日的十余个交易日创下了十连涨奇迹，非常有力地回击了做空者。

2019 年 12 月 31 日收盘时，安踏体育报价 69.75 港元，相对于第一次被浑水沽空前一交易日的收盘股价 49.7 港元反而上涨了 40%，相对于第二次被浑水沽空前一交易日股价 51.25 港元也上升了 36%。

而浑水 2017 年沽空的另一家公司辉山乳业则至今尚未复牌，财务作假确实无疑，公司也需要卖身重组。

这些案例说明，打铁还需自身硬，如果上市公司经营良好，财务扎实，就不会惧怕做空者的质疑，因为有些做空者并无真凭实据，仅仅凭借公告和财报凭空臆想，捏造所谓的证据来做空。对于投资者来说，充足了解上市公司更是必备的功课，买入前的深入分析是价值投资的根本所在。

第十章
窝轮和期权投资

　　说起港股，不得不提到窝轮和期权，窝轮交易约占港股整体交易量的10%以上，是很受欢迎的产品，窝轮和期权同时还有对冲的功能。必须强调，窝轮和期权是完全不同于股票的金融衍生品，是高风险高杠杆的产品，也是完全不适合初期港股投资者的产品。买卖窝轮和期权，要做好资金全部亏完的准备。我强烈建议普通投资者不要碰窝轮和期权产品，这些自带杠杆的产品很危险。

　　由于窝轮和期权策略众多，本书主要以一个普通投资者的视角出发来理解和投资窝轮。

第一节 什么是窝轮

窝轮是一种权利，是在特定时间以特定价格买入或卖出一定数量资产的权利。香港政府和港交所鼓励窝轮发行和交易，交易窝轮是不收印花税的。窝轮由大型投行或券商发行，券商发行窝轮时一般会采用对冲策略避免风险。窝轮分为认购证和认沽证、牛证和熊证四种。

一、认购证和认沽证

下面就以中国建材的认购窝轮实例来说明窝轮中的认购证。

图10-1是法国兴业银行发行的一个认购证，我们可以从字面上先了解这个认购证。这个窝轮的名称为16181.HK 国材法兴九六购A.C。其中"16181.HK"是指窝轮在港股市场的代号16181；"国材"是指相关港股为中国建材（02333.HK）；"法兴"是发行商法国兴业银行的简称；"九六购"是指2019年6月份到期的认购证；"A.C"用于区别同一发行商发行的多种同样1月份到期但条款有所区别的窝轮。

在这个窝轮中，行使价为6港元，打和点为6.88港元，换股价为0.88港元，换股比率为1.00。行使价就是窝轮到期后的对应正股的行权价，认购证用到期后的相关正股价格减去行权价即为窝轮的剩余价值，如果正股价格低于或等于行权价，则没有剩余价值。关于打和点可以这么理解：窝轮现在的价格0.88港元，按照换股比率1∶1来换算，换股价就是0.88港元，再加上行使价6港元，就是打和点价格为6.88港元，相关正股中国建材如果股价为打和点6.88港元，那么这个窝轮不亏不赚。如果换股比率是10，那就要将换股价除以10再加上行使价才等于打和点的价格。

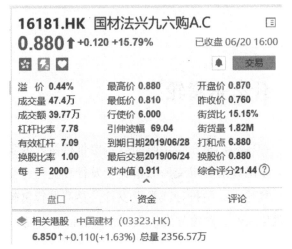

图10-1　中国建材法国兴业银行认购窝轮6月20日收盘截图

资料来源：富途证券。

港股中的窝轮都是欧式窝轮，也就是说要等到到期日才能结算，结算时直接以现金结算相关资产价格与行使价之间的差价。到期日前，一般情况下发行券商都会给出买盘和卖盘价格令投资者交易，买卖盘有价格差异，这是发行商作为庄家的权利，港交所规定买卖盘给出的价格差最大不得超过20个价位。

交易窝轮一开始的时候就必须选择投资者非常熟悉的股票来做相关的窝轮投资，而且必须预算出如果一直持有这个窝轮到期的投资价值。这里以上述的中国建材窝轮为例说明持有到期后券商的结算方法。

从图10-1和图10-2的对比我们可以看到，窝轮16181.HK经过一天，相关正股中国建材只下跌了1.9%，但是该窝轮已经下跌了20.45%，这就是窝轮的杠杆威力。这个窝轮的最后交易日为2019年6月24日，也就是6月24日这一天还可以交易，6月25日后包括25日就不能交易了。如果持有到期，结算的时候按照到期日2019年6月28日的前五个交易日（不含到期日6月28日）正股的平均价格减去行使价再除以换股比率进行结算，也就是按照21日、24日、25日、

26日、27日这五天中国建材每天的收盘价相加再除以5得到的平均价来进行结算。假设中国建材6月21日的收盘价6.72港元就是这五日的平均价格,那么最后结算价格就是6.72-6.00=0.72(港元),由于换股比率是1:1,最后价格就是0.72港元/股。这部分钱发行商结算完毕后会自动打入账户,通常是到期日后1周左右。假设中国建材这5日的平均收盘价等于或低于6港元,那么这个窝轮到期后一文不值,账户也就收不到任何钱。

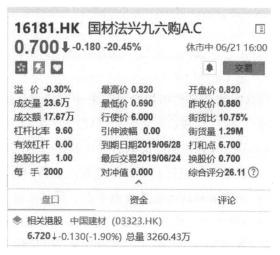

图10-2 中国建材法兴窝轮6月21日收盘截图

资料来源:富途证券。

由于窝轮是各大投行或券商公司自行发行的,发行价格和数量也由发行商自行制定,所以交易过程中投资者最大的对手盘就是投行或券商。当然,一般窝轮发行商都会采用对冲模式发行窝轮,也就是说发行认购窝轮的同时会发行认沽窝轮对冲,或者持有正股对冲。通常中小市值股票(200亿港元以下)发行商是不会发行窝轮产品的。如果窝轮相关正股的流动性过小,股价有可能被操纵,所以我们也要观察对比一下相关正股和窝轮的流动性。比如上述的16181.HK这个窝轮街货量只有129万股,相比正股中国建材2019年6月21日高达2.19亿港元的成交额来说比例很小,和建材平均日交易额相比也很小,因此正股价格因为窝轮被操纵的可能性很小。

街货量就是市场上可以流通的窝轮量（也可以说是发行商已经卖出窝轮的数量），街货比指的是市场上所有自由流通的窝轮量占总发行量的比例，总发行量是发行商在发行一只窝轮时制定的可以卖的总量。街货比小，窝轮大部分在发行商手上，其定价往往由发行商说了算；而当街货比较高时，街货流通性较好，此时窝轮定价能力更多地受到供求因素和情绪因素影响，投资者对手盘中其他投资者的比例随着街货比上升而上升了。

港股的窝轮除了有上面重点介绍的认购证，还有认沽证、牛熊证。认沽证和认购证正好相反，是看空一只股票的。下面举例来简要说明一下认沽证。

图10-3为澳大利亚麦格里银行发行的中国建材认沽证，命名规则和认购证一样，认沽证和认购证的差别就在于用沽代替了购。比如购买中国建材的这个15177.HK认沽证意味着什么呢？如果持有到期进行结算，那么正股中国建材必须跌到打和点5.195港元以下才有钱可赚，具体的计算方法和认购证基本差不多，反过来按下跌差价来计算就可以了。还以此认沽证为例，正股现价为7.44港元，行使价为5.28港元，该认沽证现价为0.085港元，换股比率为1，那么打和点就是5.28-0.085=5.195（港元）。如果正股到期日前五个交易日的平均收盘价跌到5港元每股，那么这个窝轮最后的结算价格为5.28-5=0.28（港元）。如果正股到期日前五个交易日的平均收盘价等于或大于行使价5.28港元，认沽证结算价为零。这个认沽证几乎没有什么内在价值，因为中国建材要在2019年9月末到10月初这段时间跌到5.28港元以下的概率很低，实际上这个认沽证最后的清算价值也为零。当然在这期间中国建材可能会有股价的波动，此时认沽证一般会随着正股的下跌而上涨，随着正股的上涨而下跌。

第十章 窝轮和期权投资

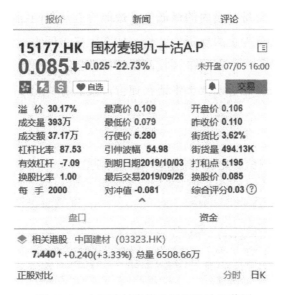

图 10-3　中国建材麦格里银行认沽证截图

资料来源：富途证券。

二、牛证和熊证

牛证和熊证与认购证和认沽证相似，牛证对应认购证，熊证对应认沽证。牛熊证和认沽认购证最大的不同在于发行商设定了一个收回价，一旦正股价格跌到收回价（牛证）或涨到收回价（熊证），券商就可以收回该牛熊证，按照剩余价值结算，剩余价值相对投入来说微不足道，甚至为零。

这实际上是发行商按照规则设下的一个陷阱，一旦股票波动到收回价，亏损就无法挽回了，此后的股价涨跌和到期日已经没有关系。

比如图 10-4 融创中国牛证，一旦正股融创中国股价跌到 35.68 港元，不用到到期日，券商就可以用剩余价值强制收回牛证。剩余价值的计算比较复杂，在计算剩余价值时，尽管相关资产达到收回价，牛熊证实时遭到停止买卖，但剩余价值并不会实时计算。就牛证来说，用作计算剩余价值的相关资产价格，是相关资产在收回牛证的交易时段直至下一个交易时段内的最低价，最低价是从强制回收开始到下一个交易时段结算为止的现货最低价。如在上午被回收，计价会到当日下午的交易时段；如在下午被收回，计价会到下一个交易日的中午时段。假设最低价等于或低于牛证行使价，投资者将无法取得任何剩余价值。

图 10-4　融创中国汇丰银行牛证截图

资料来源：富途证券。

牛熊证由于有收回价的设置，风险更加巨大，投资者购买牛熊证时必须非常谨慎。

第二节　买卖窝轮的方法和原则

窝轮是风险巨大的高杠杆产品，买窝轮前必须做好这笔资金全军覆没的准备。以下 3 点是我买卖窝轮的原则：

（1）设定买卖窝轮的资金占总投资资金的比例并严格遵守，不可越雷池半步。一般不宜用超过 5% 的资金比例购买窝轮，即使觉得有很好的机会也绝不要用超过 10% 的资金比例购买窝轮。

（2）由于我一般不做空，所以基本不碰认沽证，除非有特别好的机会才会偶尔做一单，但是也不会下重注。牛熊证由于有收回价，没有特别好的机会一般都不购买。

（3）购买的窝轮相关正股必须是长期跟踪非常熟悉的股票，否则不要去碰。

买卖窝轮重点只有两个。第一个是打和点，打和点超过正股价太多的窝轮一般都不考虑，这个是认购证的内在价值，内在价值偏离太大的认购证没有多少购买价值。第二是到期日，这个是窝轮的时间价值。这两点相辅相成，必须结合起来判断。其余的比如评分、引申波幅这些都没有那么重要。我买卖窝轮认购证的时候也是用长期投资的眼光来推断窝轮的购买价值，一般是判断未来相关正股上涨趋势较高，内在价值远低于价格时才会考虑买入认购证。绝大部分的窝轮是不适合普通投资者购买的，对应正股不熟悉的窝轮不要购买，打和点距离股价太大的窝轮也不要购买。

可以把窝轮看作一个游戏，但是它是一个可以寻找到规律的游戏，有点类似于德州扑克，是一个概率和赔率的游戏，但它又和德州扑克有明显区别。

有些机构或者大户会利用窝轮作为对冲工具，但从普通投资者的视角来说，看好的正股不需要什么对冲，我反而会在窝轮里去寻找有没有出价合理甚至超值的认购证来扩大收益，但如果没有明显好的机会宁可放弃。这就是和德州扑克的不同，投资者可以不出任何价钱就能看到发行商的底牌。

有种情况下我会通过权证来确定正股盈利，这种情况通常是手中某只股票已经有比较大的涨幅，但还有上涨的潜力和空间，同时还想腾出部分资金来购买其他被低估的股票，这时可以选择买入正股的认购权证，同时卖出部分正股，既可以继续享有正股的涨幅，还可以将卖出的资金买入其他看好的股票，而如果出现下跌，最大损失也只是认购证的金额。

第三节　窝轮投资实例分析

窝轮虽然是一种投机工具，**但初步筛选判断的时候却要用投资的眼光**。初步筛选窝轮并不看短期趋势，应该依据正股的长期投资价值来筛选认购证，所以不是长期跟踪很熟悉的正股窝轮不要买。下面用中国建材作为实例来说明如何筛选窝轮。

点开券商软件中相关窝轮认购证的选项就可以搜索到中国建材相关的认购证，然后再根据打和点使其从低到高排序，如图10-5所示。

序号	代码	最新价	引伸波幅	类型	行使价	打和点	到期日	上市日期	最后交易日	杠杆比率(倍)
1	16181	0.680	0.00	购	6.00	6.680	2019-06-28	2018-12-04	2019-06-24	10.74
2	15170	0.440	0.00	购	6.28	6.720	2019-06-28	2018-11-07	2019-06-24	16.59
3	18414	1.470	75.10	购	5.88	7.350	2019-07-29	2019-01-14	2019-07-23	4.97
4	11396	0.012	31.79	购	7.51	7.630	2019-07-29	2018-09-20	2019-07-23	60.83
5	23912	0.017	37.30	购	7.50	7.670	2019-07-31	2018-07-12	2019-07-25	42.94
6	29048	0.021	46.29	购	7.51	7.720	2019-07-29	2018-09-17	2019-07-23	34.76
7	22269	0.023	41.45	购	7.50	7.730	2019-08-05	2018-07-05	2019-07-30	31.74
8	29313	0.023	44.19	购	7.50	7.730	2019-08-02	2018-09-18	2019-07-29	31.74
9	13387	0.910	51.12	购	6.88	7.790	2019-09-30	2019-03-25	2019-09-24	8.02
10	15629	0.241	56.98	购	6.89	8.095	2019-11-26	2019-04-02	2019-11-20	6.06
11	15739	0.250	59.64	购	6.89	8.140	2019-11-26	2019-04-03	2019-11-20	5.84
12	15709	0.265	63.57	购	6.88	8.205	2019-11-27	2019-04-03	2019-11-21	5.51
13	12527	0.275	65.14	购	6.88	8.255	2019-12-03	2019-03-22	2019-11-27	5.31
14	22974	0.070	52.89	购	7.89	8.590	2019-11-22	2018-07-09	2019-11-18	10.43
15	23652	0.072	52.48	购	7.88	8.600	2019-11-29	2018-02-13	2019-11-25	10.14
16	11961	0.075	55.74	购	7.89	8.640	2019-11-29	2018-09-27	2019-11-18	9.73
17	12564	0.285	65.70	购	7.27	8.695	2020-01-30	2019-03-22	2020-01-24	5.12
18	25263	0.215	46.23	购	6.59	8.740	2021-07-05	2019-02-01	2021-06-29	3.40
19	17143	0.475	53.11	购	8.38	8.855	2019-10-31	2019-04-15	2019-10-25	15.37
20	13650	0.236	51.90	购	6.58	8.940	2021-07-05	2018-10-18	2021-06-29	3.09
21	21035	0.248	55.08	购	6.59	9.070	2021-07-12	2019-01-17	2021-07-06	2.94
22	11143	0.255	62.91	购	8.00	9.275	2020-03-27	2019-03-15	2020-03-23	5.73
23	17678	0.160	63.62	购	8.68	9.480	2019-12-31	2019-04-23	2019-12-20	9.13
24	20831	0.162	66.42	购	8.69	9.500	2019-12-20	2019-07-11	2019-12-16	9.01
25	29293	0.147	57.48	购	8.39	9.860	2020-03-11	2019-03-11	2020-09-30	4.97
26	17757	0.149	58.81	购	8.39	9.880	2020-09-25	2019-04-24	2020-09-21	4.90
27	28022	0.161	62.15	购	8.39	9.990	2020-09-30	2019-02-26	2020-09-24	4.53

图10-5　中国建材2019年6月25日认购窝轮明细图

资料来源：富途证券。

中国建材在2019年6月25日的收盘价格为6.59港元，我长期看好中国建材，并认为6.59港元的价格是明显低于中国建材的内在价值的。在图10-5中可以看到，序号1和序号2的两只窝轮已经过了最后交易日，这个就不用看了，3～8号都是7月底8月初就到期的认购证，其中3号打和点最低，但由于行使价低，有效杠杆比较低，

4～8号均为价外（行使价高于当时的正股股价）认购证，如果中国建材在未来的到期日前几天涨幅较大，那么这种临近行使价的价外窝轮会有很大的涨幅，但很可能颗粒无收。9号也是备选方案，接下来的10～16号到期日都差不多是在11月末，它们的时间价值差不多，所以如果要买的话，一般会选择打和点低的，在10～16号里面选10号。接下来的18号、20号、21号这3个都是2021年7月初到期，如果在这3个里面选，它们的杠杆比率以18号为最大，打和点还明显低于20号和21号，所以18号最合算。**但是这里3个认购证要注意的一点是，到时的正股股价是要扣除掉2020年和2021年的分红的，要除权这两年的分红。**中国建材分红除净日一般都是5月末6月初，在表10-1中可以看到中国建材的分红情况。

表 10-1　中国建材历年分红情况表

年度	方案说明	股权登记日	派息日	除净日
2018	末期息 0.18 元人民币；相当于 0.20487 港元；（人民币 0.8786 元兑 1.00 港元）	2019-05-29	2019-06-28	2019-05-28
2017	末期息 0.1 元人民币	2018-06-19	2018-06-29	2018-06-15
2016	末期息人民币 0.043 元（人民币 0.8826 元 =1.00 港元）	2017-06-01	2017-06-28	2017-05-31
2015	末期息人民币 0.037 元（人民币 0.8438 元 =1.00 港元）	2016-06-01	2016-06-28	2016-05-31
2014	末期息人民币 0.165 元（含税）（人民币 0.7883 元兑 1.00 港元）	2015-05-28	2015-06-26	2015-05-27
2013	末期息人民币 0.16 元（人民币 0.7951 元兑 1.00 港元）	2014-05-29	2014-06-27	2014-05-28
2012	末期息人民币 0.155 元（相关折算汇率按股东周年大会宣派股息之日前一周计算。中国人民银行公布的人民币兑换港元汇率中间价之平均值（人民币 0.7985 元兑 1.00 港元）	2013-05-29	2013-06-27	2013-05-28
2011	末期息 0.215 元人民币	2012-05-28	2012-06-20	2012-05-25

正常股息发行商是不调整窝轮价格的，但是如果正股派发高额特别股息，发行商则一般会调整权证的行使价，但调整还是不调整由发行商决定。

至于 19 号窝轮，时间价值低，打和点还高，直接可以忽略。22 号以后的窝轮目前都没有什么好选的，因为打和点过高。这里仅仅是介绍一下初选方案，这是建立在有合适标的且想买的前提下，接下来再筛选要根据个人情况来分析判断。

港股窝轮除了投资个股窝轮，还可以投资指数窝轮，比如恒生指数窝轮、国企指数窝轮。

按照港交所规定，每个窝轮都应该有做市商（庄家）提供报价，做市商可以是发行商自己，也可以是发行商委托的其他机构。通常做市商会在早上开盘 5 分钟后提供报价，做市商可能因为各种原因对有些窝轮没有提供报价，投资者可以在交易时段给做市商致电要求提供报价，做市商应该在 10 分钟内做出报价。到 2020 年 1 月末，港交所共有 15 家窝轮发行商，名单和电话见表 10-2，表中电话都要加上香港区号（00852）。

表 10-2 香港窝轮发行商名单和联络电话

	发 行 商	查询电话	要求报价电话	查询主动报价电话
1	瑞士冯托贝尔银行	3655 3959	3655 3959	3655 3959
2	东亚银行有限公司	3608 0408	2103 5689	3608 0408
3	法国巴黎银行发行有限公司	2108 5600	2108 5600	2108 5600
4	中银国际亚洲有限公司	3988 6909	3988 6909	3988 6909
5	花旗集团全球市场欧洲公司	2501 2638	2501 2638	2501 2638
6	瑞士信贷集团	2101 7888	2101 6619	2101 6619
7	高盛结构产品（亚洲）有限公司	2978 2978	2978 2333	2978 2978
8	国泰君安证券（香港）有限公司	2782 7288	2782 7288	2782 7288
9	海通国际证券有限公司	2213 8088	2213 8088	2213 8088
10	香港上海汇丰银行有限公司	2822 1849	2822 1849	2822 1849
11	摩根大通结构性产品公司	2800 7878	2800 7878	2800 7878
12	麦格理银行有限公司	3922 3788	3922 3788	3922 3788

续表

	发 行 商	查询电话	要求报价电话	查询主动报价电话
13	摩根士丹利亚洲产品有限公司	2967 4288	2967 4618	2697 4288
14	SG 发行人	2166 4266	2166 4270	2166 4266
15	瑞士银行	2971 6628	2971 6628	2971 6628

资料来源：港交所网站。

我买卖窝轮的时候也曾遇到相关窝轮没有报价的情况，致电给相应做市商后就得到了报价流量，显示在交易软件中。但做市商有权在以下情况下不予报价：

（1）开市前时段或收市竞价交易时段（如适用）或联交所指定的任何其他情况。

（2）早盘开市后的 5 分钟。

（3）窝轮被暂停交易，比如正股停牌。

（4）无上市结构性产品可供庄家活动进行时。

（5）窝轮产品的理论价值低于 0.01 港元。

（6）牛熊证被强制收回。

（7）出现技术问题或不可抗力，导致做市商提供不了报价。

（8）股市或者相关正股波幅过大，严重影响做市商的对冲或平仓能力。

第四节 什么是期权

期权是投资者在未来某一时间段内以特定价格买入或者卖出某项资产的权利。期权和窝轮有很多类似的地方，都是自带杠杆的金融衍生品。它们又有所不同，首先是发行商不同，窝轮由投资银行或大型券商发行，而期权是由交易所设计的标准化合约，每个市场参与者包括个人都可以是期权的发行人（卖方）。

港股的期权分为指数期权和股票期权，港股的指数期权包括恒生指数期权、小型恒指期权、国企指数期权和小型国企指数期权。指数期权是欧式期权，和窝轮一样，平时可以买卖，只可在交易日行权，采用现金交割。行权是指期权买方在期权合约规定的时间内行使权力，以约定的价格（行权价）买入或卖出约定数量的标的资产。

而股票期权则是美式期权，期权持有人可以在任何交易日（包括最后交易日）的18时45分之前行权，按照约定的行权价买入或者卖出股票，并且只能用股票交割。截至2019年年末港股股票个股期权只有96只相关正股，主要以大型蓝筹股为主。此外，港股还有少部分ETF期权和REITs（房产信托基金）期权。要注意香港很多券商都没有开通期权业务，有些开通了期权业务但目前还不能支持期权行权，但可以在期权市场上到期日前卖出期权。具体期权业务方面要询问相关券商。

整体来说，港股的期权市场和美股期权市场相比还存在很大差距：一是期权产品品种少；二是不少券商都未开通期权业务；三是期权产品缺乏远期产品（没有3年以上的期权产品）。

下面以一张港股建材期权合约实例来解释港股期权的主要元素，如图10-6所示。

图10-6　港交所中国建材2020年3月6日认购期权

资料来源：富途证券。

从图 10-6 可以看到合约名称：NBM200330C9750，其中，"NBM"是中国建材期权合约的代号，"200330"指的是 2020 年 3 月 30 日到期的合约，"C"是 call 的意思，也就是认购期权的意思，对应字母如果是"P"，则是认沽期权的意思，"9750"是行权价格为 9.750 港元的意思。每份合约对应正股 2000 股，到期前可以按 9.75 港元每股的价格买入 2000 股行权。

这个合约是一份认购期权，投资者买入认购期权是看好正股中国建材股价能够上涨，并且上涨幅度能够超过合约价格 0.37 港元加行权价 9.75 港元，合计 10.12 港元，假设在 2020 年 3 月 30 日合约到期前中国建材股价超过 10.12 港元，那么投资者就能获利。

第五节　香港期权的基本交易策略

最基本的期权策略主要有 4 种：买入认购期权、卖出认购期权、买入认沽期权、卖出认沽期权。

（1）买入认购期权。投资者购入认购期权，希望其相关资产的价格能够上升并从中获利。作为期权买方，投资者最大亏损为期权金，但潜在收益可能极大，这是看好期权相关资产价格上涨的策略。

（2）卖出认购期权。投资者卖出认购期权，希望其相关资产的价格在到期日时不会高于行使价。作为期权卖方，投资者收取了固定的期权金作为回报，可是他的潜在亏损有可能是无限的，因为理论上相关资产的价格可以无限制地上升，当然这种极端价格的概率很低。这是看跌相关资产价格的策略。

（3）买入认沽期权。投资者购入认沽期权，希望其相关资产的价格下跌并从中获利。投资者付出期权金买入期权，最大的损失就是付出的期权金，但潜在盈利却是极大的，因为理论上相关资产的价格可以跌至零。这是看跌相关资产的策略。

（4）卖出认沽期权。投资者卖出认沽期权，希望其相关资产的价格在到期日时不会低于行使价。作为期权卖方，投资者收取了固定的期权金作为回报，潜在亏损有可能极大，因为理论上相关资产的价格可以下跌至零。这是看涨相关资产的策略。

影响期权价格的因素包括相关资产价格、行权价、期权到期日、无风险利率和波动率，但核心因素为两个：相关资产价格和行权价构成的打和点，类似窝轮的打和点；期权到期日构成了期权的时间价值。投资者购买期权或者卖出期权主要参考三个因素来考虑：

（1）看涨期权一般随着标的价格的上涨而上涨，看跌期权则随着标的价格的上涨而下跌；如果标的价格下跌，则看跌期权上涨，看涨期权下跌。

（2）行权价越高，则看涨期权的价格就越低；反之，对于看跌期权来说，行权价越高则期权价格越高。

（3）在其他因素不变的情况下，期权离到期日时间越长，则时间价值越高，期权价格越高。

期权的投资策略很多，但都是从这4种基本策略组合变化而来，此外期权还具有对冲风险的功能，这里不一一介绍，感兴趣的读者可以阅读专门的期权投资策略图书来详细了解。

第十一章
港股投资实战案例之房地产篇

只有结合具体案例来讲解理论知识,才能更加深刻理解价值投资的精髓,并在实际中运用。实战案例能够给读者讲述在当时的综合条件下如何分析和决策,读者可以还原当时的情形来感受投资中的理念和决策。实战案例分为三篇,第一篇讲房地产行业,因为我在港股房地产行业投资占比最高,获利颇丰,而且房地产行业体量巨大,好企业不少,估值还低,2019年11月29日,香港恒生指数房地产行业市盈率仅仅为6.29倍,股息率高达4.07%,这样被低估又是支柱性产业的行业,里面蕴藏着巨大的投资机会。

同时,地产行业也是被误会很深的行业,行业特性和制造业大相径庭,如果用制造业的眼光或者用制造业的方法分析完全无法准确地对地产行业估值。本章会讲解一些房地产行业的特点,以便读者了解。

事实上,内房股(在香港上市但主营业务在内地的房地产企业)在2013—2019年也给了投资者很好的投资回报,融创中国、中国恒大、新城控股、中国奥园按复权价计算都是10倍股,碧桂园、宝龙地产、时代中国控股等一批内房股都是5～10倍股。如果掌握了房地产行业的投资方法,在港股市场投资内房股基本都可以获得理想的收益。

第一节　港股地产行业之内房股

港股上市的房地产企业主要有两类：一类为香港本地房地产开发商，其中以香港四大家族的地产企业为代表，包括李嘉诚家族的长实集团（01113.HK）、郭德胜家族的新鸿基地产（00016.HK）、李兆基家族的恒基地产（00012.HK）、郑裕彤家族的新世界发展（00017.HK），此外还有会德丰（00020.HK）、九龙仓置业（01997.HK）等香港本地地产商；另一类为内地开发商，包括央企中国海外发展、华润置地、中国金茂，混合所有制的万科企业、绿城中国、民营地产龙头中国恒大、碧桂园、融创中国等。这两类之外，还有太古地产等英资开发商。

香港地产商早期就已经进入内地市场，并凭借雄厚的经济实力和港商身份拿到许多一二线城市的优质土储，但是却沿用香港的主流模式囤地等待升值，缓慢开发甚至少数开发商故意寻找各种理由不开工，囤地或捂盘惜售等待土地和房产升值。这种模式我们称为"慢周转模式"，虽然在前期让地产商赚到了很多钱，但后期却完败给"快周转模式"。

内地开发商普遍追求的快周转模式正好和慢周转模式相反，开发商拿地后用最快速度开始施工，打好基础建好售楼处样板房，尽快达到所在地要求预售条件，同时办理预售证，拿到预售证后尽快开盘预售，速度快的可以做到拿地后半年清盘，回笼全部资金和利润，从而提高资金周转效率。

房地产开发快周转模式胜过慢周转模式主要出于以下三个原因。

（1）慢周转模式虽然毛利率很高，但我国内地有逐级土地增值税，叠加各种房地产税收，在多重税收特别是土地增值税的影响下，高毛利的大部分利润会被国家税收收取，这点和香港有明显区别（香港没有土地增值税），房价毛利过高，开发商要交巨额土地增值税。这里简要介绍一下房地产商要交的税种，税种很多，最主要的是以下三种。

①增值税。房地产开发商适用于9%的增值税率。这里的增值税类似制造业的增值税，就是开具发票就要缴纳的税种，和土地增值税不一样。

②房地产行业企业所得税率是25%。

③房地产行业最特殊的税种是土地增值税，按单个项目分级累进征收。如果某地产项目的销售收入对比可扣除的成本项增值部分不到20%，即项目微利或亏损时，免征土地增值税；增值部分不超过50%，则增值部分征收30%土地增值税；增值超过50%不到100%的部分，征收40%土地增值税；增值超过100%不到200%的部分，征收50%土地增值税；增值超过200%的部分，征收60%土地增值税。扣除项目是指：取得土地使用权所支付的金额；开发土地的成本、费用；新建房及配套设施的成本、费用或旧房及建筑物的评估价格；与转让房地产有关的税金；财政部规定的其他扣除项目。

这三种税种和其他税种结合起来，使得高毛利项目并不能获取巨额的净利润。其他税种还有印花税、契税、城建税、教育费附加等。

（2）内地地方政府已经了解香港开发商这种慢周转的套路，从房地产改革初期寻求与港商合作逐步转变为更愿意和内地开发商合作开发土地。因为港商这种慢开发模式根本不能适应内地蓬勃发展的经济，也和政府迫切需要发展的观念背道而驰，因此内地政府更愿意在一些特殊项目和内地开发商合作。内地房地产企业各具特色，注重商业模式的有万达集团、华润置地、新城发展、宝龙地产；超大盘园区有中国恒大；文旅开发有中国恒大、融创中国；TOD模式（以公共交通为导向的开发模式）有万科企业、绿城中国；产业园区模式有华夏幸福；城市综合体开发有中国金茂；旧城区改造有时代中国控股、佳兆业等。这样，进入2010年后，香港开发商要拿到廉价土地已经很困难,而招拍挂(政府通过招标、拍卖或挂牌等方式向社会公开出让国有土地)拿地方式,香港开发商并没有优势,香港开发商的优势在于资金和商业运营上,所以一线城市北上广深的核心商业项目仍然有不少港商介入。

(3)快周转模式开发商扎根内地,对内地更为熟悉,勇于进取,更具开拓精神。快周转模式虽然毛利降低,但是由于周转速度快,可以将资本持续不断地投入到新项目,在慢周转开发商 40% 的资金回报率下周转一次的时间内,快周转项目已经用 20% 的资金回报率周转 3~5 次,最后完胜慢周转模式,并成为内地市场房地产开发的主流方式。

综上所述,我们现阶段主要关注的港股地产商为内地开发商。

第二节　内房股是最值得投资的港股

地产行业在现阶段及未来 10 年都不是一个赢家通吃的行业,不是说这个行业的龙头前 5 名、前 10 名做好了,后面的就没饭吃了。但是,时间来到 2019 年后,在"房住不炒"的主旋律下,地产行业呈现出越来越向头部集中的情况,小的企业特别是排名 100 名开外的企业,生存愈发艰难。

这里有两层意思:一是房地产行业本身体量巨大,2018 年全国 GDP 为 90 万亿元,其中,房地产行业在 2018 年全国商品房销售额高达 15 万亿元,而汽车行业全国销售额才 5 万亿元。在这种大行业里,除了龙头企业,排名前 30 名、前 100 名内的企业还有很大机会发展,2019 年前三季度数据显示,排名前 10~30 名房企的销售平均增速高于排名前 10 名房企,这说明排名前 10~30 名的房企都还有很多机会往龙头企业发展。

另一层意思则是从长期来看,随着行业竞争格局加剧、集中度不断提升,对于中小规模房企特别是百强外房企而言,其销售及运营管控成本也将明显提升，留给小型房企的机会已经越来越少，这几年再不做大做强，以后就可能被淘汰。

整个房地产行业集中度提升已经是必然趋势，房地产行业的销售面积大概率在2020年见顶。当然，由于销售单价仍然在小幅上涨，销售额还在提升。这种情况下规模对于房地产企业的重要性是不言而喻的，有了规模，成本控制更有保障，除了招拍挂这种土地资源，有规模的企业可以有机会和地方政府通过各种特色拿地方式来获得低价地；建安成本和其他成本也会相应降低，大规模的房地产企业可以通过标准化进一步降低建安成本；融资体量和成本也和规模有一定关系，2019年有些排名百名以外的地产开发商甚至在银行贷款都相当困难。

但规模并不代表一切，有质量的规模才更加重要。对于排名前30名以内的房企和排名前10名的房企，规模的差别可能很小，更多的是由房地产企业自身的特点来决定。比如一般来说央企和混合所有企业的融资成本会低一些，当然融资成本是综合因素决定的，净负债率低的企业在融资的时候融资利率会低于同等条件的企业。

房地产行业是一个好行业，这个行业里可供选择的好企业远远超过其他行业。按资本回报率这个最重要的指标筛选，内房股中可以选出几十家连续几年平均净资产收益率在20%以上的企业，这在其他行业是没有的。这也就意味着如果对中国房地产行业有着深刻的了解，在这个行业里就可以找到足够投资的仓位，并可能在不同标的内房股中做出切换。甚至可以说，如果精通房地产行业的投资，在港股市场主要投资房地产行业的股票都有可能获得很好的收益。

当然，很多人还是担心，在政府的强力调控下，加之2030年后人口数量可能减少的趋势，房地产行业已经到了"天花板"，不能继续投资。实际上行业发展到了"天花板"，才是企业分化的开始，才是投资具有发展潜力的公司的好时机，而这些时机是可以通过对数据的分析看出端倪的，我们投资的是一个行业里的优秀公司，行业格局尚未定型，仍然有很多机会。首先，中国2018年的城镇化率为59.6%（户籍城镇化率仅为43.4%），美国为82.3%，高收入经济体城镇化率为81.4%，中国的城镇化还有很大的空间，其中户籍人口城镇化率低于常住人口城镇化率16.2%，还有2.3亿进城务工人员及其家属子女未能市民化。《国家人口发展规划（2016—2030年）》预测：中国人口将在2030年达到峰值，此后持续下降，届时中国城镇化率将达70%。这些数据表明房地产业还有稳定的市场空间，不会在10年内出现断崖式下滑。再加上现在还有很多市民住的是老、破、小的房子，这些市民有改善居住条件的需求。综上所述，房地产市场也许销售面积不再增长甚至下滑，但在未来10年仍会运行在一个相对平稳的空间，行业里会出现大量的投资机会。

而我们应该看清政府调控的本质，政府进行调控不是为了让房价下降，而是让房地产市场平稳健康发展，毕竟房地产行业是中国的支柱行业，行业的土地出让金、土增税、增值税、企业所得税等都是财政的重要来源。政府需要的是稳定的市场发展，防止房价暴涨暴跌，提高保障房供给率，逐步降低地方政府债务，逐步降低宏观经济对房地产的依赖。

如果将房地产行业划分为成长前期的"黄金时代"、成长后期和成熟前期的"白银时代"、成熟后期的"青铜时代"，那么第一阶段的黄金时代为1998年（"房改"元年）到2014年。按照万科的说法，2014年后进入"白银时代"，目前的房地产公司尤其将来有机会成为龙头公司的房地产企业还有着很好的投资价值，至于"青铜时代"，也许是2030年以后。

第三节　分析房地产行业的统计口径问题

我们分析房地产行业时需要收集整理各种数据，用于横向对比和纵向对比，但房地产行业数据统计的口径往往有着很大的差异，如果没有搞清楚这些差别，贸然去做同行之间的对比，会得出大相径庭的结论，从而影响判断。销售额、净利润、负债是分析房地产行业的三个重要数据,下文将依次对其做一解剖。

一、销售额数据

首先来看销售数据,以绿城中国(以下简称"绿城")为例说明销售数据统计口径。绿城的销售数据分为以下 4 种:操盘销售额、全口径销售额、代建销售额、权益销售额。如表 11-1 所示。

表 11-1　绿城中国 2019 年 11 月销售表　　(单位:亿元)

操盘销售额	全口径销售额	代建销售额	权益销售额
219	142	77	85

(1)操盘销售额。以企业操盘为口径,如果项目为多家合作,则该项目的业绩仅归入操盘企业。操盘销售额反映的是企业的营销和操盘能力,绿城代建产生的销售额也计入此金额。在表 11-1 中,绿城的 11 月操盘金额等于全口径销售额加代建销售额,说明本期合营公司及联营公司的项目销售以及代建项目都是由绿城操盘的。

如果我们不区分清楚这些销售额所代表的含义,拿权益销售额和其他公司的操盘销售额做比较就会闹出笑话。通常来说,权益销售额是反映企业销售的最重要数据。

(2)全口径销售额。全口径销售额是指公司与其附属公司连同合营公司及联营公司所有项目业绩的销售额。不考虑是否操盘和权益比例,不包含代建。现在绝大多数企业发布销售数据时都使用这个数据。但这个数据不考虑权益比,这样有些权益占比哪怕只有 10% 的项目,也会被计入该企业的销售额。

(3)代建销售额。代建是指不出资金,但是输出品牌、管理并操盘,收取品牌和管理费的项目。这部分项目绿城不投钱,只收取一定比例的代建费用,属于轻资产项目,绿城中国的代建项目已经连续多年为全国第一。

(4)权益销售额。这里的权益销售额是绿城所销售项目中按其股权占比产生的销售额为口径。比如某个项目绿城股权占比 51%,那么当期该项目的销售额乘以51%就是绿城的权益销售额。这部分反映了企业的资金实力和投资能力。

各口径的销售额代表的含义并不相同，不能拿一个企业的权益销售额和另一个企业的全口径销售额作比较，必须将口径统一后再作比较才有意义。

二、净利润数据

我们再来看净利润方面的数据。净利润方面的数据包含净利润、归母净利润、核心净利润、归母核心净利润4种数据。

（1）净利润。由于我国内地房地产行业采用预售制，当期结算的收入和成本是来自竣工交付客户的物业，而这个物业一般来说是之前1～3年就销售出去的期房，所以净利润这个指标本身是错配的，会导致净利润这个指标无法反映企业的真实情况。我们来看一下这个指标的构成：

结算净利润＝结算毛利－当期销售费用－当期管理费用－当期财务费用＋结算投资收益（应占合营联营企业收益）＋当期其他收益或亏损＋随时可产生的重估收益或亏损

当期的销售费用和管理费用支持的是当期的合同销售，但是收入和成本却是来自竣工并交付给客户的物业。高速发展的房企会导致用当期较低的营收（多数来源于之前1～3年的销售）去匹配支持今年销售的销售费用和管理费用，这样导致税前利润、净利润、净利润率都被压低；反之，销售规模降低的企业反而可能会将税前利润、净利润、净利润率拔高。

（2）归母净利润。归母净利润就是扣除了少数股东以及永续债债权人应占利息的净利润。它的公式为

归母净利润＝净利润－少数股东应占净利润－永续债债权人利息

永续债其实也是债，只是在《会计准则》里被列入权益，但是它本质上就是债，所以要在净利润里将应付的利息扣除出来。在港股上

市的绝大部分房地产公司公布的归母净利润都已经扣掉少数股东应占的部分,但也有极少数公司公布的是含少数股东权益的利润,这点需要注意。也有公司公布的归母净利润并未扣除永续债利息,需要注意。

(3)核心净利润。它的公式为

核心净利润＝净利润－重估收益或亏损－汇兑收益或亏损－一次性损益

重估收益或亏损是这样来的:在香港的《会计准则》中,公司自身持有的投资物业可以按照市值进行重估,当然必须由专门的有资质的第三方机构重新评估,并把升值的部分确认为当期利润,无论是竣工的还是在建的投资物业,如果贬值了就确认为重估亏损。一次性损益比如政府补贴、慈善捐款等。

(4)归母核心净利润。它的公式为

归母核心净利润＝核心净利润－少数股东应占净利润－永续债债权人利息

归母核心净利润是最重要的净利润指标,相当于A股地产公司的归母扣非净利润。归母核心净利润扣除了少数股东应占的净利润和永续债利息,并且也扣除了投资物业重估的影响以及汇兑损益。

这4个净利润数据里,通常使用归母核心净利润来研究房地产企业比较靠谱。

三、负债

房地产企业的负债有两种。

一种是无息负债,这种负债主要是上下游占款,上游占供应商垫款,下游占客户预收款。这种负债多多益善,当然上游占供应商垫款也要控制在供应商能够承受的合理范围之内。下游占客户预收款很好理解,买过期房的人都知道,买房时交付房款,即使是贷款买房银行放的贷款最终也是给到开发商,交房往往是1～2年之后。而这部分客户预收款在资产负债表上,销售回款增加现金,同时负债端增加客户预收款。

另一种是有息负债,这种负债是需要支付利息的,所以利率的高低体现了房地产企业的融资水平。负债利率是多种有息借贷加权平均后得到的数字,房地产企业的有息借贷方式一般来说,利率由低到高有企业信用债、银行开发贷、信托及永续债、其他合作开发明股实债。

这里重点讲一下永续债。永续债没有固定的还本期限,只按约定利率支付利息,偿还本金的时间由债务人决定,债务人甚至可以一直不赎回本金,只支付利息,但是永续债通常会有一定期限后利率调高的条款,所以开发商通常会在利率调高之前归还永续债。无论是香港的《会计准则》还是内地的《会计准则》,永续债都可以列为股东权益而非负债。实际上永续债也是有息负债,而且还是相对利率较高的一种,我们分析时把它列为负债是正常的。所以通常拿企业的整体加权有息借贷平均利率来做对比,而不是拿这家企业的信用债和另一家企业的永续债做对比。

房地产行业的统计口径众多,这里不一一介绍,我们必须了解的是数据背后真正的含义,用同一个口径去对比才有意义,否则容易闹出笑话来,给自己的投资决策带来重大失误。

第四节　价值投资案例之绿城中国

为什么选择绿城中国(以下简称"绿城")来做投资案例分析呢?一来这是我 2019 年的重仓股票;二是内房股好多企业的股价在 2019 年之前已经涨了很多,比如按复权价格计算,融创中国、中国恒大都已经涨了 10 倍以上,碧桂园、中国金茂也都涨了 5 倍以上,而绿城在 2013—2019 年中股价不但没有涨,还有所下滑。我在 2019 年不断加仓绿城,认为绿城股价未来 5 年增长潜力最大;三是绿城的发展波澜起伏,既有高潮也曾一度濒临破产,又在 2019 年砥砺前行,扬帆起航。

分析绿城，有必要详细了解一下绿城，以便于读者了解绿城的发展历程，分析其股票价值，从而更好地理解绿城股价波动的原因，并有利于对未来的分析预测。

以下资料主要来源于绿城官方网站、公告及新闻媒体，加入股权变化及个人理解。

一、绿城历年大事记

- 1995年——诞生。创始人宋卫平于浙江杭州创建绿城。诞生之际就以品质为核心价值，建筑品质就是创始人宋卫平给绿城烙下的印记。绿城·丹桂花园和绿城·丹桂公寓作为绿城的处女作在杭州推出。其中，丹桂公寓因其超前的设计思想、典雅精致的建筑造型及高尚的环境特色，成为杭州历史上第一个被市民和专家共同评选为"杭州城市建设十大新景观"的住宅小区，树立了杭州低层公寓建筑史上的一个里程碑。

- 1996年——初啼。绿城向世人呈现首个山水人文作品——杭州九溪玫瑰园。九溪玫瑰园凭借绝佳的山林生态，以及自然和建筑的完美融合，被业内盛赞为"不破坏环境，不辜负山水，国内乃至国际一流的别墅园区"。金桂花园、银桂花园、月桂花园等项目相继问世，初步奠定了绿城在浙江的品牌房产地位。创始人宋卫平奠定了"品质第一"的价值观导向，对房地产品质有着极致的追求。绿城做的是"有情怀"的美丽建筑。

- 1997年——立志。绿城提出"成为杭州一流房地产企业"，并以2.9亿元的销售额位居浙江省房地产业榜首。

- 1998年——助力。宋卫平杭州大学的同学寿柏年进入绿城，成为绿城的二把手。同年成立浙江绿城足球俱乐部。

- 1999年——正道。绿城成为浙江省首家通过ISO 9002质量体系认证的房产企业，确立"真诚、善意、精致、完美"的质量方针，同时将其作为公司的核心价值观。

- 2000年——拓展。"上海绿城"项目启动，绿城开始由区域性发展商向全国性发展商转型。截至2018年12月31日，中国内地28个省市自治区都有了绿城项目。同年位于杭州城西的绿城·桂花城全部售罄，但此后绿城仍追加几千万元资金，请美国著名的景观公司重新设计景观，以提高小区品质，"为客户创造价值"的企业文化初显。

- 2001年——批判。桂花城作为现象级产品热销并惊艳杭州，绿城却将桂花城规划设计、工程、环境、销售、物业管理等园区营造的各个专业中存在的细节缺憾详细地罗列出来，并形成一个规整的文本《桂花城批判》。这个书本又被下发到员工手中，绿城以对一个成功产品细节的自我批判成功地实现了自我超越。

- 2002年——价值。绿城·江花月热销，创杭州楼市销售奇迹，10月绿城客户服务中心挂牌成立，"为客户创造价值"被绿城视为重要使命。

- 2003年——育才。绿城建立工程管理示范基地，春江花月和桃花源项目分别作为公寓和别墅产品的示范基地，为绿城项目品质管控培养和输送人才。

- 2004年——进阶。绿城物业获国家一级资质。

- 2005年——十年。成立10年后销售达40亿元，相比1995年的1.4亿元增长近30倍。中国质量协会和中国住宅用户委员会公布的一项调查表明，绿城获全国房产行业客户满意度和忠诚度第一名。

- 2006年——上市。7月13日，绿城中国控股有限公司（HK.3900）在香港联交所挂牌上市。上市后宋卫平和妻子夏一波共持股42.3%，寿柏年持股28.5%，为第一、第二股东。

- 2007年——战略。绿城成立精品战略领导小组，将精品战略作为公司发展战略，对项目下达精品工程目标，同时推出"园区生活服务体系"。9月，绿城年度销售额首次突破100亿元。

- 2008年——独秀。绿城成为首个承建大型体育综合体的房产企业，当年绿城承建全运会历史上首个全运村——"海尔绿城·济南全运村"，次年9月，完成81万平方米的全部工程建设任务。此后，绿城受政府青睐，连续承建沈阳全运村、天津全运村和西安全运村，并成为2022杭州亚运村承建商之一。
- 2009年——榜眼。全年销售额突破500亿元，跻身房地产行业第二名位置，宋卫平计划用3~5年的时间赶超万科。当年拿地金额达456亿元，权益约314亿元，有些地价拿在高点，如北京通州300%溢价的地、苏州御园项目等，有些地拿在浙江省三四线城市，其中部分项目盘子过大，激进的拿地留下深深的隐患。
- 2010年——初冬。当年销售继续超过500亿元，达到542亿元，绿城拿地仍然不少，拿地金额223亿元，其中权益128亿元。随着国家调控的深入，绿城的初冬来临。由于并未深刻意识到房地产寒冬即将来临，绿城有些项目坚持大户型豪宅，未根据实际情况调整，适销不对路，去化困难重重。同年成立专司代建的绿城房产建设管理有限公司。
- 2011年——严冬。国家房地产调控多管齐下，房地产市场持续遇冷，销售大幅下滑到353亿元，其中权益233亿元。已经基本不怎么拿地，新增土储土地款111亿元，其中权益拿地金额只有16亿元，但资金链已经面临全面压力，处于危险境地。绿城人在困难下也不放弃对品质和服务的追求，仍然提供高品质的房子和优秀的服务，但行业严冬下对大户豪宅的销售打击最大，特别是土储当时主要在二、三、四线城市，绿城走入困境。
- 2012年——自救。①6月8日以每股5.2港元的价格配售4.9亿股给九龙仓，加上九龙仓原持有的2.41%股权，配售完成后九龙仓持股24.6%，成为第二大股东，宋卫平持股25.4%。同时还向九龙仓发行可转换证券25.5亿港元，共计融资50.98亿港元（大约合人民币41.6亿元）。②6月22日，绿城向融创中国转让9个优质项目50%股权，融创向绿城支付33.2亿元，双方成立上海融创绿城控股有限公司，各占50%股份，进入融绿合作时期。③出售7个优质项目给SOHO中国等公司，增加现金流57.88亿元。8月，绿城集团荣获"居民居住整体满意度优秀企业"第一的殊荣，并在"物业服务、工程质量、规划设计、销售服务、企业形象、业主忠诚度"全部6个分项中均获第一。

- 2013年——回暖。当年销售回升达到621亿元。融绿合作进入甜蜜期，融创从绿城学到了如何打造高端精品，同时也帮助绿城解决了一些财务和管理问题。

- 2014年——巨变。2月，绿城全部赎回九龙仓可转换证券25.5亿元。5月22日，公告宋卫平和寿柏年准备以12港元每股的价格转让524 851 793股权（和当时九龙仓持股相同）给融创，计划在2015年3月1日由融创董事长孙宏斌接任董事会主席。12月19日，绿城公告在收到融创款项情况下仍然终止转让股权给融创。12月24日，公告以11.46港元每股的价格转让524 851 793股权给中交集团。转让后中交集团和九龙仓持股相同，并列第一大股东，股权占比24.288%，宋卫平家族持股10.462%，寿柏年持股8.077%。同年9月，以198.83亿元的品牌价值连续11年名列中国房地产公司品牌价值排名前10位（混合所有制）第2位，同时连续4年获"中国城市居民居住满意度第一"。

- 2015年——落定。3月27日，宋卫平和中交系朱碧新同为董事会联席主席。5月，中交集团从董事会前副主席罗钊明手中以每股11.46港元的价格收购1亿股，总持股达28.912%。至此，中交集团成为单一最大股东。还是5月，绿城和融创签订分家协议，从此融绿平台成为历史。6月22日，曹舟南接替寿柏年成为公司行政总裁（CEO）。

- 2016年——重启。绿城以9.49亿元收购宋卫平及其他股东新蓝城全部股份（主要为代建业务），宋卫平留下蓝城其他业务。绿城销售额当年突破千亿元（含代建）。

- 2017年——优化。绿城优化组织结构，形成"一体五翼"的格局，下属绿城房产、绿城管理、绿城资产、绿城小镇、绿城生活五大子集团。
- 2018年——接替。寿柏年将8.06%股权以每股12.06港元全部售出给先锋系，退出绿城。8月1日，张亚东接替曹舟南成为公司CEO。12月17日，绿城宣布以27.18亿元收购大连百年人寿9亿股，占百年人寿股权11.55%。绿城中国确立"品质为先，兼顾其他"的发展战略，创新优化组织架构。
- 2019年——传承。4月25日到5月16日，宋卫平持续减持股份至10.35%（如算上购股权计划，持股已不足10%），7月11日，宋卫平和刘文生双双卸任联席主席，张亚东辞去中交所有职务，跳出体制外，任绿城董事会主席兼CEO。宋卫平除担任绿城规划设计委员会名誉主席外，再不担任任何职务。可以说，张亚东是中交、宋卫平、九龙仓三方都认可的人选。8月26日，终止收购百年人寿。全年销售额首次突破2000亿元，达到2018亿元。2011—2019年，连续9年在"中国城市居民居住满意度"调查中全国领先，宋卫平留下的"品质为先"作为绿城的基因将由张亚东传承下去。

关于绿城发展史的篇幅不短，但阅读这些以年份为节点的大事记能让读者了解绿城发展和股权变化的过程，以及绿城始终坚持"品质为先"的理念，对于分析绿城的投资有很大帮助。下面结合绿城的大事记再对其做解读。

创始人宋卫平从一开始就给绿城烙下了"品质第一"的痕迹，即使在最艰难的时候也从未放弃过"品质为先"的理念。但绿城是产品的优等生并不是全科生，在管理和成本控制上存在问题，在2009年极盛时期到达行业第二，但同时也在行业高点大举拿地，拿了一些贵地和三、四线大盘，并且并未根据行业情况调整产品结构，尤其是

三、四线的大户豪宅在行业下行期间去化困难（降价都很难去化）。2010—2011年盛极而衰，资金链出现严重问题，不得已在2012年卖股权战略引入九龙仓、卖优质项目给融创并合作开发，卖优质项目给SOHO中国等企业自救，但手中仍有积压的土地需等待时机去消化，度过危机后历经磨难的宋卫平和寿柏年均萌生退意，寿柏年主要是由于年龄和身体原因，宋卫平则是年龄原因以及想专注发展小镇的原因，加上宋卫平和寿柏年控股的港股上市公司绿城服务也已经是"大金库"。原来准备将绿城交给孙宏斌，但后来由于种种原因转给了中交集团，经过三年曹舟南（宋卫平的人选）的过渡期，叠加行业上升期，原来压在手中的地也大部分得以消化。

中交集团入主后过渡到主导地位并在2018年由张亚东出任行政总裁，第二大股东九龙仓在绿城的投资中扮演的主要是财务投资以及合作的角色，九龙仓在内地有多个项目与绿城合作并由绿城操盘，并未真正谋求控制权。宋卫平2019年减持绿城中国股权到10%以下也有解决蓝城与绿城合作小镇开发的同业竞争问题的目的。

张亚东代表中交在2018年来到绿城，经过一年多的工作获得中交、九龙仓和宋卫平三方的认可，跳出体制担当绿城董事会主席。绿城的产品结构经过市场洗礼和多年研发调整，原来的豪宅占大多数已经调整为橄榄形产品结构，即2∶6∶2（20%高端产品、60%高性价比产品和20%安置房）。现在来看，显然兼顾提高周转速度和贡献高利润的产品结构更适应市场，销售额节节攀升。加上中交的背书，绿城不但拿到钱甚至还能拿到低利率的钱，2019年的平均利率水平在上一年度5.4%的基础上进一步下降到5.3%。

张亚东在传承宋卫平"真诚、善意、精致、完美"的核心价值观的同时也挥动改革大旗，体现在这些方面：①更多元化、全周期地拿地；②提速增效，现在的绿城已经基本能做到拿地4个月开工，9个月开盘，14个月回正；③控成本，提升人均效能，产品在保住业主满意度的同时，让多元产品线复制扩张，提出了对产品进行标准化、产业化、科技化和环保化的"四化建设"；④紧抓各项指标落实，2019年实现双 2000 的目标，即销售 2000 亿元，新增货值 2000 亿元；⑤搞激励，股权激励、项目跟投制度落实。

二、艰难的绿城投资历程

了解绿城中国这些年发生的事情后，我们要对绿城中国作整体分析。跟踪分析后，我在 2019 年 9 月开始逐步加仓绿城，这期间它的均价在 6.3 港元左右，此时绿城的市值仅仅只有约 150 亿港元，已经十分低估，不用计算任何资产，就以绿城 20 多年来对产品品质的坚持不懈所塑造出来的品牌都值这个钱。融创董事长孙宏斌在 2014 年"融绿合作"后明确表示"绿城是中国最好的品牌（房地产行业）"，这不仅仅是赞美，实际上融创在"融绿合作"期间向绿城学习了如何打造高端精品，融创后来赫赫有名的"一号院"高端产品都有绿城产品的影子。

为什么这么好的一个企业，我投资的前两年股价不涨还跌呢？我们来分析一下当时的情况。2016 年绿城销售突破千亿元，2017 年 5 月，我判断绿城是一家品质好、低估值、发展潜力巨大的公司后，以 8 港元的价格买入约 10% 仓位的绿城，同期持有的地产仓位还包括融创和宝龙地产。买入后地产股在 2017 年年底和 2018 年年初整体迎来一波大涨，绿城股价最高超过 14 港元。由于信任绿城的品牌以及看好绿城的未来，我并未在高点减持绿城，但随之而来的是中美贸易战的影响叠加人们对房地产行业的过分担心，大盘及地产整体下跌。对于这种系统性的大盘下跌，我并不担忧，因为企业的内在价值并未下跌，而价值投资者真正看重的是企业的内在价值，所以虽然我持仓的三个地产股都跌得很惨，我还是坚定持有，毫不动摇。

绿城 2018 年下半年到 2019 年上半年又发生了几件事情，对股价的下跌起到了推动的作用。

（1）2018 年 8 月 1 日，中交集团派出的人选张亚东取代曹舟南任绿城 CEO，由于张亚东来绿城之前并未直接从事过房地产开发，市场普遍担心新来的CEO，但实际上张亚东在担任大连市副市长期间，负责城市建设与管理工作，分管范围涉及大连市国土资源与房屋局、城乡建设委员会、规划局、城市建设管理局与其他相关城建部门等，在城乡建设和房地产管理方面经验丰富，但市场对不确定的因素在熊市下给予悲观看法。

（2）绿城中国于2018年12月17日宣布以27.18亿元收购大连百年人寿9亿股，占百年人寿股权11.55%。由于溢价率较高，市场觉得这是一笔很不划算的买卖。

（3）到2019年4月发布年报的时候，2018年的报表确实由于新官上任后做了较大程度的"洗澡"，在上半年年中报归母净利润大幅增长90%的情况下计提了大量损失，导致全年归母净利润同比下降54.2%。实际上，净利润中最重要的归母核心净利润2018年度达到38亿元人民币，同比增长了62%。这种财务"洗澡"往往能够为将来的财报增长留下伏笔。

（4）宋卫平2019年4月开始陆续减持绿城股权到10%以下（按加入购股权计划后的总股本计算）。

2018年9月到2019年8月末这一年期间，绿城股价最低已经跌破5港元，除了2019年4月份在大盘整体普涨的情况下短暂冲高到8港元以上，大部分时间都在5～7港元区间。在绿城跌到最低5港元左右的时候，我的其他地产股票宝龙和融创也都在低位区间，而且当时并未看到绿城有明显的反转迹象，只是低估而已，所以也没有加仓。这期间股价反复，跌势不止，持仓的绿城大部分时间处于浮亏的状态。

在港股里投资内房股，一定要知道，低估值从来不是买入的理由，高质量的成长才是真正的原因。香港本地房地产股也很低估，资金状况又好，负债又低，分红也不错，如果没有成长，只是低估，那么还不如买香港本地的地产股。再者，低估的内房股有的是，没有成长的内房股绝不是好的选择，这些年股价涨幅高的都是高速成长的内房股，融创、恒大、新城控股、中国奥园这些十倍股都是高增长企业。

到2019年8月末，我完整地观看了绿城2019年中业绩发布会的视频，并仔细分析了2019年中报。2019年上半年各项指标已经开始好转，可是很重要的销售指标却是下滑的，但管理层明确表示这是由于以前土地储备的问题导致全年不均衡，上下半年的推盘比为3∶7，有充分的信心完成全年2000亿元的目标，全年增速在30%左右。在2019年房地产行业整体销售额低速增长的大环境下，如果完成这个目标将是很好的业绩。那就接着跟踪，7月销售同比增速达到55%，其中累计权益销售从上半年的-0.37%转为5.1%，8月销售增长达到80%，其中权益销售增长接近100%，累计权益销售同比增长13.54%。再通过跟踪绿城具体的项目，通过这一个个项目发现绿城的周转效率明显提升，楼盘整体去化不错，也进一步验证了管理层的说法。这个时候叠加对绿城的全面了解，我觉得反转的迹象已经越来越明显，但当时绿城还处于只有少数人关注的情况，这种预期差得到了建仓的良机，同时9月持仓的宝龙股价也开始爆发，虽然宝龙也很好，但我更看好绿城，就开始逐步卖掉宝龙和其他一些股票，在6.2港元左右的价格多次加仓绿城。9月我在雪球网也陆续发帖讲述卖出宝龙、加仓绿城。克而瑞公司一般每月最后一天收盘后都会发布房地产行业的榜单，9月30日收盘后，我根据榜单发现绿城9月的销售继续高速增长，同比增长107%，权益销售也增长100%以上，并且当年拿地的有些项目已经开盘并且热销。这些数据逐步证明了绿城效率和管理能力在提升，并开始兑现年中业绩发布会管理层的承诺。

  当然，由于历史上遗留问题较多，绿城的股价还会反复波动，而且2019年由于计提拨备较多，加上2019年销售大幅增加，其中大部分要到2021年才能结算，从而出现销售行政费用错配，永续债利息也存在部分错配的现象，2019年和2020年归母净利润不会太好，股价难免出现波动，但我长期看好绿城的基本面。到2021年开始，计提拨备会逐步降低，而2019年的销售大部分会在2021年结算，2021年利润会充分释放，预期股价将在2021年年报后有望得到价值回归。

三、绿城中国的投资分析

2019年9月,我对绿城中国做出了低估值、高成长的基本判断后,建立了相应的表格全面跟踪分析绿城的具体项目,觉得绿城具备很高的长期投资价值,当时看好绿城的人寥寥无几,外资投行花旗银行在2019年8月还发布了不看好绿城的研报,评级定为"沽售",将目标价格下调为6.19港元。但原来在低位发掘了融创中国的雪球大V"人淡若菊"频频发帖看好绿城,到了2019年年末,看好绿城的人也越来越多,关注度直线上升。

2019年10月9日,为分享我对绿城的研究分析,也同时让更多的人了解绿城的投资价值,我撰写长文《绿城中国的投资分析》发表于雪球网,其中一些观点未必正确,也有被"打脸"的,但为使读者了解我当时的投资逻辑,现原文抄录于下。

绿城中国的投资分析

首先分享一下老范在这只股票上的投资历程,2017年年中我就关注到绿城并开始建仓,由于绿城估值低且产品美誉度高,所以2018年年初大涨到14港元也没舍得卖掉,然而接下来的各种"过山车"却让我意想不到,中美贸易摩擦开始,创始人之一的寿柏年(绿城历史上的二把手)开始转让他的股份,绿城的"教父"宋卫平也减持股份,接下来总裁曹舟南辞职,中交系的张亚东(曾任大连副市长)上任,上任后又出巨资购买百年人寿的股权,2018年度财报大"洗澡",加上从2019年6月开始的社会风波,这期间股价最低下滑到5港元左右,中间有所反弹然后又继续掉头,现在已经回升到2019年10月8日收盘价的6.83港元。

老范现在发绿城的这篇投资分析,当然是看好绿城的发展已经进入一个比较好的轨道,期间我也增持了绿城的股票。这篇文章同时也写给那些不怎么了解绿城的投资者看,所以有的部分对于熟悉绿城的人来说会比较啰唆。

一、股东情况

绿城是一个典型的混合所有制企业，目前由第一大股东央企中交集团主导。董事长兼总裁张亚东为中交系人选。

（1）中交集团：28.8%股权，2015年3月27日以11.46港元价格接盘。

（2）九龙仓：24.9%股权。

（3）创始人宋卫平：10.35%股权。

绿城以前确实给大家留下了一个管理层不稳定、管理有些混乱的感觉，2018年上任的总裁张亚东（2019年7月兼任董事长）可以说是中交主导的局面形成，也可以说张亚东是三方股东尤其是中交认可的人选。主要管理层仍然还在调整中，但核心人物张亚东主导地位已经基本稳定，从目前得到的资料分析看，张亚东还是锐意进取、严抓管理和成本的。从2019年下半年拿地的情况来看是比较积极的，目前由于金融严控，在房住不炒的整体环境下，有着央企中交背景的绿城反而迎来了一个比较好的窗口期。当然，是否真的做到良好的成本控制，我们仍然需要进一步观察确认。

二、业务分析

（1）主要业务就是住宅开发。绿城的房地产开发分为两部分：一部分是投资项目开发，这部分包括联营和合营公司开发，这部分数据我们必须要同时关注权益部分，按现有项目来看，绿城平均占60%左右的项目权益。另一部分是很重要的代建项目，所谓代建就是绿城输出品牌和管理，但是不投资，赚取品牌和管理费用的项目，这部分的销售额也并入了绿城的操盘销售额部分，而且绿城的代建项目已经多年是全国第一，我们在看销售数据时必须将这两部分分开来看。

看中绿城，其中最主要的原因就是绿城的产品力，目前绿城的产品美誉度仍然排名房企第一位，在绿城的大本营浙江省更是有口皆碑。

从绿城的以往来看，产品美誉度带来的产品溢价却往往被较高的成本和较长的开发周期所带来的成本所抵销，并没有额外带来多大的利润，管理层也明确意识到这点。在建安成本方面，由于品质要求明显比市场平均建安成本高出一块，公司目前所做的是在保证品质的前提下，将建安成本采用标准化模式进行成本控制。并严控销售费用，主要有优化组织结构，2019年1月将原本16家子公司调整为11家，同时推进25个项目群的管控模式，促进业务进一步融合，2019年上半年人均效能提升11.5%，控人控费成效做得不错。随着下半年项目逐步增加，实际上人均效能还能进一步提升。除了控制费用，还实施了很多激励措施，包括购股权计划，这一点我会在后面专门讲。

（2）代建业务。这个部分是绿城输出品牌和管理，但不用自己投资的业务，绿城的代建项目已经连续多年位居行业第一。截至2019年年中，新增59个项目，共计317个项目，规划建筑面积7284万平方米，预计总可售金额4194亿元。我们可以这么理解，代建类似于酒店行业里如家酒店的授权加盟酒店，如家自己不投资，但输出品牌和管理人员，收取加盟和管理费。这个业务不占用绿城的资金，收入并不高，平均为3%～4%，净利在1.2%左右。这个项目管理层有意向分拆上市，但目前还未落到实处。

（3）设计和装修业务。这块业务连年增长，有不错的发展潜力。2018年度收入25.24亿元，同比2017年度增长20.7%，2019年年中收入11.58亿元，同比增长21.5%。

（4）酒店运营和投资物业。说实话，这两块业务能覆盖成本就算不错，当然本身这两块业务体量比较小，即使不能覆盖成本也无大碍。目前这两块业务都处于增长中。

三、投资绿城的理由

低估和成长是投资绿城的两大理由。众所周知，"戴维斯双击"要求估值修复和业绩修复，绿城从真实PE（不是指股票软件显示的PE）来看被相当低估，实际上我预估今年的归母净利润下半年会很不错，加上2018年明显的财务"洗澡"，2019年的利润可以正常释放，2019年按收入结算的PE我预估在3～4倍。从PB的角度看绿城更加被低估，排名前20名中不到0.5倍PB的（按全口径包含代建销售排名）房地产企业仅此一家。成长则是需要绿城后面的业绩来证实的，目前从下半年来看（见表11-2），8、9月自建销售都处于100%左右的增长，今年的累计权益销售在上半年还略有下滑的情况下奋起直追，1—9月的权益销售同比增长23.5%，接下来的情况需要我们进一步跟进。除了销售以外，绿城下半年的拿地情况也增长迅速，拿地的手段也多元化，还有通过特色小镇、TOD项目、并购等方法拿地。有了下半年销售的高速增长，也就有了未来结算收入的增长。

表 11-2　绿城中国 2019 年下半年销售表　（单位：亿元）

月　　份		6月	7月	8月	9月	10月	11月	12月
2019年	自建销售额	115	73	109	119	—	—	—
	权益销售额	63	42	60	76	—	—	—
	自建销售面积（万平方米）	50	31	38	44	—	—	—
	自建单价（元/平方米）	23 074	23 818	28 542	26 960	—	—	—
	代建销售额	66	51	51	86	—	—	—
	销售额合计	181	124	160	205	—	—	—
	自建累计销售额	494	570	672	795	—	—	—
	权益累计销售额	267	309	369	445	—	—	—
	权益累计销售额同比增长	0.37%	5.10%	13.54%	24.30%	—	—	—
	代建累计销售额	249	300	351	437	—	—	—
	合计累计销售额	743	870	1023	1232	—	—	—
	累计销售额同比增长	1.46%	4.32%	11.56%	21.50%	—	—	—
2018年	自建销售额	127	49	49	57	91	112	172
	权益销售额	73	26	31	33	49	65	85
	自建销售面积（万平方米）	40	20	24	23	34	43	59

续表

月　份		6月	7月	8月	9月	10月	11月	12月
2018年	自建单价（元/平方米）	31 872	25 135	20 720	24 400	26 772	26 299	29 082
	代建销售额	44	31	40	42	45	53	61
	销售额合计	171	80	89	99	136	165	233
	自建累计销售额	474	523	566	621	716	843	1012
	权益累计销售额	268	294	325	358	407	472	557
	代建累计销售额	280	311	351	393	438	491	552
	合计累计销售额	754	834	917	1014	1154	1334	1564

接下来我从融资能力和成本、操盘能力、拿地能力和土储、成本控制和费用这4个角度简要分析一下。

（1）融资能力和成本。连续几年绿城的总借贷加权平均利率都在5.4%左右，这个融资利率排名可以达到主流房企前10名，属于一流偏弱的水平。由于2016年、2017年、2018年拿地都不多，今年下半年产品销售提速，目前绿城的现金储备良好。2019年各项融资综合利用，截至2019年9月30日，境内境外永续债目前合计约185亿元（包括以前发行的），银行开发贷、公司债等融资方法并举。2019年上半年还发行酒店CMBS（商业不动产抵押贷款支持证券）15.92亿元，利率5.14%，供应链ABS（以项目所属的资产为支撑的证券化融资）39.53亿元，利率3.95%～4.07%。明显感觉绿城发力上杠杆，关键是在今年房地产行业严控的局面下能上得了杠杆，能融到资金，而且是相对便宜的资金，这和大股东中交集团分不开，同时也和前两年融资不那么多有关。

（2）操盘能力。这一切建立在好产品好口碑的基础上，好的产品其实不需要太多的营销。绿城的营销成本并不很高，自建产品平均售价却是主流房企中最高的企业，有类似茅台的意思，当然没有茅台的强势。代建做到全国第一也足以体现绿城操盘的能力。

（3）拿地能力和土储。这一块原来是绿城的短板，并不是说绿城拿地拿贵了，而是说前些年比如2014年、2015年没有在拿地良好的窗口期加大杠杆拿地，当然这和当时绿城资金链几乎断裂，创始人不得不出售股份自救的局面有关。拿地能力是房企重要的能力，这方面是"八仙过海、各显神通"，恒大是超大盘开发加上文旅拿地，融创并购一流，文旅也不弱；新城、宝龙则是商业地产勾兑拿地；绿城的特色则是三块，近10年全运村几乎绿城全包了，小镇是绿城的强项，TOD拿地越来越多。全运村和小镇是比较廉价的获取土地方式，全运村包括沈阳、西安、天津，已经在售小镇比如安吉桃花源，杭州临安桃李春风，海南蓝湾小镇等。2019年绿城继续在小镇上发力，上半年就拿下杭州桃源小镇、杭州龙坞茶镇、台州天台山莲花小镇六期、大连金石滩葡萄酒小镇四个小镇项目。重点跟进的小镇项目有30多个，未来有望逐步落实。小镇对产品的要求很高，虽然拿地便宜，但实际上售价并不低，这部分绿城利润比较好，当然开发周期会比较长，配套比一般住宅高，但配套难度又比文旅低很多。真正能做好小镇产品的开发商不多，绿城由于产品和设计能力在这方面有较大的优势。TOD项目目前来看有中交背景的绿城这块资源不错，除了原有的杭州、宁波杨柳郡系列，今年还落实了宁波奉化、福州金山、哈尔滨、佛山项目，西安和大连项目也在谈。土储方面目前绿城不是很多，截至2019年6月30日，自建土储总建筑面积3412万平方米，其中权益2041万平方米。总可售面积约为2349万平方米，权益可售面积1395万平方米，楼面地价平均成本为6259元/平方米。土储质量还是不错，一、二线城市占比72%，余下的也多数是浙江省三、四线城市。但2019年下半年绿城明显加快了各种拿地节奏，今年根据亿翰数据1—9月统计（见表11-3），新增可售货值1294亿元，排名第16位。我个人认为现在拿地还是不错的时机，很多企业这个时候拿地已经有心无力了。

表 11-3　克而瑞典型房企新增货值 2019 年 1—9 月排名表　　（单位：亿元）

排名	企业名称	新增货值	排名	企业名称	新增货值
1	碧桂园	5247.1	11	招商蛇口	1507.9
2	万科地产	3831.5	12	中梁控股	1361.8
3	融创中国	3367.6	13	金地集团	1319.4
4	绿地集团	3220.9	14	旭辉集团	1296.5
5	华润置地	2588.3	15	龙湖集团	1296.5
6	保利发展	2077.7	16	绿城中国	1294.0
7	中海地产	1904.1	17	中南置地	1287.7
8	新城控股	1757.0	18	华侨城	1190.6
9	中国恒大	1754.5	19	奥园集团	1160.1
10	阳光城	1557.5	20	中骏集团	1098.0

（4）成本控制和费用。这块是绿城的弱点，但在改进。前面讲过绿城优化结构、提升人均效能，主要就是控制人员、缩减机构、提升效率。随着销售额的逐步上升，这部分费比控制今年会明显见成效，但中报来看还不是很理想，但我相信年报的数据会改善很多。这部分也是我们要持续跟踪的重点，部分由于品质的原因导致建安成本高出同行 10%～20%，甚至部分项目要高出 30% 以上，这点是可以理解的，毕竟品质需要保证，绿城的溢价是可以消化这些建安成本的。即便如此，公司也在推行标准化来提升成本控制。绿城目前在严格推行控制销售费用和行政成本，具体效果仍然需要进一步观察。

四、激励机制逐步完善

绿城在激励机制上做了改革，2019 年 1 月 1 日首个短中长期全覆盖的绿城中国共赢机制正式落地实施，在原来薪酬激励的基础上，新增了项目跟投、股份激励等措施。截至 2019 年 6 月 30 日，跟投项目已达 103 个。购股权计划也已经授出，包括董事长张亚东、刘文生和其他高层管理人员以及 70 多名核心管理层，拿张亚东的购股权计划来说，760 万股，行权时间从 2018 年 8 月 28 日至 2028 年 8 月 27 日，价格 8.326 港元，须高于行权价 30% 方可行权。员工购股权计划有 7035 万股，行权价 9.1 港元。如果股价没有涨起来，这些激励根本没法实施,这样管理层和核心员工也有足够的动力来做大做好绿城。

物业服务方面绿城大部分交给绿城服务,但股份占比很低,绿城服务主要股东是创始人宋卫平和寿柏年、李海荣。这个也是前期形成的,将来也许有新的解决方案。一个很有意思的地方是绿城服务2019年10月9日的市值是212亿港元,远超绿城中国。

最后说一句,没有十全十美的公司,如果真是这样也没有绿城现在的股价,按现价6.7港元来算,市值不到150亿港元的绿城明显被低估。

四、横向对比其他房企

前面的分析多数都是绿城的历史以及对绿城自身的分析,较少涉及与其他房地产企业的对比。从产品能力来说,我们已经知道绿城的产品是房企最顶端的水准,结合数据分析,绿城自建产品(不包含代建)在2019年平均售价为25 939元/平方米,这个价格在主流地产排名第一,可以说是卖得又贵又好,这种品牌溢价能力已经足以傲视群雄。下面就从其他几个角度并结合估值情况来做综合对比分析。

1. 融资能力和成本

房地产企业的融资能力重要性是毋庸置疑的,回顾绿城的历史,绿城在2009年到达全国第二的顶峰之后盛极而衰,2011年遭遇房地产的冷冬,当时的绿城融资能力有限,资金链面临断裂,无奈之下只能在2012年配股战略引入九龙仓,并卖出优质项目才得以自救。如果当时有中交这样的央企背书,在关键的时候就能借到度过危机的资金。截至2019年6月30日的绿城,财务状况良好,见表11-4。

表11-4 绿城财务状况表　　　　　　　　(单位:亿元)

项　　目	2019年6月30日	2018年12月31日	变动
银行及其他借款	581.88	496.41	+17.2%
境内公司债务工具	249.86	284.62	-12.2%
境外优先票据	33.85	33.55	+0.9%

续表

项　　目	2019年6月30日	2018年12月31日	变动
总借贷	865.59	814.58	+6.3%
银行存款及现金	482.32	482.19	+0.03%
净负债	383.27	332.39	+15.3%
净资产	654.43	601.19	+8.9%
净资产负债率	58.60%	55.30%	+3.3%

注：• 本期总借贷加权平均利息利率为5.4%（2018年：5.4%）。
　　• 银行存款及现金为一年内到期借款余额的2.69倍，为持续发展提供强有力保障。
　　• 境外借款150亿元，占总借贷的17.3%，融资空间充足。
　　• 取得金融机构授信2384亿元，期末尚可使用额度约1507亿元。

现在的绿城不但能借到钱，还能借到利率较低的资金。九龙仓和中交入股后，特别是中交集团成为第一大股东后，融资利率逐年下降，从2013年8%左右的融资利率水平下降到2018年5.4%的利率水平。这个利率水平在房地产行业处于什么状况呢？和同行们做个比较就知道了，如表11-5所示。

表11-5　部分主流内房股融资利率水平表

企业	股票代码	企业性质	加权平均融资利率（%）		
			2016年	2017年	2018年
中国海外发展	00688.HK	央企	4.76	4.27	4.30
华润置地	01109.HK	央企	4.23	4.16	4.47
龙湖集团	00960.HK	民企	5.32	4.89	4.55
中国金茂	00817.HK	央企	4.61	4.52	4.55
万科企业	02202.HK	公共企业	4.91	5.04	5.30
绿城中国	03900.HK	公共企业	5.90	5.40	5.40
富力地产	02777.HK	民企	6.30	5.58	5.74
世茂房地产	00813.HK	民企	5.80	5.30	5.80
旭辉集团	00884.HK	民企	5.50	5.20	5.80
碧桂园	02007.HK	民企	5.66	5.22	6.11
宝龙地产	01238.HK	民企	6.18	6.29	6.48
雅居乐	03383.HK	民企	7.60	6.20	6.49
融创	01918.HK	民企	5.98	6.24	6.81
融信	03301.HK	民企	6.80	6.90	7.09
中国奥园	03883.HK	民企	7.76	6.55	7.15

续表

企业	股票代码	企业性质	加权平均融资利率（%）		
			2016年	2017年	2018年
恒大	03333.HK	民企	8.27	8.09	8.18
花样年	01777.HK	民企	9.10	8.40	8.92

资料来源：国盛证券研报。

从表中可以看出，央企和混合所有制企业（公共企业）平均利率水平明显低于民企，绿城在内房股中属于接近一流的水准，据不完全统计，绿城的利率水平在内房股可以排到前十名，属于一流偏弱的水平。

2. 新增货值情况

巧妇难为无米之炊，没有相当于制造业的原料——土储，就没有未来的销售。绿城在2019年年初土储并不是很多，好在绿城管理层在2019年房地产并不算景气的年份开始反向大量增加土储。由于整体市场偏冷，2019年是一个比较好的拿地窗口期，大部分的土储溢价率在10%以内，还有许多并购、TOD、小镇、全运村和亚运村的地块都是相对低廉的土地成本。在表11-3中可以看出绿城中国在2019年1—9月新增货值排在第16位。需要特别说明，绿城的新增货值是不包含代建项目的。

3. 市值与销售额比值

在房地产行业，还有一种比较方式是用市值和销售额做对比，简称为PS，该数值越低说明同样市值所含有的销售额越高，企业相对被低估，从销售额的角度反映估值高低情况。绿城在2019年权益销售额为768亿元，2019年12月31日收盘市值约为185亿元人民币，PS值仅为0.24，处于内房股被相当低估的那一档。

绿城2019年的权益销售增速在上半年负增长的情况下，下半年大幅增长。而权益销售额是完全不含代建的数据，那么绿城的代建在房地产行业又是什么情况呢？是代建行业绝对的龙头老大，2018年绿城代建部分的收入为13.66亿元，净利润为4亿元左右，2019年代建销售增速为30%，利润估算为5亿～6亿元。代建是轻资产项目，市场一直给予更高的估值，10～15倍PE的估值也有50亿～90亿元人民币。而绿城的管理层也在谋求分拆代建部分上市，如果能够成功，将会增加绿城的整体估值，这对绿城的投资者来说，也是一个福音。

发展才是硬道理，根据各房企统计数据，绿城中国2019年度自建销售、权益销售增长率可以排在香港上市房地产企业前3名，并且根据对绿城综合资料的判断，未来2～3年绿城的自建销售增长有较大概率维持前5名的水准，这样在2022年有望全口径销售额（不包含代建）重返前10名。不考虑估值水平的增长，绿城如果能够重返行业前10名水平，到2019年年末按内房股前10名中的末位估值都能有900亿港元左右市值，以绿城200亿港元的市值，有很大的成长空间，到2022年有较大增长空间。当然这一切不一定会实现，需要一步步跟踪分析，但是绿城新的管理团队、中交的背景、25年的品质优先理念造就的品牌使得这些成为可能。我们作为投资者，需要密切跟踪，并将眼光放长远一点，不要被小风小浪吓怕，做一个长期的价值投资者。

跟踪地产行业，还应该学会跟踪目标公司的项目，尤其是最近两年的新增土储，这是一个基本功。当然排名前30名的房企项目一般都是以百来计的，近两年的项目一般也有上百个，肯定会有部分项目是亏损的，这是正常现象。但是如果有比例较高的项目可能亏损，或者说亏损总金额很高，那就需要警惕了，需要仔细分析。并不是销售额高就好，有利润的销售才是好的。

分析地产股票，一定要关注目标公司的官方网站、年报、路演资料、业绩发布会资料和一些相关资讯和部分媒体报道。也可以通过克而瑞、万得这些专业网站获得相关数据和分析资料。投资者也可能会看到投行的研报，但要有自己的判断，不要轻信这些研报，比如上文提及的花旗银行在2019年8月末发布不看好绿城的研报，将绿城的目标价定为6.19港元，评级为"沽售"，但接下来花旗银行的席位一直在增持绿城的股票，从当时持有2.93%比例一路增持到11月初超过4%的比例，到2020年1月中旬，持股比例已经超过5.05%。所以我们不仅要看投行说什么，还要看它们在做什么。读者跟踪分析股票，还有一个方法就是在雪球网里关注该股票，在股票的帖子下有很多的信息，也有很多人会将自己分析的资料分享在网上，特别是要关注大V的分析文章，里面可以提供很多有用的信息，和公告、年报结合起来分析就会比较清晰，但是网上帖子也有很多信息是无用的甚至是错误的，必须甄别分析。

雪球网大V"正合奇胜天舒"在清华大学出版社出版的《价值投资经典战例之中国恒大》一书中有"地产股呆会计37题"，我认为十分经典，经他本人同意转载于本书，由于篇幅过长，置于本书附录。

第十二章
港股实战之制造业篇

　　制造业是我国的核心产业,制造业的发展在我国具有特别重要的地位。港股制造业的主要上市公司以内地企业为主,也和房地产行业一样处于整体被低估的状况。制造业下属各行各业众多,上市公司数量庞大,港股制造业整体被低估也给了投资者更好的机会。

　　制造业普遍具有周期特性,因此我们必须了解制造业的周期性,并结合制造业的周期性和估值来做投资。

第一节　制造业中的三种周期

港股中的制造业，绝大部分都来源于内地企业，除了食品、饮料、日用品、医药类别的制造业，整体都处于一个明显被低估的状况。实际上，这和制造业的周期性有很大的关系，不少制造业都属于强周期行业和中周期行业，由于强周期制造业一般都有高经营杠杆和高财务杠杆的特征，从而使得风险和收益都会显著加大。在行业上行周期，营收、利润都会明显增长，由于利润好，负债也就不成为问题。但是行业下行周期，收入、价格下滑再叠加财务费用等，就会造成利润大幅下降甚至亏损。再加上强周期行业通常是将产品销售给企业，产品最终销售对象不是普通消费者，产品品牌效应不强，对价格更为敏感。

制造业的行业周期根据周期强弱也可以分为弱周期、中周期和强周期三种，但是三种周期会随着国家政策和经营环境的变化而改变。比如建材行业中的水泥行业在国家供给侧改革之前属于强周期，但是这几年随着供给侧改革的进行，将其归于中周期也许更为合适。一般来说，可以这样给周期行业分类：

- 强周期：钢铁、建材、化工、汽车、纸业。
- 中周期：家电、服装、建材中的水泥行业、通信设备。
- 弱周期：食品、饮料、日用品、医药。

弱周期的食品、饮料、日用品、医药都是长期投资良好的标的。港股里有我们耳熟能详的企业，平时也常常接触，比如旺旺食品、康师傅、周黑鸭、华润啤酒、百威啤酒、蒙牛、石药集团等。好的弱周期产品在建立品牌后也具有较长的生命周期，而且这些弱周期行业相对强周期行业来说通常属于轻工业，具有强大品牌效应，在投资金额上相对没有重工业企业那么多，由于品牌的强势，对下游的应收账款也比较少甚至没有，不论是投资压力还是财务成本上相比重资产行业都要好得多。

弱周期行业虽然是行业弱周期，但其行业竞争激烈程度并不亚于强周期行业，普通投资者很难分析出企业未来几年是否还能高速增长，是否还能在行业保持领先地位，一般来说给予高估值的企业往往是由于投资者给予高增长的预期，而一旦预期被证伪，往往可能带来戴维斯双杀，股价剧烈下跌。维他奶国际（00345.HK）是香港本土优秀的乳品和饮料制造商，其下属"维他奶"系列产品为香港市民家喻户晓的产品，具有很高的市场占有率，但是随着销售和利润增速下降（销售和利润并未下滑，只是增速下降），股价迅速下滑，短短半年，在港股大盘没有下跌的情况下，从 2019 年 6 月 10 日的最高点 45.8 港元下跌到 2019 年 11 月 22 日的 27.46 港元。而且这类高估值的股票如果要再回到原来的高点，需要在营收和利润增速上都有靓丽的表现，这是比较困难的。不是公司不好，是股价太贵了。而曾经红遍大江南北的汇源果汁（01886.HK）更是一蹶不振，2018 年 3 月已经停牌至今并有可能被退市。所以投资这类弱周期行业需要非常仔细，用合理的价格去购买行业里优秀的公司才是好的选择。要选择优秀的企业，而且要在合理的价位，如果暂时没有这样的机会，宁可等待。

而强周期和中周期行业里有一种类型的企业，它们在每个周期里都呈现出周期上升的趋势，也就是它们虽然在行业里也经历产品周期的轮回，但是每个周期它们即使在谷底也有着还不错的盈利，并且每到下个景气周期就明显强于上个周期，制造业比较典型的有化工行业里 A 股的万华化学（600309），港股 A 股都上市的海螺水泥（00914），汽车配件行业的福耀玻璃（03606），服装行业的安踏（02020）。这类企业的市值也随着每个周期的成长屡屡创出新高，即使误判时机买在高点也能随着周期的成长而解套。而这类成长型周期公司比较明显的买点是在行业产品价格处于谷底的时候。投资周期公司更需要逆向投资的能力。

强周期行业里大部分的企业是比较纯粹的周期型企业，比如钢铁行业的大部分企业，长安汽车、长城汽车等汽车制造业。这类企业把握起来更加困难，很难判断反转的时机，投资做得好的都是对行业和企业有很强分析能力的投资者，普通投资者操作起来难度较大。这种情况下，市盈率的分析很可能会被误用，当行业处于景气周期时，由于盈利很好，市盈率低，这个时候如果贪便宜买入，可能会由于产品利润好，整个行业接着扩大产能，导致供过于求，产品价格进入下行周期，行业进入下行周期，股价开始下跌。本书前面部分已经讲述过，我在汽车行业的投资就曾经落入价值陷阱。

但随着我国供给侧改革的深入进行，有些行业产能得到结构性调整，并且在行业中出现龙头企业，龙头企业在行业里的市场占有率上升，这类行业出现了较好的投资机会。

第二节　被低估的水泥和多种材料之王——中国建材

水泥行业里有两个王者：一个是利润之王海螺水泥，这些年来利润不断创出新高，股价也屡屡上涨；另一个王者则是水泥行业的龙头老大中国建材。中国建材的主营业务可以分为水泥和材料两个部分，2018年度总营业收入为2189亿元（以下不标注货币单位的均为人民币）。

一、水泥行业背景

首先介绍我国水泥行业的发展背景。2010—2015年间，中国建材通过并购实现了超过3亿吨的水泥熟料产能并超越原来的行业第一海螺水泥成为行业老大，而此期间海螺水泥则主要通过其规模、成本、资金优势自建产能扩张，通过价格战去获取市场份额，并引发新一轮行业扩张，整个水泥行业到2015年处于全行业亏损状态。水泥行业

2015年年末经历行业低点后从2016年开始回暖，整体价格开始逐步回升，行业格局初步形成。2015年以中国建材和海螺水泥为首的行业前10名熟料产能集中度提升达到52%。中国建材继续并购之路，于2017年12月开始合并中材股份，并于2018年圆满完成吸收合并，至此进一步巩固了行业霸主地位。

到2019年，据工信部统计，该年国内水泥产业首次突破万亿元营收，实现营业收入1.01万亿元，同比增长12.5%，利润1867亿元，同比增长19.6%，产业集中度进一步提高，行业前10家水泥企业（集团）熟料产能约占全国总产能60%，中国建材和海螺水泥分列世界第一和世界第三，中国建材和海螺水泥两家已经占据全国水泥熟料行业总产能40%以上。

二、水泥行业价格上升的因素

1. 行业集中度提升有利于水泥价格提升

水泥产品属于相对"短腿"的产品，产品价格相对不高，运输成本占销售价格比重较高，因此有一定的销售半径，基本只能在一定的区域内销售，否则随着距离的拉长，增加的运费将大幅提高成本，当头部企业市场占有率比较高时，在区域内的头部企业有一定的定价权。比如在长三角地区，因海螺水泥和中国建材两家熟料产能合计占比为56%，该区域前五行业集中度接近70%，小企业产能比重小于10%。因此在市场上，中国建材和海螺水泥作为领导者引领市场，中型企业采取跟随策略，而小企业数量少且产能占比小于10%，对市场秩序影响较小。随着中国建材的并购以及海螺水泥的低价占领市场策略，行业集中度得到大幅提升，从而使得头部企业话语权上升，行业竞争格局从原来的无序状态变成合理竞争。

2. 供给侧改革

2017年12月31日，工信部发布新的《水泥玻璃行业产能置换实施办法》（2018年1月1日开始施行），《办法》中指出"水泥行业：

位于国家规定的环境敏感区的水泥熟料建设项目,每建设 1 吨产能须关停退出 1.5 吨产能;位于其他非环境敏感地区的新建项目,每建设 1 吨产能须关停退出 1.25 吨产能;西藏地区的水泥熟料建设项目执行等量置换"。这个减量置换办法意味着以后水泥产能总量只能往下走,而且必须有闲置产能来置换新的产能,这方面中国建材占有绝对优势,并购产能中有不少落后产能可以用来置换,而海螺水泥则几乎没有闲置产能。

不仅如此,"绿水青山就是金山银山",国家狠抓环保政策,一是坚决淘汰关闭不合格企业;二是对水泥行业实行错峰生产,这也客观上降低了水泥产量。该措施并非一时之计,而是长期实施。

3. 淘汰 32.5 标号水泥

国家市场监督管理总局、国家标准化管理委员会批准 GB175-2007《硅酸盐通用水泥》3 号修改单,复合硅酸盐水泥 32.5 强度等级(PC32.5R)将取消,修改后将保留 42.5、42.5R、52.5、52.5R 四个强度等级,于 2019 年 10 月 1 日起实施。修改单保留了矿渣、火山灰质、粉煤灰硅酸盐水泥 32.5 等级。由于低标号水泥 32.5 号水泥只需要使用不到 50% 的熟料制造,而 42.5 号水泥需要使用 70% 的熟料制造,这样 32.5 号水泥大部分退出市场后,水泥熟料使用量将明显上升。

4. 生产成本推动

水泥行业的工厂再也不是以前那些老破小厂,现在的水泥厂大部分都做到花园化,绿化良好,生产线的智能化越来越高,员工工资也在稳步提升。更重要的是这些矿山再也不会被野蛮开采,开采后都需要复原,矿山资源的审批越来越严格,资源成本也越来越高,这些成本都推动价格的刚性上涨。加上水泥价格从改革开放以来几乎没有什么涨价,现在的价格也远低于国际上平均 100 美元 / 吨的价格。

三、水泥和建材行业是一条好的赛道

我们在之前的第三章第一节里做过中国和美国城镇化数据和基建数据的对比。数据显示,未来十多年,我国的城镇化还有较大的增长空间，我国的人均水平和美国差距还很大，基建设施也同样有充足的市场空间。水泥行业 2019 年首次突破万亿元营收，这还不包括巨大的骨料、混凝土市场，整个行业空间巨大，而水泥行业已经基本完成行业格局，叠加供给侧改革，行业整体健康发展。

四、为什么要投资中国建材

1. 中国建材是一家优秀的混改企业

说到中国建材，就不得不提到中国建材集团前董事长宋志平。2002 年 3 月，任北新建材董事长的宋志平调任中国建材集团，2009 年 6 月，他被安排出任国药集团董事长，开"一人同时担任两家央企董事长"之先河。中国建材和国药集团在 2011 年、2013 年先后进入世界 500 强。2019 年 11 月，年满 63 岁已经超期服役的宋志平，卸任中国建材集团董事长、党委书记。宋志平卸任后，还担任两个重要的职务——中国上市公司协会会长、中国企业改革与发展研究会会长。

宋志平是继日本稻盛和夫之后唯一担任两家世界 500 强企业领袖的企业家，因此被称为"中国的稻盛和夫"。宋志平出版过 5 本有关企业管理的书籍，《包容的力量》讲的是企业文化；《央企市营》讲的是央企如何进行市场化经营，如何改革自己；《经营方略》则是宋志平二十多年来做大型企业一把手的经验、体会和失败教训。新出版的《改革心路》《问道管理》也都是企业管理方面的巨著。

有人会担心宋志平已经退休了，那么中国建材是不是就失去了掌舵人。在宋志平先生 17 年呕心沥血的经营下，中国建材具备央企的实力、民企的活力，这种充分结合央企和民企体制机制的优势和特点，已经深入这家企业的肌体，成为强大的基因。中国建材已经成为央企混改的典范，旗下多个下属公司成为某一领域世界第一或中国第一，并且具备良好的盈利能力，能为股东获得回报，是又大又强的企业。

2. 低估值，高成长

时间拨回到 2020 年 2 月 4 日，此时的中国建材股价收盘在 7.93

港元，总市值不到 669 亿港元，而海螺水泥此时的市值为 2747 亿港元，中国建材的市值还不到海螺水泥的 1/4。作为行业的第一和第二龙头企业，市值差距这么大，那一定是有原因的。我们现在分析一下原因。

最主要的原因是中国建材巨大的有息负债。按 2018 年年报，中国建材有息负债（未含永续债）高达 2139 亿元，融资成本达 114.65 亿元。海螺水泥虽然也有有息负债，但持有的理财产品和现金利息比负债利息还要高，2018 年度海螺水泥的融资成本为 -4.83 亿元，也就是说海螺水泥的理财产品利息高于负债利息，于是海螺水泥就占着负债了，实际上海螺水泥为净现金公司，财务状况优秀。从净利润来看，海螺水泥 2018 年归母净利润为 298 亿元，而中国建材仅为 80.67 亿元。

中国建材这么庞大的有息负债其实并不让人担心，这些负债实际上主要是由于在 2010—2016 年期间，以相对于 2019 年要低得多的价格并购了大量水泥厂及建材工厂。这些资产如果被重估，要比当时收购的价格贵出一倍不止，而且在国家产能置换的供给侧改革政策下，这些产能更显得弥足珍贵，而此时的海螺水泥空有现金，没法大力发展。

接着分析收购的这些资产能否获得良好收益。从表 12-1 就可以明确看出，中国建材从 2016 年起经营现金流明显好转，从 2016 年起它的经营现金流开始超过海螺水泥，2018 年已经达到 485.31 亿元。

表 12-1　中国建材与海螺水泥经营净现金流比较表　（单位：亿元）

经营性净现金流	2015/12/31	2016/12/31	2017/12/31	2018/12/31	2019/6/30
中国建材	83.02	153.89	222.70	485.31	182.74
海螺水泥	99.08	131.97	173.63	360.59	145.04

经过推演，假设中国建材将全部自由现金流拿去归还有息负债，实际上看起来庞大的有息负债也就在 2025 年就可以全部还清，对于能够产生庞大自由现金流的低息负债是不必担心的。由于中国建材良好的信誉和央企的背景，有息负债平均利率 5.3% 左右，是一个较低水准的利率水平，并且中国建材 2019 年后发行的债券和新的银行贷款利率水平明显降低，用于替换到期的旧借贷，未来随着有息负债总

量降低，利率水平降低，融资成本将处于下行通道。

真实净利润的增长也十分可观，从表12-2可以看到，中国建材2018年度大幅计提各项费用，平滑净利润的增幅，也就是采用财务手段隐藏利润。扣除掉财务费用，由于每年折旧计提和商誉，在净利润上管理层并没有真正释放利润，但这些计提只是平滑利润，实际上被计提的资产是增值的。由于已经大幅提前计提，随着计提和商誉损失逐步降低，有息负债逐步降低将导致财务费用降低，利润开始释放，到2025年前这几年净利润都将会快速增长，预估年平均增速不低于30%。

表12-2　中国建材计提和拨备表　　（单位：千元）

项　　目	2018年	2017年	差　　额
金融资产公允价格减少	1 523 687	14 140	1 509 547
商誉减值	2 254 568	438 471	1 816 097
物业、厂房及设备减值亏损	3 243 864	821 707	2 422 157
无形资产减值损失	225 712	883	224 829
呆坏账拨备	3 792 545	1 044 322	2 748 223
存货减值	338 009	87 786	250 223
总计：	11 378 385	2 407 309	8 971 076

资料来源：中国建材年报。

3. 全面布局的中国建材

水泥相关产业中，还有骨料、混凝土市场，都是具有巨大市场空间的行业，而且骨料更是具有很高的毛利，从目前来看，中国建材在水泥、骨料、混凝土、环保一体化的运作上相较于海螺水泥具备更完整的产业链优势。将来骨料和混凝土业务有望在未来5～10年取得和水泥业务并驾齐驱的利润，具有长足的发展空间。

除了水泥全产业链，中国建材还在石膏板、玻璃纤维、风电叶片、新型房屋、太阳能薄膜电池、碳纤维等新业务上早就做好布局，而且这些产业已经占有中国建材利润1/3强的份额，并为公司从传统产业转型升级打下了牢固的基础。中国建材旗下有以下重点材料企业。

（1）深市上市公司北新建材（SZ：000786）。截至2019年年底，石膏板产能27亿平方米，居世界第一。

（2）沪市上市公司中国巨石（SH：600176）。玻璃纤维产能265万吨，居世界第一。

（3）深圳上市公司中材科技（SZ：002080）。风电叶片产能16GW，居世界第一。

（4）中国复材。旗下碳纤维龙头中复神鹰碳纤维全国产能第一。

（5）中材高新。先进陶瓷和人工晶体全国领先。

（6）厦门标准砂。公司高度自动化控制的流水生产线设计年产3.5万吨ISO标准砂，是具备全球竞争力的ISO标准砂生产企业。

（7）中建材投资有限公司。2019年5月，旗下南方石墨新材料有限公司建成了我国首条年产20万吨微晶石墨浮选提纯现代化生产线（一期），这是目前世界上产能最大、指标最先进的微晶石墨浮选提纯生产线，填补了国内外产业和技术空白。

据统计，中国建材直接下属公司就有7家上市公司，还持有山水水泥、金隅股份以及其他下属公司间接持有上市公司的股份，截至2019年12月31日，仅按中国建材直接和间接持有的上市公司股份比例计算出的合计市值，已经超过当时的中国建材市值，中国建材被低估的程度由此可见一斑。

多种材料的赛道也给了中国建材未来长足的发展空间，这是中国建材优于海螺水泥的地方。

水泥行业格局在2016年初步形成，随着2018年国家置换产能的政策定局，拥有最多矿山和产能资源的中国建材在水泥行业已经占据龙头老大地位，并且和海螺水泥共同形成行业双巨头，经过整个行业激烈的价格战后，形成双雄争霸的格局，此后进入利润释放阶段，给股东带来了满意的回报。

以中国建材婴儿的市值，拥有巨人的能力，又是央企里改革的旗手，2020年2月初670亿港元市值，归母净利润110亿元，PE仅仅只有5倍的中国建材具备较高的投资价值。

第三节　铅酸电池的龙头老大——天能动力

2018年11月9日,股价持续低迷的动力电池龙头企业天能动力(下文简称"天能")发布了一则已向联交所提交分拆A股上市的公告。2019年6月24日又发布了详细的分拆报告,分拆的是公司主要从事电池(包括铅酸电池、锂电池及其他新能源电池)的研发、生产和销售以及相关服务的业务。该业务于2018年营收约人民币332.89亿元。余下集团从事研发资源再生及制造与销售再生资源(包括再生铅、合金及再生塑料)业务,该业务于2018年营收约人民币34.72亿元,实际上就是将天能动力的主营业务分拆A股上市。

如顺利分拆,分拆后公司的股权结构将如图12-1所示。

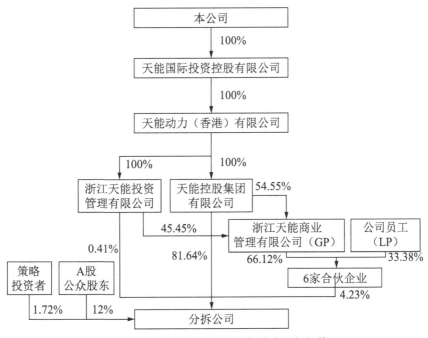

图12-1　A股上市完成后天能动力股权架构

资料来源:天能动力公告。

分拆公告里披露计划将以30.65元的价格出售117 060 000股给

A股公众股东，占比12%，以此推算如果A股上市成功，发行价格为30.65元，公司总市值应该为298.99亿元。而2020年3月18日天能动力港股市值仅仅为49.59亿元，上市的还不是天能公司的全部，市值却可以达到港股的6倍，而且熟悉A股新股的投资者都知道，新股上市一般还会拉出几个涨停板，进一步拉大估值差距。这可以看出港股和A股的估值差距，那么这么大的估值差对于港股的投资者来说意味着如下两点。

（1）估值修复。A股上市后估值差距过大，所以港股估值有望向A股慢慢靠拢，这个估值修复会在上市前，当可以确认上市后慢慢启动，当然具体什么时间无法估计，但港股和A股估值差距不应如此之大，价值回归只是时间问题，但不会缺席。当然我们也不要期望在港股能享受和A股一样的估值。

（2）低廉的股价让投资者享受高股息，按2020年3月18日股价4.84港元计算，2018年度分红0.38港元，股息率7.9%；2017年度分红0.37港元，股息率7.64%。

对于天能动力公司来说，分拆A股上市至少有以下好处。

（1）筹措到发展需要的资金。本次分拆上市获得的资金用于：①绿色智能制造技改项目；②高能动力锂电池电芯及PACK项目；③起动启停电池项目；④新能源综合研发测试中心；⑤全面数字化支撑平台；⑥分拆公司的补足营运资金。

（2）多个融资渠道，提升估值水平。比如港股估值过度低估，配股稀释股本对原有股东来说太不划算，A股的估值对于将来配股就不是问题。

（3）更高的估值能体现股东的价值。股东如果需要质押股票的话，可以获得更多的资金。

（4）合理或者高估的股价能让公司更好地激励员工和吸引策略投资者。本次分拆上市，分属管理、销售、研究、生产、附属公司、人力资源、财务及其他部门的146名核心员工得到了7.69元/股的股权激励。同时也给战略投资者以12.8元/股的价格配售1.72%股权。

这些措施对于加强公司内部凝聚力和外部力量都有帮助。

从表 12-3 可以看出，在 A 股，不论是销售收入、行业地位、盈利能力都远逊于天能的骆驼股份（601311）、南都电源（300068），市值却都高出天能不少，由此可见港股估值的低迷。但这也正是投资者的机会，借着分拆上市 A 股的东风，天能动力将走上股价启航之路。

表 12-3 铅动力电池上市厂家比较表

企业	2020 年 3 月 18 日收盘市值(亿元)	市盈率 TTM (%)	市净率 (%)	2018 年销售收入（亿元）	2017 年销售收入（亿元）	2018 年净利润（亿元）	2017 年净利润（亿元）
天能动力	49.59	3.34	0.81	345.52	269.04	12.52	11.78
超威动力	20.07	2.9	0.42	269.48	246.54	4.13	4.55
骆驼股份	75.17	12.61	1.23	92.24	76.18	5.59	4.83
南都电源	100.14	74.12	1.56	80.63	86.37	2.42	3.81

天能动力和超威动力是铅电池行业的"绝代双骄"，到 2019 年年末，天能动力市占率继续提高，在电动自行车和三轮车用铅电池领域市占率 45%，超威动力市占率达到 42%，进一步巩固了双寡头的地位。实际上经过 2014 年到 2016 年的价格战，天能动力和超威动力已经瓜分了市场。天能动力 2018 年提出不以市场份额为主要目标，主要考虑是降成本增效益，实际上 2018 年天能动力就有过小幅提价，未来几年利润将逐步提升，并且在 2018 年还从二级市场增持超威动力，持有 10.08% 股权。

那么估值为何如此之低？主要是大家都认为锂电池将要替代铅电池。我们接下来就分析一下这个情况。

首先，即使将来锂电池逐步替代铅电池，天能动力也不会被替代。天能动力在全国拥有超过 3000 家独立经销商，并有超过 30 万个终端销售网点，我们在各城镇的大街小巷基本上都能见到天能动力电池销售网点，目前天能动力的电动自行车和三轮车用锂电池也已经处于领先地位，虽然目前不及星恒锂电，但公司每年投入巨资进行研发，研发费率超过销售额的 3%，其中研发费用 50% 为锂电池研发，而公司已经明确锂电池研发方向就是以电动自行车和三轮车用锂电池为主，加上相当完善的销售渠道，将来有很大机会在这个领域成为行业龙头。

再者，锂电池取代铅电池这一说法本身就是一个伪命题。为什么这么说呢？首先我们要了解，锂电池主要比铅电池优越的地方是：

（1）能量密度高。目前同样的能量锂电池大约重量是铅酸电池的 1/3，体积是 1/2。

（2）使用寿命长，以正常每日充放一次来看，铅酸电池大约使用寿命是 1.5～2 年，锂电池是 3 年多的使用寿命。

（3）充电速度比铅酸电池快。

铅酸电池和锂电池相比的优势则是：

（1）价格低廉。同等储能情况下的三元锂电池价格是铅酸电池的 2.5 倍，加上加价等因素，那么一辆普通三元锂电池电动自行车（3500～6000 元/辆）差不多要比一辆普通铅酸电池电动自行车（1800～3000 元/辆）贵出一倍，而更换一组铅酸电池不过几百元的价格。

（2）更环保。铅电池的回收技术成熟，目前铅电池回收利用率可以达到 99.99% 以上，这样实际上铅电池的环保性要超出锂电，由于锂电池目前还没有成熟的技术回收利用，废弃的锂电池会带来更大的环境压力。同时也由于铅电池的回收利用率高，厂家在更换电池时都采用以旧换新的方式，价格低出不少，比如一个普通的 48V12aH（4个一组）的铅酸电池零售价目前不过 360 元（以旧换新）。铅电池技术也在进步，高端的铅炭电池的成本和寿命都好于锂电池。

（3）更安全。铅酸电池已经有 150 多年的历史，性能安全可靠，本体不会爆炸。而锂电池特别是三元锂电池的安全性比铅酸电池要低一些。

所以即使锂电池替代铅酸电池也是一个渐进的过程，并且需要在解决回收利用并降低成本后才有可能大规模替代，5 年内在电动自行车和三轮车领域不太会大规模替代，即使将来逐步替代，天能动力也同样能位于行业龙头。

目前电动自行车保有量超过 2.2 亿辆,并且还在稳步增长,电动三轮车保有量超过 5000 万辆,也一直增长。电动自行车铅酸电池一般 1.5～2 年就需要替换。现在天能动力铅电池的销售 80% 以上都是替换销售,这一块的销售政策都是款到发货,甚至有预付款,所以现金流很好。也可以说在电动自行车和三轮车用电池领域,由于主要市场为替换市场,是直接面对消费者的,这实际上是消费品行业,属于弱周期行业,行业龙头理应享有更高估值,但事实上却是按照破产价在估值天能动力,这种预期差就给予了投资者机会。

和最大的竞争对手超威动力相比,天能动力各方面相对优秀,管理和成本控制明显高出超威动力,利润率和利润都明显好于超威动力,账上的自由现金流也比超威好很多。根据年报数据统计,过去 6 年天能动力自由现金流超过 40 亿元,远超超威动力。天能动力还有铅回收这块,超威动力在这块却没有十分重要的业务,所以选择天能动力更为理想。

注重研发的民营企业我都比较喜欢,从表 12-4 可以看出天能动力在研发方面很舍得投入,多年来研发投入比例平均超过销售收入的 3%。目前天能动力的研发费用 50% 用于锂电池,主要方向是电动自行车和三轮车用锂电池。30% 用于铅电池,比如高端的铅炭电池,铅炭电池的成本和寿命都好于锂电池。还有 20% 用于铅电池回收技术,目前天能动力的铅回收技术来源于意大利,国产技术的替代能降低成本和提高效率。

表 12-4 天能动力研发投入情况表

年 份	研发成本 (亿元)	同比增速 (%)	营收 (亿元)	同比增速 (%)	研发占比 (%)
2018	11.14	26.16	345.52	28.43	3.22
2017	8.83	26.69	269.04	25.25	3.28
2016	6.97	23.14	214.81	20.65	3.24
2015	5.66	39.75	178.04	26.77	3.18
2014	4.05	14.08	140.44	3.00	2.88

资料来源:天能动力年报。

截至 2020 年 3 月 19 日，天能动力每股 4.61 港元的价格相当低估，加上分拆上市 A 股的"东风"，天能动力这个价格值得投资。

第四节　港股制造业有"黄金坑"

2020 年 3 月，在新冠病毒疫情全球蔓延以及石油暴跌等多重突发事件的综合影响下，美股暴跌。2020 年 3 月 4—19 日短短 15 天时间，美股三大指数暴跌 25% 左右，经历 4 次熔断（标普 500 指数下跌超过 7% 即触及一级熔断），同时也造成美元流动性紧张，港股随之倾泻，恒生指数同期也暴跌 20%，最低触及 21 139 点位，实际上大多数个股跌幅更大，制造业也跌出了"黄金坑"。

我国是制造业大国，是世界上唯一拥有全部工业门类的国家，制造业是立国之本。随着新冠病毒疫情在我国得到有效控制，2020 年 3 月下旬绝大部分地区复产复工，制造业得到复苏，同时由于欧美等其他国家疫情发展迅速，制造业生产受阻，我国制造业有机会制造更多医疗相关产品以及民生产品去支援其他国家共同抵抗疫情，总体而言，需求虽然下降，但不会断崖式下降。随着未来疫情的结束，制造业将进一步复苏，而此时的港股制造业具备较高的投资价值。

这个时间段的港股制造业本就相当被低估，此时更是落入"黄金坑"，3～5 倍 PE 的港股制造业股票到处可见，股息率达到 10% 以上的制造业也不在少数。港股市场有众多优秀的中国内地企业，有中国芯片龙头企业中芯国际，有氟化工龙头企业东岳集团，有世界排名第二的电视制造商 TCL 电子，有自主品牌龙头吉利汽车、长城汽车，有医药医疗器械行业的中国生物制药、微创医疗，有纸业龙头玖龙纸业，有通信行业的小米集团，有光学产品制造龙头舜宇光学等，还有本章提到的诸多股票，总之你能想到的大部分制造业行业都有内地优秀的企业在港股上市，而且又好又便宜。

长期来看，恐慌情况下的港股低估值股票都很值得购买。这样的事情在美国股票历史上也常有发生。彼得·林奇曾在《彼得·林奇的成功投资》书中描述过："1987年10月份股市崩盘时,真正发生亏损的是那些在大跌时卖出股票使账面亏损变成了实际亏损的投资者。真正发生亏损的并不是一直持有好股票的长期投资者,而是那些认赔退出市场的保证金买卖的投资者、风险套利者、期权交易者以及那些根据电脑'卖出'指令抛出股票的投资组合经理人。就像一只猫看见镜子里的自己被吓了一跳一样,这样卖出股票的投资者自己吓坏了自己。"

所以普通投资者不要加杠杆买入股票的原因正在于此,这类事件难以预测,包括持续的时间也难以预测,我们也猜不出什么时候才是底部,如果加杠杆买入后将不得已在底部割肉出局,投资者将很难再挽回损失。安心持有好股票,那么价值回归只是时间的问题。

股价因为市场恐慌性下跌是买入股票池里长期跟踪的好股票的良机,假以时日,这些优秀企业会用良好的业绩来回报投资者逆向进行的投资。我们应该对中国制造业的发展、对中国的经济发展、对中国整体的发展始终充满信心。

第十三章
如何投资港股的小型股票

港股市场有很多估值低的小型股票,这里统一把低于50亿港元市值的股票称为"小型股"。和A股不同,港股的小型股估值往往低于同行业的龙头股或者大中型股票,其实这很正常。小型股抗风浪的能力、"护城河"和稳定性一般来说都比龙头股要差,加上港股的小型股流动性很差,估值低是正常的。而A股的小型股之所以估值如此之高,主要是A股脱离基本面的炒作之风盛行,部分机构在推荐股票的时候往往画饼充饥,把前景描绘得过于美好,大谈行业发展前景,却不谈估值。绝大部分A股的小型股都失去了投资价值,原因无他——太贵。

这里的港股小型股指的是港股主板的股票,港股的创业板基本没有投资价值,内地公司在创业板上市的不多,创业板股票主要是香港本地小型公司和东南亚小型公司。

港股的小型股可以说是特点鲜明,有很多估值很低的好公司就像蒙尘的明珠,等待人们去发掘,但同时也到处都是陷阱,一不小心就踏入其中,而且即使判断对了,等待价值兑现也常常需要很长的时间。初入港股的投资者不适合投资小型股。

第一节 港股小型股特点分析

一、估值低

港股的小型股可以找到不少市盈率只有 2～5 倍的股票，或者是市净率只有 0.2～0.5 倍的股票，又或是股息率可以连续多年在 8% 以上的股票，低估值是确定无疑的。但是低估值绝对不能成为买入股票的理由，股市有句谚语说得好："我以为买的股票已经是地板价了，哪里知道地板价下面还有地狱价，地狱价还要分十八层。"同时港股里的许多老千股也会粉饰报表，吸引投资者，如果只看估值就购买股票，在港股投资会亏得很惨。一定要看清估值低是什么原因，如果看不懂就不要去买。即使判断对了估值低的原因，也觉得价值能够回归，但港股的特性是"不见兔子不撒鹰"，没有到利好兑现的时刻，股价可能都起不来，投资者还要有很强的忍耐力才能投资小型股票。

二、流动性差

小型港股通常平时的流动性不好，20 亿港元市值以下的股票常常每天只有几万港元或十几万港元的成交额，有时甚至是零成交。比如华侨城亚洲常常一天只有几万或十几万港元的交易量，甚至有时没有交易量。我曾经花了 3 天才买到华侨城亚洲的计划仓位。当然实际上流动性小对于普通散户来说不是什么大的问题，在买入的时候可以耐心等待、慢慢收集筹码，因为小股的特性就是没到利好兑现的时刻，股价一般很难大涨。一旦有明显利好确认，会有明显的上涨，伴随着上涨，成交量也会大幅增加。举例来说，中航国际控股（00161.HK）在2019年6月3—18日期间，其股价在4港元以下时，平均每日成交额只有几十万港元，最低的6月18日只有两万股77,560港元的成交量，但是当私有化消息公布后股价大涨。2019年10月3日，股价开盘直接跳涨到8.25港元，当日收于8.34港元，成交量高达3.74亿港元。港股中私有化比较常见，每年都有多宗私有化案例，通常是股价被严重低估时，大股东或大股东联合外部财团按照退市规则将公司其他股东的股票以高出当时及过去一年平均股价的价格收购后退出股市的行动，退市后变成非上市公司，或者到估值更高的市场（比如A股市场）重新上市。

一般来说，小型股涨起来的时候成交量都会放大很多倍，小散户不用担心没有出手的机会。也因为流动性小的问题，机构很少关注小型股票，因为买入足够的仓位对机构来说是个很大的难题，这也是小型股估值低的客观因素之一。

三、雷区、价值陷阱多发之地

大部分的老千股都出自小型股，即使不是老千股，由于小型股本身抗风险能力较弱，也容易由于经营环境改变或者其他原因导致业绩下滑，不确定性远远高于蓝筹股。有些公司前期经营都不错，但是突然就可能出现各种各样意想不到的问题，业绩急剧下降，成为价值投资的陷阱。所以普通投资者刚进入港股时最好以港股通股票为主进行投资，不宜投资小型股票。港股通股票经过证监会和监管机构筛选，不会出现老千股，可靠性大，同时港股通股票入选要求前12个月平均月末市值不低于50亿港元。**通常来说，小型股票没有特别明显的投资价值在港股是不值得投资的。**即使很被低估，但如果没有看到明显的业绩提升，或者业绩即使提升但分红不多，或者是隐蔽资产确认或其他价值确认的地方，股价都难以上涨。

既然如此，为什么还要关注小型股呢？著名基金经理彼得·林奇就从这样的小型股里发现了不少十倍股，而巴菲特的师兄施洛斯的股票组合里更是有着比例不小的小型股。施洛斯投资小型股采用分散投资的方式，而施洛斯长达60多年的私募基金没有一年跑输过指数，这是了不起的成就，这些都说明小型股票具备投资价值。在港股中，一些小型股票一旦价值被确认，股价会在短期爆发，涨幅惊人。当然，一旦爆雷，跌幅也相当惊人。

第二节 小型股投资的方法

投资者首先要搞清楚为什么要买某只小型股，比如必瘦站（01830.HK）具备低估值、高成长性和几乎100%的分红比率，中航国际控股（00161.HK）、华侨城亚洲（03366.HK）有良好资产但估值很低，世界集团（00713.HK）手中有巨额的土地资产。再次提醒读者，只有升值空间巨大的小型股才值得出手，只是估值低的股票是不值得购买的，这是我投资了不少小型股总结出来的血淋淋的教训。

如果需要投资小型股票，应该怎么样来做呢？我把自己的做法整理出来，供大家参考。

（1）设定投资小型股票的总仓位上限，将投资股票的所有资金设定为100%，那么所有小型股合计投入资金不要超过15%，请牢记这一点。

（2）适度分散投资，通常宜投资5～8只小型股，特别看好的股票可以加大仓位，但单只股票最大仓位不得超过8%。

（3）充分分析研究后，先买小部分仓位，买入之后，加深对公司的分析了解，可能会察觉公司以前没有被发现的缺点和优点。一旦买入一家公司，哪怕只是一手，也会不由自主地关注这家公司的相关消息，不管是现实生活中还是在新闻中都会特别关注，一发公告也会特别敏感，这样对公司会有更深入的了解。

（4）一定要长期关注每个股票的相关信息，熟读公司近3年的年报和最近的季报（如果有）和中报，并详细分析公司近10年的财务数据。不能因为有的小型股票仓位小就不重视，如果这样还不如不买。

（5）要确定小型股票有比大中型股票明显更高的回报预期，因为投资小型股票的风险更大，理所当然要有更高的回报预期才去投资。

在雪球网等平台上都可以设定关注的股票发布公告时给予提醒，这样能帮助投资者更好地跟踪股票。

第三节 小型股投资失败案例

一、英皇证券（00717.HK）

我就在小型股投资中多次经历失败，下面就谈谈实例。2017年12月末我开始关注英皇证券，2018年5月，小仓位以0.58港元买入这只股票，下面是当时投资时对英皇证券的分析。

英皇证券大股东为大名鼎鼎的英皇集团杨受成家族，公司董事长为杨受成女儿杨玳诗，2017年度业绩增长不错，年度利润增长25.4%，长期以来每年2次稳定派息，见表13-1，买入时PB不到0.8倍，PE大约5倍。英皇证券为香港本土老牌券商，主要业务收入为贷款利息，占比高达88%，这里的贷款包括券商的孖展（融资）业务和各种商业贷款，券商经纪收入占比只有10%左右。大股东杨玳诗2016年年末到2017年年初一直增持，增持数十次，共计增持8880万股，耗资6676万港元，平均增持价格在0.696港元每股，加上2016年度引入中国太平和中国华融战略入股，入股价均为0.66港元每股，完全可以排除老千股。

表 13-1　英皇证券历年分红情况表　　（单位：港元）

分红日期	分红金额	执行日期	分红金额
2018/06/14	0.022 1	2015/01/26	0.02
2018/02/02	0.015 2	2014/06/12	0.006
2017/06/08	0.013 8	2014/01/24	0.013
2017/02/02	0.012 8	2013/06/10	0.005
2016/06/14	0.012	2013/02/04	0.003 8
2016/02/02	0.016	2012/06/07	0.003 8
2015/06/04	0.007	2012/02/13	0.003 8

当时买入的理由还是比较充分的，多年来连续分红不断，按0.58港元的买入价来看，当时的股息率6.5%，中国太平和华融2016年战略入股价格0.66港元，大股东增持平均价格0.7港元。

表 13-2　英皇证券基本财务表　　（单位：百万港元）

开始日期	2016/10/01	2015/10/01	2014/10/01	2013/10/01	2012/10/01
截止日期	2017/09/30	2016/09/30	2015/09/30	2014/09/30	2013/09/30
公告日期	2017/12/07	2017/12/07	2015/12/09	2014/12/03	2013/12/03
报表类型	年报	年报	年报	年报	年报
营业额	1 241.000 0	986.215 0	835.077 0	546.408 0	434.804 0
损益额	659.185 0	525.621 0	430.251 0	220.795 0	155.745 0
盈利或亏损	盈利	盈利	盈利	盈利	盈利
变动幅度（%）	25.410 7	22.166 1	94.864 5	41.767 0	145.612 0
基本每股盈利（分）	9.96	8.95	10.21	8.39	6.00
摊薄每股盈利（分）	9.96	8.95	10.04	8.09	6.00
股息应付日期	2018/02/27	2017/02/24	2016/02/26	2015/02/17	2014/02/21

资料来源：英皇证券年报。

从表13-2中可以看出，营收和利润近几年呈现增长态势，业务发展似乎蒸蒸日上，当时买入的股价0.56港元比大股东增持的0.7港元以及中国太平和华融入股价格 0.66 港元还低不少。

随着 2018 年中美贸易摩擦的影响及其他综合因素，港股下半年也一路走低，2018 年 10 月末英皇证券股价下跌到 0.34 港元，但由于当时整体港股低迷，有些业绩优秀的地产股股价甚至被腰斩，所以我只是以为港股的整体表现如此。之后随着 2019 年初整体港股复苏，股价在三月最高回到 0.46 港元。但 2019 年 4 月 26 日公司发出盈利警告公告，公告中披露预期于截至 2019 年 3 月 31 日止 6 个月（该期间）之未经审核的综合净利较去年同期大幅下跌。净利大幅下跌主要是由于：①在审查某些客户的账户组合及财务状况后，就这类客户的"孖展贷款"以及其他贷款和垫款做出大幅减值拨备；②该期间市场的不明朗因素，导致投资气氛疲弱而使收入下跌。意思就是市场环境恶化，收入下跌，同时部分客户贷款出现重大风险，很可能收不回来，提前计提损失。

我看到这个公告，又重新仔细看了年报，发现原来的投资基本面可能已经在此期间发生了重大变化，原来以为比较稳定的"孖展"贷款和商业贷款在大环境不好的情况下陆续出现问题，而且贷款业务在公告和年报中的披露也不够详细和透明，加上港股低估值，有很多其他投资机会，于是认错出局，从而在公告的下个交易日以 0.37 港元的价格割肉卖出大部分，只留下少量观察仓。2019 年 11 月 8 日英皇证券又发出年度预计亏损的公告，股价进一步下跌，这笔交易亏损不少，后期英皇证券股价于 2019 年 12 月 5 日跌到 0.176 港元，应该庆幸的是自己仓位较小，提早在基本面变坏后清了绝大部分仓位。

二、西王特钢

我在 2018 年曾以 1.6 港元的价格买入西王特钢，买入时做过详细的分析。

1. 投资分析

西王特钢是一家民营钢铁企业,管理比较有优势,即使在钢铁行业普遍亏损的 2015 年也仍然有不错的盈利。下面是我在 2018 年看好西王特钢时做出的投资分析。

西王特钢的民营企业身份在一大堆的上市钢铁企业中有特别的感觉,我一直也更看好民营企业在充分竞争环境中的活力。民营企业相比国有企业在企业管理上有一定优势,在负担上没有国有企业那么沉重,在成本管控、内部腐败控制上具备优势。所以在同等条件情况下,我会选择投资民营企业。

众所周知,钢铁行业是个强周期行业,又是重资产行业,在融资方面则是国企有天然优势,所以这个行业里目前仍然是国企为主,优秀民企呈现出迎头赶上的趋势。西王钢铁就是优秀民企之一。

由于国家供给侧改革和严抓环保,钢铁行业的周期性不那么强,这两年也有了很好的利润,我预期未来几年不会再出现那种行业大面积亏损的状况。但不管怎么说,钢铁行业还是强周期性行业,要想摆脱或者降低周期性的影响,最重要的就是科技,西王特钢就是这样一个在研发方面敢于投入,高度重视科技的企业。下面是西王特钢的相关财务数据(货币单位为人民币):

2015 年营收 67.52 亿元,净利润 1.69 亿元,研发投入 2.1 亿元,研发投入超过净利润。

2016 年营收 75.67 亿元,净利润 3.33 亿元,研发投入 2.53 亿元。

2017 年营收 123.62 亿元,净利润 8.98 亿元,研发投入 3.71 亿元。

2018 年年中营收 59.56 亿元,净利润 5.69 亿元,研发投入 1.62 亿元,比上年同期 1.17 亿元研发投入增长 38.46%。

相信一个敢于下重金投入研发的企业会有美好的未来。在轴承钢方面西王特钢有了重大突破,率先破题"钢中之王",西王特钢首批高端稀土轴承钢顺利生产下线。

目前这个重大技术突破还没有带来直接的经济效益,但是给未来的成长带来了很大的空间。

西王特钢当前价格,放眼整个港股都属于比较被低估的,以 2018 年 8 月 31 日收盘价格 1.75 港元计算,目前市盈率 TTM 仅有 2.67 倍,市净率不到 0.6 倍。其实,按照比较大胆的估算,2018 年起 3 年西王特钢的利润总和应该就可以覆盖目前不到 40 亿港元的市值。

表 13-3　西王特钢营收利润表

年　份	营收 (亿元)	增速(%)	毛利 (亿元)	净利润 (亿元)	增速(%)	每股盈利 (元)
2018 年年中	59.56	6.50	10.69	5.69	83.82	0.237 8
2017	123.62	63.37	20.25	8.98	169.67	0.419 3
2016	75.67	12.07	10.68	3.33	97.04	0.165 7
2015	67.52	-21.87	5.76	1.69	-58.48	0.084 3
2014	86.42	22.93	8.41	4.07	5.99	0.203
2013	70.3	2.02	6.5	3.84	11.30	0.192
2012	68.91	-19.32	5.34	3.45	-62.05	0.178
2011	85.41	58.55	12.93	9.09	84.38	0.568
2010	53.87	42.63	6.01	4.93	154.12	0.308
2009	37.77	-2.10	2.46	1.94	351.16	0.121 3
2008	38.58	—	1.26	0.43	—	0.027 2

2018 年 8 月 31 日收盘价格 1.75 港元元每股,市值 39.7 亿港元,换算成人民币约为 34.54 亿元,静态市盈率 3.3 倍。市盈率 TTM2.67 倍。

从表 13-3 中可以看出,西王特钢的管理和成本控制很优秀,在钢铁价格最低的 2015 年,西王特钢在西王集团的支持下,在全行业大面积亏损的情况下,仍然获得还不错的净利润。

表 13-4　西王特钢营收分红情况表　　　　(单位:元)

时　间	股　份　数	每股盈利	每股分红	当年分红
2018/6/30	2 166 377 681	0.237 8	—	—
2017/12/31	2 109 666 666	0.419 3	0.13	274 256 666.58
2016/12/31	2 006 666 666	0.165 7		

续表

时间	股份数	每股盈利	每股分红	当年分红
2015/12/31	2 006 666 666	0.084 3	—	—
2014/12/31	2 000 000 000	0.203	0.015	30 000 000.00
2013/12/31	2 000 000 000	0.192	0.015	30 000 000.00
2012/12/31	2 000 000 000	0.178	0.015	30 000 000.00
2011/12/31	2 000 000 000	0.568	0.137	274 000 000.00
2010/12/31	1 600 000 000	0.308	—	—
2009/12/31	1 600 000 000	0.121 3	—	—
2008/12/31	1 600 000 000	0.027 2	—	—
2007/12/31	1 600 000 000	—	—	—
合计	—	—	—	638 256 666.58
上市6年来共发股息6.38亿元，IPO一共募集10.6亿港元，按当时港元汇率换算约为8.61亿元人民币。				

有人会觉得西王特钢的分红还不够理想，实际上西王特钢这几年一直处于成长期，需要资金发展，特别是特钢项目在大力发展中，现在1元的投入未来10年至少能带给公司股东4元以上的利润。从表13-4可以看到，即使如此，西王特钢仍咬牙给了股东不错的分红，我在2018年年初1.6港元建仓的西王特钢，收到了0.16港元达10%股息的分红，已经算是很好。

西王特钢目前在港股被低估的原因主要有以下几个。

（1）投资者都有对钢铁股的强周期性预期。但供给侧改革和强力环保政策已经在改变这种局面，降低周期影响，而西王特钢的科技发展给未来带来成长的空间。

（2）西王特钢市值小，没有多少机构研究，也就没有什么机构投资。西王特钢如果在A股，市值可能会是现在的两倍以上。

（3）市值小于50亿港元，没有资格入选港股通，但也正是如此才会有这么低的估值，将来超过50亿港元市值是可能的事情，也就有了入选港股通的可能。这是"戴维斯双击"的时刻吗？

西王特钢的业务也非常简单明晰，主要就是普通钢铁和特钢产销。

目前普钢营收占比 60%～70%，特钢在 20%～30%，这两者公司会根据实际情况调整产量，比去年和今年上半年普钢毛利高，因此会加大部分普钢产量。其余营收主要为铁矿粉、球团矿、钢坯及焦炭和其他副产品贸易，此部分利润很低，对公司利润贡献不大。

西王钢铁的经营现金流历年总体不错。2017 年经营现金流 22.89 亿元。负债情况根据对资产负债表的分析也在合理范围内。

以下这段话来自 2018 年中报。

长远而言，结合公司战略发展目标，本集团将背靠中科院的工艺技术及开发能力，积极优化其生产工艺，以巩固其竞争优势及优化其盈利能力。中科院作为国内科技领域最高的科研机构，其针对性研发面向国家重大需求。通过运用中科院的独家开发技术，本集团将瞄准国家需要，着重发展技术含量更高、市场更为稳定的特钢产品，并在已成功合作开发逾百个新产品的基础上，重点推进军工、核电、高铁、海洋工程等优质特钢产品产业化，进一步拓宽产品覆盖面。本集团将全力推进与中科院的合作研发，把高强度、高韧性、高耐用性的钢轨产品引入市场，从而大幅提升特钢业务比例。该生产线预计每年能生产 700 000 吨钢轨、150 000 吨铁路轴坯及 150 000 吨型钢，按现时施工情况而言，预计项目第一期（300 000 吨钢轨及 150 000 吨铁路轴坯）将于 2019 年中期竣工；第二期将于 2020 年竣工。其他铁路制品方面，本集团的车轴钢，刹车制动梁等产品也已与部分大型企业达成供货技术协议，成功进入了其供货商名单，进一步反映了本集团的核心竞争力。

有了这些规划，西王的特钢就能在钢铁周期性差的时期降低周期性影响。预期西王特钢的轴承钢能打破国外公司的垄断，为我国工业提升质量作出一点贡献。

2. 意外横生

然而，小型股的不确定性在此案例显现无遗，就是这样一家管理优秀、成本控制优良、研发能力不错、在分红上也不亏待小股东的民营企业，出现了新的问题。由于大股东西王集团陷入债务担保引发的债务危机，西王特钢也陷入资金危机，到 2019 年两度推迟 2018 年度股息发放，再叠加钢铁行业到 2019 年处于下行周期，西王特钢盈利也大幅下降。股价更是一泻千里，从 2018 年 10 月高点 1.9 港元一路下跌到 2019 年 10 月 0.485 港元。

2018 年 6 月 27 日，《第一财经》就报道过西王集团担保齐星集团债务问题，但在邹平县政府出面协调下，只需要承担大约担保金额的 10% 也就是 3 亿元，这笔资金对西王集团不是什么大问题。我当时也觉得这个问题已经得到解决，但实际上由于齐星集团的债务连锁反应，邹平县银行系统对信贷控制严格，而西王集团自身负债高企，后期银行信贷或者债券到期后难以续贷和发行新的债券，资金链出现严重问题，2019 年下半年陆续出现债务违约问题。西王特钢虽然自身经营状况仍然正常，但集团的问题已经严重影响了西王特钢的流动资金，西王集团原有不少款项借贷给西王特钢，现在都必须收回，并要求西王特钢支援，西王特钢也面临资金链断裂危机。

3. 深刻教训

前面记述了这么多买入前的分析和逻辑，目的是使读者能够从案例中看出当时的几个错误判断，这些当时看起来有道理的分析实际上都低估了风险。首先是周期股在周期景气顶点哪怕估值很低也要谨慎介入，供给侧改革虽然降低其影响，但对于行业集中度不够的钢铁、汽车这类行业并未从根本改变其周期性。其次对债务危机要高度重视，特别是重资产行业，一旦出现问题往往都是灾难性的结果。最后是在危机出现明显苗头时需要果断减仓或认亏出局，减少进一步的损失。

我反过来在西王特钢股价跌到 0.46 港元的时候反而逆向买入小量仓位，是因为：①西王特钢的真实净资产远远高于当时的市值，而且在供给侧改革下，钢铁的产能也值钱；②一旦度过资金危机，股价会有大幅修复的空间；③西王集团即使没能度过这次债务危机，也可以将旗下的西王特钢进行股权转让，这也是凤凰涅槃的机会。

第四节　小型股投资成功案例

一、股息率高的成长型股票——必瘦站

如果有人告诉你有只股票最近 3 年来股息率高达 10%，而且这 3 年的分红比例是净利润的 100%，并且每年的净利润还是高速增长的，你一定不会在 A 股找到这样的股票，但是在港股就有这么一只股票必瘦站（01830.HK），如表 13-5 所示。

表 13-5　必瘦站历年分红情况表

时间	股份	每股盈利（港元）	每股分红（港元）	分红（港元）	当年股份回购情况
2019/09/30	1 127 652 000	0.218	—	—	11 136 000 股
2019/03/31	1 105 140 000	0.289	0.339	374 642 460.00	11 136 000 股
2018/03/31	1 086 004 000	0.18	0.227	246 522 908.00	—
2017/03/31	1 093 908 000	0.082	0.13	142 208 040.00	19 900 000 股
2016/03/31	1 122 000 000	0.116	0.116	130 152 000.00	30 700 000 股
2015/03/31	1 129 652 000	0.121	0.114	128 780 328.00	45 40 000 股
2014/03/31	1 000 000 000	0.083	0.081	81 000 000.00	73 44 000 股
2013/03/31	1 000 000 000	0.078	0.077	77 000 000.00	—
2012/03/31	1 000 000 000	0.087	0.025	25 000 000.00	—
合计	—	1.254	1.109	1 205 305 736.00	—

上市 8 年来共发股息 12.05 亿港元，IPO 上市募集 2.2 亿港元。

必瘦站由欧阳江先生于 2003 年在香港创办，2012 年在香港上市，主要从事传统美容和纤体服务，并于近年来加入无创医学美容服务。医学美容项目是一个和国民收入水平息息相关的行业，我国 2019 年度人均 GDP 已经达到 1 万美元，北上广深等一线城市及部分发达城

市人均 GDP 已在 3 万美元左右,已经具备一定的消费能力。由于国内市场还处于刚刚起步的阶段,医学美容行业处于一个比较高的增长行业,同时行业内良莠不齐,因此医美行业需要良好的口碑和规范的服务,必瘦站这个在香港已经取得成功的企业,具备良好的品牌优势,有着很好的发展空间。有关数据显示,成熟国家医美渗透率为 10% 左右,我国医美渗透率不足 2%,这是一个有着很长赛道的雪坡。

必瘦站有着优秀的商业模式。爱美是女人的天性,犹太人说"女人和小孩的钱最好赚",必瘦站就是赚女人的钱。前面看到分红表的时候,对数据敏感的读者可能已经发现了一个秘密,这家企业赚来的钱几乎全部都分红了,并没有留存发展资金,但同时企业并没有被资金困扰,仍然有着高速的发展,这在普通行业里是不可想象的。因为在一般的制造业特别是重资产行业里,企业赚了钱,想要赚更多的钱,占据更大的市场份额,就必须要扩大产能,建设工厂,购买机器设备等,最后赚来的钱很大一部分变成了厂房设备,自由现金流并不高。

必瘦站发展所用的资金是直接列支当期费用的,一般扩张时的主要投资为租赁费用,进行店面装修和购买美容设备等,而这些费用大部分都可以直接列支到当期费用,从毛利里扣除,这样公司发展所需的大部分资金就在当期解决了,所产生的净利润是扣除了这些费用的净利润。在没并购和大规模开店的情况下,不需要留存太多资金。必瘦站拿了一小部分资金做了投资,比如购买股票,其余绝大部分资金都拿来分红了。

必瘦站没有有息负债,质押率为零,财报简单明了,非常干净。本身的商业模式非常优秀,客户大多数是办卡消费,等于必瘦站提前就拿到预交的款项,并且提前锁定客户,其中有一部分收入来源为少部分客户后期种种原因未能享受服务的余额。

逢低逆向扩张。2019 年 11 月 28 日,必瘦站 2019 年中期业绩公告出炉,在公告前 10 月 31 日已经发布盈喜,预计盈利大幅增长。股价也在盈喜发布后从 10 月 31 日的 2.65 港元迅速增长到 11 月 28 日的最高价 3.75 港元,中期业绩报告出炉后,由于公司近期有并购计划需要留存现金,上市以来第一次不派发中期股息,市场产生了疑虑,12月10日股价也迅速下滑到2.83港元。如果公司真的有并购计划,那么对于这种轻资产行业来说,可能是一次飞跃和突破,从长远来说可能是重大利好。退一步讲,即使并购没有完成,必瘦站也会在发放末期股息时发放原本中期股息要发放的部分。但是由于市场上不少投资者有疑虑,把原本至少是中性偏好的消息解读成利空,才有这样短期的大跌,而这个大跌是在中报已经公布,三项关键指标都有大幅增长的情况下。其中净利润同比增幅51.84%,营收增幅19.93%,而内地及澳门地区营收增幅达到28.1%,这种短期大跌往往孕育着机会。2019年由于香港市场零售业严重下滑,商铺租金也大幅下降,必瘦站趁此良机,提前续约商铺租赁期限获得优惠折扣,同时也出现了相对低成本扩张的良机。

必瘦站同时也将目光对准大湾区,中期业绩公告中明确提及:"凭着必瘦站的强大品牌及过去10年于中国建立的顾客基础,本集团准备就绪,通过拓展其足印至毗连其业务据点的城市,以加快其业务增长。具体而言,本集团正在将香港世界级的医学美容科技转移至粤港澳大湾区,借此找寻机遇。作为美容行业的先行者,必瘦站已准备通过设立及发展香港风格的一站式大型美容中心,捕捉大湾区的庞大增长潜力,令当地居民受惠。本集团正在计划设立更多店铺,以抓紧中国邻近城市的高消费力顾客及高端顾客。本集团亦正积极于大湾区内(广州及深圳以外)物色合适地点,唯更专注于本集团尚未设立业务据点的城市。"

而且必瘦站已经开始重视男性市场,公司以Perfect Men品牌拓展男士无创医学美容疗程。有数据显示,男士医美人均消费明显高于女性。必瘦站计划在未来提升男性收入比例到20%。

接下来我们再看看必瘦站的业绩情况,如表13-6所示。净资产收益率(ROE)近6年平均为37.05%,这个数据是高于茅台集团的股票的。

表 13-6 必瘦站营收利润表

年份	营收（亿港元）	增速（%）	净利润（亿港元）	增速（%）	净资产（亿港元）	加权净资产收益率（%）	备 注
2019	7.08	—	2.43	—	6.01	—	半年报数据
2018	11.97	32.12	3.19	64.43	5.61	61.88	2018 财政年度实际为 2018 年 4 月 1 日—2019 年 3 月 31 日，其余年份以此类推。
2017	9.06	19.68	1.94	112.36	4.7	41.99	
2016	7.57	13.88	0.913 56	−29.73	4.54	19.84	
2015	8.79	20.58	1.3	−3.70	4.67	27.08	
2014	7.29	55.11	1.35	62.60	4.93	36.94	
2013	4.7	6.09	0.830 24	6.42	2.38	34.59	
2012	4.43	—	0.780 15	—	2.42	—	
合计	60.89	—	12.733 95	—	—	平均 37.06	

接着用等比精确复权的方法来测算一下回报情况。如果上市伊始就以上市首日 2012 年 2 月 10 日收盘价 0.89 港元买入 10 万股必瘦站，共计花费 8.9 万港元，到 2019 年 10 月 7 日收盘价为 2.52 港元的时候我们能得到的收益，如表 13-7 所示。10 万股通过等比精确复权法可以得到 224 650 股，股价为 2.52 港元，共计市值为 566 118 港元，历时 7 年半增长到 6.36 倍，是一笔不错的投资。

表 13-7 必瘦站上市以来分红再投资情况（以 10 万股为例）

分红时间	分红（港元）	收盘价（港元）	增加股数	累计股数
2019/09/13	0.194	2.87	1422	224 650
2019/01/15	0.145	2.18	1312	210 430
2018/09/13	0.151	1.75	1567	197 310
2018/01/15	0.076	1.23	1057	181 640
2017/09/08	0.051	0.87	947	171 070
2017/01/16	0.034	0.64	815	161 600
2016/09/19	0.049	0.75	941	153 450
2016/01/04	0.067	1.12	813	144 040
2015/09/15	0.056	1.33	549	135 910
2015/01/02	0.058	1.92	382	130 420
2014/09/18	0.038	1.66	283	126 600
2014/01/13	0.043	1.15	446	123 770

续表

分红时间	分红（港元）	收盘价（港元）	增加股数	累计股数
2013/09/18	0.044	0.77	645	119 310
2013/01/11	0.033	0.56	628	112 860
2012/09/18	0.025	0.38	658	106 580

我在这只股票上投资获利不错，2018年6月以1.6港元每股的价格买入持有到2019年7月，由于股价涨得较多，同时想换仓购买其他股票，以3.6港元每股的价格卖出大部分必瘦站股票，后期在2.8港元位置又补回部分仓位，到2020年3月23日，由于港股整体大跌，必瘦站价格到了低点1.47港元，这个时候的必瘦站投资价值更为明显，我又重新补仓，买回原来股数的必瘦站。

二、私有化的中航国际控股

在港股中，有许多公司估值低残，股价往往低于净资产或其内在价值很多，上市公司的大股东最清楚公司的真实价值，当股价被严重低估的时候，大股东就有可能自己或者与财团合作将公司私有化。所谓私有化就是大股东及其一致行动人将其他股东和散户手中的股权收购回来，收购回来的方法主要有两种：①协议安排；②自愿要约。不论哪种方式，私有化定价通常要比当时的股价高出不少，通常要比私有化公告前的收盘价高出至少20%以上，有时可达30%～60%甚至更高，如果私有化价格过低，明显损害小股东的利益，就很可能最后在股东大会被否决，不能通过。被否决后，股价通常短期内会下跌，但如果是长期被看好的公司，其股价反而会慢慢回升，回归价值。

中航国际控股属于纯正央企。由于私有化之前股价长期徘徊在4港元左右，市值不足50亿港元，这里也将它归类于小型股。实际上按资产来说，它至少算得上是中型股票，下属几个企业都是响当当的A股上市高科技企业，如图13-1所示。中航国际控股持有国内印刷电路第一股深南电路（002690）69.74%股份、天马电子（000050）16.04%股份、飞亚达（000026）37.15%股份，还有众多其他下属企业，如图13-1所示。单就其持有的深南电路69.74%股权而言就已经远超其自身市值多倍。

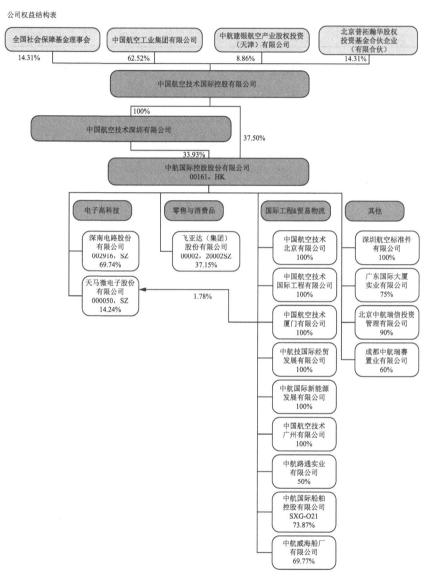

图13-1　中航国际控股股权结构

资料来源：中航国际控股公司年报。

投资历程

当时我看好并买入中航国际控股的理由主要有：①股价十分低估，具备大幅修复的可能。②主要股东为央企，安全可靠。③李嘉诚家族控制的长实集团曾在 2015 年财务投资入股 4.9% 的股权，入股价格为 6.3 港元左右，一直没有卖出，远高于我当时 4 港元左右的买入价格。④下属的深南电路和天马电子发展势头良好，而股价完全未体现这两块优良资产。

但是从 2017 年 9 月我以 4 港元左右开始建仓买入中航国际控股后，其股价就如同坐过山车一样，经历了大起大落。买入后不久，由于深南电路即将在 A 股上市和最终上市，股价一路冲高到 11.2 港元，由于前面仔细分析过中航国际控股占股权 69.4% 的深南电路，认为深南电路具有良好的发展势头，而且公司正逐步在剥离地产和物流贸易附属公司，而这些资产出售会获得盈利（后来也证实了这点），因此做了继续持仓的决定。但其后股价却开始一路下滑，到了 2018 年 3 月 21 日全年业绩公告出来，虽然电子高科技部分盈利上升，但物流贸易附属公司产生巨大亏损，导致全年归母净利润大幅下滑近 50%，股价也应声下跌来到 5 港元左右，我觉得这个价格完全不能反映中国国际控股的真实资产，于是在这个价位补仓。接下来随着中美贸易战等宏观因素，港股整体下跌，股价最低又跌到 3.68 港元，但由于此时手上其他股票也整体下跌，均为十分低估的状态，没有想要卖出换到中航国际控股，所以没有补仓。此后股价几经起落，但始终没有超过 6.3 港元，虽然高科技电子部分欣欣向荣，但由于国家工程和贸易物流业务公司部分大幅亏损，股价并未提振。但公司也正如前面所分析的那样，深南电路发展良好，公司也开始剥离那些地产和贸易物流等附属公司的资产：

（1）出售中航万科股权。

（2）工程公司出售航发投资管理有限公司股权。

（3）下属成都瑞赛公司出售成都聚锦的股权和债权。

（4）出售中航善达 22.35% 股权。

（5）出售威海船厂 69.77% 股权。

（6）出售中航国际船舶控股有限公司 73.87% 股权。

出售这些亏损项目后将由经营亏损转为出售收益，对公司聚焦高科技电子主业、改善资产负债表有很好的作用。

中航国际控股下属的深南电路、天马电子、飞亚达这三家 A 股上市公司业绩都取得增长，尤其是深南电路更是前景广阔，高速增长，2017 年度归母净利润同比增长 63.44%，2018 年度归母净利润同比增长 55.61%，2019 年中期归母净利润同比增长 83.4%。深南电路市值在 2019 年 9 月初突破 500 亿元人民币，中航国际控股持有的深南电路市值也达到 350 亿元人民币。而此时的中航国际控股股价还在 4.5 港元徘徊，市值仅仅 50 亿港元，在港股真的就有这种严重的低估存在，我们把中航国际控股持有的深南电路股权资产不做计算，把它所有其他的资产扣除所有的负债都还足有富余。而中航国际控股公司是正宗央企，资产非常具有可靠性。

于是更加坚定信心持有股票等待价值回归，并觉得股价有希望突破前期 11.2 港元的高点。也许是市场也意识到之前的估值过低，也许是私有化的迹象让敏感的投资者捕捉到，9 月初股价也开始回升，于 9 月 27 日收盘达到 6.97 港元，过于快速提升的股价打乱了公司准备私有化的节奏，公司直接于 9 月 27 日盘中停牌，并于 10 月 2 日公告自愿要约私有化，私有化价格为 9 港元，较停牌前溢价 29.12%。

实际上，这个私有化的价格并不能体现中航国际控股的真实价值，但由于 2019 年 10 月初港股仍然处于整体低迷状况，有好的投资标的可以选择，加上私有化有一定的失败概率，一般情况下私有化失败后短期股价通常都是下跌的。所以我也就在 10 月 3 日复牌后以 8.4 港元将其出售，获利了结。

结合这个案例，也给大家简单介绍一下港股私有化的知识。港股私有化主要有两种：协议安排和自愿要约。

1. 协议安排

协议安排至少要满足以下两项条件。

（1）在私有化股东大会投票时，获得参加股东大会的独立股东超过 75% 投票权投票通过。

（2）在私有化股东大会投票时，参加股东大会的独立股东不超过 10% 的投票权反对。

独立股东不包括发起私有化的大股东和一致行动人，他们是没有投票权的，注册地在香港的港股上市公司和注册地在中国内地的公司就只有这两个条件。但是注册地在开曼群岛的上市公司，还必须同时满足一个条件，这个条件俗称数人头，就是要求参加法院会议的人数要超过 50% 同意私有化，不管这个人是持有一手股票还是 10 亿股，都按一个人计算。这种情况有失败的案例，新世界中国（00917）第一次私有化就是这种情况下失败；第二次改为自愿要约的方法则不需要数人头获得成功。所以后来开曼群岛注册的公司会规避这种数人头的协议安排私有化而采用自愿要约方式。

2. 自愿要约

发起私有化的要约大股东在私有化要约期限结束时达到持股 90% 以上就获得成功，不需要股东大会通过和数人头。

但是包含内资股和 H 股的中国内地公司私有化比较复杂。拿中航国际控股来说，中航国际控股就是这样一个包含内资股和 H 股的中国内地公司。如果要约人同时向内资股和 H 股股东发出要约，则需要召开 3 个类别的股东大会进行表决，包括 H 股类别股东大会、内资股股东大会和全体股东大会。一般情况下，3 个类别的股东大会表决日期为同一天。

根据公告，本次的中航国际控股发起的 H 股要约为自愿要约，但同时也要满足协议要约要求的基本条件并还需要满足持有 H 股达到 90% 以上。

（1）须取得 H 股类别会议上亲身或委任代表投票的独立 H 股股东所持 H 股所附带的表决权中至少 75% 表决权的批准。

（2）就决议案投反对票的票数不得超过独立H股股东所持全部H股所附带表决权的10%。

（3）于合并协议签立后3日内，就因合并事项导致的A股上市附属公司控股股东变更所触发的强制要约收购义务，向中国证监会递交豁免申请，且有关豁免已获中国证监会授出；接获的H股要约有效接纳书（且在获准许的情况下不被撤销）达至H股要约项下独立H股股东所持已发行H股至少90%。

实现这个要约收购还是有一点难度的，所以股价在2019年11月一度下跌到最低6.98港元，实际这是补仓做私有化套利的好机会，长实集团（属于H股独立股东）随后发布公告支持本次私有化要约，股价回升到8.3港元，之后又有跌落，这种情况实际上低于8港元来做私有化套利基本都是比较好的机会。最后，中航国际控股顺利于2020年3月10日以9港元的价格通过私有化方案。

我在港股还曾经投资过小型股华侨城亚洲（03366.HK），该企业是央企华侨城集团在香港市场的平台，2017年12月以3港元买入，我当时做了详细的分析，发现它的净资产远远超过市值，并有较强的盈利能力，不到半年就涨到5港元多，我在5港元左右价格卖出大半兑现收益。2018年2月买入雷士照明（02222.HK），均价约0.74港元，后期由于担心公司大股东有债务问题，2018年3月份在0.95港元左右基本清仓。而该公司大股东2019年将旗下主要资产出售给第三方，留下部分业务并保留上市公司，改名为雷士国际。该股2019年每股合计分红金额就达到0.95港元，可见小型港股被低估的程度。

以上案例均为本人实际投资案例，投资时都在雪球网发表了相关文章，有兴趣的读者可以在雪球网找来阅读。在港股投资小型股，当快速上涨后记得及时兑现收益，因为小型股利好兑现后，市场随后仍然会给小型股低廉的估值，股价很容易慢慢又会跌回去，不要担心没有机会再找到估值低廉的股票，小型港股在港股普遍被低估。而在很低的位置如果基本面没有恶化，好的股票包括小型股在跌到很低的时候，只要能够真正看清公司资产和未来盈利情况，是不必担心的，这个时候能拿住自己长期分析跟踪的股票才是最重要的，不少投资者在低位割肉出局，令人扼腕叹息。不要因为股票不涨就抛弃，因为不知道什么时候就会兑现利好，突然出现一波快速拉升，如果没有持有，根本追之不及。

附 录
地产股呆会计37题

附　录　地产股呆会计 37 题

经《价值投资经典战例之中国恒大》一书作者正合奇胜同意，将其书中《地产股呆会计 37 题》摘录如下：

总共 37 题，每题 1 分。31 分以上可以自由对地产股发表评论；21～30 分，评论要谨慎谦虚，否则有可能成为呆会计；11～20 分，多看少说，否则很容易成为呆会计；10 分以下就是纯外行了，张嘴就是呆会计。这套题是用来读的，参考答案就在题目中，只需要判断自己以前知道还是不知道。

（1）我国房地产采用预售制。为了更快满足人民群众巨大的住房需求，减轻开发商资金压力，增加总供给，中国内地房地产采用预售制，即房子竣工前就可以销售。在中国绝大多数三四线城市及内陆省会城市，高层住宅往往刚出地面就能拿到预售证开盘。而在一线城市和部分发达二线城市，预售的要求较高，往往要接近封顶才能开始卖。

（2）交楼才能确认营业收入。尽管房屋已经预售出去，确认了"合同销售额"，即每年用于房企排名的指标，开发商也已经收到首付及按揭全款，但在交楼给业主之前，开发商的损益表上不能确认营业收入、相应的销售成本和销售毛利。资产负债表上，销售回款增加现金，同时负债端增加"客户预收款"，客户买的还没建成的房子还在资产端的"存货\在建工程"里。直到房子竣工交付给业主的那一刻，预收款结转为营业收入，对应存货结转为销售成本，毛利兑现同时增加应缴税金及股东权益。与普通制造业预收款只停留几个月不同，房地产企业的客户预收款最长可能停留 3 年，平均大约一年半。例如，中国恒大 2016 年合同销售额 3730 亿元，但营业收入大约只有 1800 多亿。（呆会计连地产企业的合同销售额和营业收入都分不清。）

（3）再赚钱的地产项目也要先亏3年。高层住宅从拿地到交楼起码两年半，正常3年多。也就是说，无论项目多赚钱，前3年的项目损益表是没有营业收入的，也不结转销售成本，只有营销费用和管理费用支出，即项目损益表肯定要连亏两三年才会见到利润。

（4）销售增长越快的开发商即期利润越难看。大型开发商的损益表就是由几百个项目损益表合并而来。由上题得知，所有新项目前两三年都必然是亏损的，后期交楼的项目才贡献利润，那么报告期内新项目比重越大，交楼项目比重越低，开发商的合并报表净利率就越低，甚至亏损。现实中，销售增长越快的开发商，新项目比重自然越大，较少的老项目结算收入和毛利要分担较多的新项目前期营销和管理费用，净利率压力会比较大。比如，近些年销售增长迅猛的恒大、融创都是如此。而那些销售增长缓慢的开发商反而损益表好看，比如中国海外发展和龙湖。（呆会计常说高增长开发商增收不增利。）

（5）房地产仍然是最赚钱的永续行业之一。全社会的平均净资产回报率（ROE）通常不到10%，而10%对于房地产开发商来说是没有兴趣做的。虽然说行业黄金十年已过，随便谁拿块地就能赚钱的时代一去不复返了，弱势开发商越来越难赚钱，但对行业强势龙头来说，现在是比"黄金时代"更好的"白金时代"，单个项目自有资金投资回报率还能长期保持在20%以上。（呆会计以为房地产是夕阳行业，所有企业都赚钱越来越难。）

（6）衡量房地产项目盈利水平的主要指标是项目内部回报率（IRR）。拿地前，房企会对项目盈利能力进行全面预算，包括项目净现值、投资回收期、毛利率、净利率、峰值现金需求等，但最重要的决策参考指标是"全投资内部回报率"。所谓全投资就是不区分自有资金和外部融资，或者假设全是自有资金投入。具备成本优势的龙头房企在拿地（招拍挂或并购）时往往要求项目的静态全投资内部回报率在15%上下。所谓静态，就是不考虑房价上涨。

（7）开发商上杠杆是因为有把握赚大钱且机会太多。事后看，具有显著竞争优势的龙头开发商，算上资金成本，98%的项目都是赚钱的，胜算极高。在自有资金有限、市场机会非常多时，加杠杆是理性选择。有把握赚15%的全投资内部回报率，借一部分8%的债可以把自有资金的内部回报率撬到20%、30%、40%……每个项目尽量少占用自有资金，有限的自有资金就可以投入更多的项目，企业就能更快的滚雪球。当然，对于弱势中小开发商来说，如果赚10%都没把握，借8%的钱就是作死了。此外，如果以后龙头企业钱多机会少，也自然会像香港开发商那样低杠杆。（呆会计把开发商合并损益表上的净利润率和单个项目IRR混为一谈，认为利润不到10%，借9%的债很危险。）

（8）龙头开发商主要赚品牌溢价和低成本优势的钱。竞争会使高ROE向社会平均水平回归，除非你有"护城河"。少数强势龙头开发商的"护城河"非常明显：一是相对于中小开发商5%～10%的品牌溢价；二是相对于竞争对手5%～15%的长期低成本优势。长期低成本优势主要包括低价拿地、低价采购材料、低成本融资、营销及管理费用摊薄等。对于招拍挂的项目想低价拿地只能依靠逆周期，在别人都缺钱时你融资能力最强。但龙头开发商更普遍的低价拿地方式是与地方政府协议拿地，整合资源打造各种商业综合体、产业新城、旅游小镇、健康谷等。规模领先且执行标准化战略的开发商，比如恒大，在采购材料时具有极强的议价能力。此外，龙头开发商的融资渠道越来越广阔，中小开发商则借钱越来越艰难。（呆会计以为所有开发商只有靠房价上涨赚钱。）

（9）龙头开发商成长空间很大，行业集中度迅速提升。由于全方位的竞争劣势，弱势中小开发商只能靠天吃饭。停止拿地，择机退出，把项目和市场份额让给大开发商是必然选择。2016年，全国地产百强只占全国份额的48%，全国十强只占20%，三强只占9.5%，老大只占3.4%。行业专家普遍预测到2020年，全国百强将占到70%～80%，十强占到35%～45%，三强占到20%，老大接近10%。未来5年，是强势龙头企业的"白金时代"。（呆会计把房地产行业空间到天花板了等同于所有企业增长都到天花板了。）

（10）房价暴涨时开发商要交巨额土地增值税。营改增后，房地产开发商适用于 9% 的增值税率。房地产行业适用的所得税率是 25%。房地产行业最特殊的税种是土地增值税，按单个项目分级累进征收。如果某地产项目的销售收入对比可扣除的成本项增值不超过 50%（成本 100 元，销售收入不到 150 元），则增值部分征收 30% 土地增值税；增值超过 50% 不到 100% 的部分，征收 40% 土地增值税；增值超过 100% 不到 200% 的部分，征收 50% 土地增值税；增值超过 200% 的部分，征收 60% 土地增值税；如果增值部分不到 20%，即项目微利或亏损时，免征土地增值税。（呆会计以为长期囤地升值大头归开发商。）

（11）即使房价跌两三成开发商也不一定都亏钱。由于有"税盾"的影响，开发商的利润对房价涨跌没有大众想象得那么敏感。如果拿地成本低，地价房价暴涨所得，一半以上会以土地增值税和企业所得税形式装进政府的口袋。反之，如果房价大跌回来，政府也跟着少收大量土地增值税和所得税。当然，高峰期拿的地王项目就难免亏损了。以中国恒大为例，2016 年中报披露的 1.86 亿平方米土地储备账面原值 2600 亿元，市值已达 5700 亿元，升值 3100 亿元。如果房价不变，房子全都卖出去，3100 亿元的升值起码要交 1500 亿土地增值税及 400 亿企业所得税。但如果现在地价普跌一半，房价大降两三成，恒大这批土地储备照样可以赚取正常利润，有亏钱风险的只有 2016 年下半年调控前拿的几块地王而已。（呆会计认为开发商报表净利润率 10%，房价跌 10% 以上就会亏本。）

（12）快周转开发商长期完胜高利润开发商。由于累进土地增值税的存在，喜欢长期囤地、追求高利润率的香港开发商，在内地完败给快速开发、平利多销的内资快周转开发商。你的资金 50% 回报率转 1 圈的时间，别人的资金已经以 25% 回报率赚了 5 圈。此外，由于一线城市地价占房价比例高、预售条件相对严苛（起码拿地一年半才能开盘），所以早期聚焦一线的开发商发展速度都较慢。而采用农村包围城市战略，能在二三四线城市做到拿地 5～8 个月开盘的恒大、碧桂园，却在行业排名中后来居上。（呆会计不知道恒大、碧桂园在三四线城市可以活得很滋润。）

（13）强势龙头开发商喜爱行业小周期波动。弱势中小开发商喜爱房价暴涨，惧怕调控，因为他们只打算把手上的项目做完就不玩了。打算长期经营的强势龙头开发商则希望行业健康平稳发展，不希望房价大涨导致地价过高，更不希望房价大跌引发系统风险。这方面，龙头开发商和中国政府的立场是一致的。通常，政府调控导致行业景气度下降时，强势龙头开发商往往大快朵颐地吞并中小开发商。（呆会计认为调控利空全行业。）

（14）房地产开发就是利用各路资金"为我赚钱"的现金流游戏。开发商拿地时，通常会使用一部分自有资金，另一部分靠融资解决。融资既可以负债引入信托资金，也可以与第三方进行股权合作，还可以采用永续债等明股实债方式。项目开工后，强势开发商通常会要求供应商垫款数月，运营资金缺口则用自有资金弥补。四证齐全后，才能申请银行的开发贷。然后就是尽快开盘销售回款，有了回款就开始按比例归还银行开发贷，偿还到期的供应商垫款、信托、永续债，与少数股东瓜分自由现金流。开发商分得的现金回款，滚动投入到下一期或下个项目。通常，房地产项目自有资金需求峰值时刻是开盘前或开发贷放款前。那么，开发商的自有资金从何而来呢？一般分为几部分：原始资本、发行股票融资、销售利润积累、发行企业债。（呆会计认为开发商是给政府和银行打工的苦力。）

（15）融资能力决定房企发展速度。对于行业整合阶段的龙头房企，最重要的除了经营现金流入，即销售回款外，就是融资能力了。面对大把的预期内部回报率达两位数的拿地及并购机会，谁能融到更多的钱、把握更多机会，谁就能取得更快的发展，在长期行业竞争格局中立于不败之地。融资成本与融资规模也存在一个平衡，比如恒大平均8%利率融资5000亿元，比以5%利率融资几百亿元的开发商发展快得多。（呆会计只比借款利率高低，忽视了融资总额的差异。）

（16）股权合作未必比债权合作有利。有些开发商拿地时偏爱股权合作（典型如万科），有些偏爱举债拿地（典型如恒大），应该说各有利弊。股权合作的好处是能使开发商报表负债率低，评级高，企业债融资成本低，经营风险被分担；缺点是权益销售占比降低，项目利润好时少数股东实际分成往往高于债务利息。而债务合作则相反。现实中，当开发商成本优势显著、项目预期回报率高、胜算大时，采用债务融资更能使股东利益最大化，获得更高的 ROE；项目预期回报一般，胜算不够大时，采用股权合作更佳。（呆会计只强调股权合作能分散风险，忽视了风险发生的概率和机会成本。）

（17）开发商的资金成本是多种融资加权平均的结果。开发商的负债分有息负债和无息负债。有息负债中利率由低到高依次为企业信用债、银行开发贷、信托及永续债。无息负债主要是上下游占款，上游占供应商垫款，下游占客户预收款。狭义的综合融资成本是有息负债的加权平均利率，广义的还可以把无息的上下游占款加权平均进来。（呆会计经常拿某个开发商的企业信用债利息和另一个开发商的永续债利息做对比。）

（18）企业信用债的利率跟评级直接挂钩。开发商能拿到的使用最灵活、成本最低的有息借款往往是在内地发行的公募公司债，但发行规模受到限制，不能超过净资产。中国内地曾多年不让房地产开发商发行信用债，逼迫缺钱的开发商只能去海外发行高息优先票据。2015 年，中国内地恢复开发商发行公司债，但近期又有所收紧，目前只有全国百强房企或上市房企中满足一系列限制条件的少数公司能够发行公司债。公司债的利率跟开发商评级挂钩，评级越高，发行利率相对越低。国内评级机构给房企评级时会综合考虑企业负债率、销售规模、市场份额、城市布局、盈利能力等多项指标。恒大在国内获得 AAA 评级。（海外评级机构的呆会计主要根据财务报表上的各种负债指标给房企评级，恒大是垃圾级。）

（19）银行的房地产开发贷款条件严苛。一般中小开发商很难从银行贷款开发项目，大开发商则容易得多。但银行贷款是不可能用于拿地的，往往要项目开工数月、四证（土地使用证、建筑施工许可证等)齐全后才能放款。大型房企的开发贷利率在7.5%左右,不会太低。而且项目开盘销售后的现金回款,至少三成要还开发贷。(呆会计以为开发商很容易用银行的钱。)

(20)明股实债的永续债是去一二线城市拿地好工具。永续债不设固定的还本期限,理论上可以无限期只支付利息,不还本金。但如果有几年后利率跳升条款(比如前两年8%,第三年起每年加2%),则在现实中会在利率跳升前还清本息,除非企业遇到流动性危机。目前,银行只帮少数几家特大规模房企发行项目永续债,且只能用于一线和发达二线城市拿地,并专户管理,不能挪用。因是同一家银行操作,可以与该项目的银行开发贷无缝衔接。即便没有利率跳升条款,由于绑定项目,现实中的永续债也都随着销售回款而在两年内还清本息。恒大是行业内率先大规模使用永续债的企业,在自有资金有限时,借助永续债工具成功完成一、二线城市战略布局,实现跨越式大发展,一举超越万科坐上行业老大宝座。(呆会计不知道永续债都是捆绑项目的,不知道永续债的利息跳升实际基本不会发生。)

(21)大项目的总投资额是分期滚动投入的。对于大型房地产开发项目,往往分成多期开发。每一期其实可以看成一个小项目。往往一期开盘后回笼的现金滚动投入到二期,二期回笼资金投入三期。一个号称总投资1000亿元的大型分期项目,往往投入资金峰值不过几十亿。(呆会计看见开发商又上马了一个总投资500亿元的项目,不禁担心其资金链要断了。)

(22)巨量土地储备并非因囤地不建。通常认为,长期经营的开发商,土地储备至少应满足未来3~5年的开发需求。对于快周转开发商,理应拿地后尽快开发,为何会囤积大量的土地储备呢?一个重要原因是大项目需要分期滚动开发。一期拿地就开工了,二期三期甚至及N期自然要先晒太阳。比如,恒大启东海上威尼斯项目和海花岛项目,上千万平方米土地储备,是要分十几年开发完的。由于这些大块土地储备地价十分低廉,每年的利息成本不过每平方米几十元,房价涨幅轻松覆盖。

（23）土地储备只能原值入账。开发商资产负债表的资产端，重要组成部分就是待开发土地（原材料）、在建工程（半成品）和竣工待售物业（成品），这三者都必须是原值入账。但现实中，土地不同于制造业的原材料，长期升值是常态，而升值是不能体现在资产负债表上的。也就是说，对拥有大量土地储备的开发商来说，其资产往往被低估了，前面已经举过中国恒大土地储备升值的例子。（呆会计不知道开发商的高负债是变成土地储备了，而土地升值远超利息成本。）

（24）我国香港允许投资物业按市场价值重估。香港会计准则允许开发商将在建或竣工的商铺作为自己持有的投资物业，并按市场公允价值重估，确认"投资物业公平值收益"，即商铺还没卖出去，仅是划拨为自己持有的投资物业，就可以把市场价和成本价之间的差价算利润，增厚净资产。香港上市的开发商的报表利润中普遍包括这种投资物业公平值收益，A股上市的开发商报表利润则普遍不包括。如果横向对比利润，应该扣除两者的差异。此外，对投资物业重估利润，投资者并不买账，普遍将其扣除后看开发商的核心净利润，用于横向比较及计算市盈率。（呆会计拿投资物业公平值做文章，不知道专业投资者根本不看这块。）

（25）已销售未结算金额基本锁定了开发商未来一年半的利润。商品房销售之后、交楼结算之前，称之为已售未结，包括资产负债表中流动负债的客户预收款、未入账的在途银行按揭以及客户分期付款中的未到期部分（没确认收入前不能记应收账款）。开发商的已售未结金额往往高于一年的合同销售金额，如无意外将于未来一两年内陆续交楼结算收入和毛利。因此，开发商下一年的收入和利润往往已经大部分锁定，下下一年的也锁定了一部分。例如，我们看到恒大地产在引入战投时承诺未来3年净利润888亿元，其中起码四成已经由已售未结合同锁定。如果2017年销售任务完成得好，兑现3年利润承诺就基本无悬念了。（呆会计很怀疑开发商的利润承诺是吹牛。）

（26）开发商的账面净资产严重被低估。如前文所说，开发商的土地储备只能原值入账，存货中大量已售未结合同又隐含了一年多的利润待兑现,这都使得账面总资产和净资产被低估。只有投资物业可能是按市值重估的。因此,开发商财报的净资产是一个普遍被严重低估的数字,基于账面净资产计算的各种指标都不靠谱。(呆会计喜欢用市净率来给地产商估值。)

(27)高分红和股票回购都会降低账面净资产。分红和回购都是有利于股东的好事,但会"损害"一切基于账面净资产计算的财务指标,可见这些指标是有很大局限性的。(呆会计在攻击某些企业账面净资产低时,无视高分红和回购的事实。)

(28)专业人士看开发商的净有息负债而非总负债。客户预收款和供应商应付款是开发商对上下游资金的占用,占用越多说明议价能力越强。房地产行业,这种无息负债被认为"好负债"。为了扣除好负债的影响,业内人士主要看"净有息负债"。净有息负债=有息负债-现金。比如,中国恒大2016年中期的总负债是9400亿元,净有息负债不到3000亿元。(呆会计看开发商的总负债,不懂净有息负债。)

(29)净有息负债率没有考虑净资产低估。净有息负债率=净有息负债/归股东净资产。投行和评级机构喜欢用净有息负债率评估开发商的抗风险能力,通常认为60%是临界点,超出则风险高。但如前文所述,开发商的账面归股东净资产这个数据是严重低估不靠谱的,因此用其算出的净有息负债率也没有多少实际意义。(投行和评级机构呆会计预言的高风险基本就没发生过。)

(30)单个项目的净有息负债额/率在开盘前达到峰值。一旦开盘成功,销售回款,就急速下降,因为项目账上现金猛增所致(净有息负债=有息负债-现金)。而项目的总负债额/率都要在交楼前才达到峰值,随着交楼急速下降,因为客户预收款在交楼前始终是负债。

(31)增速越快的开发商有息负债率越高是正常现象。作为大型开发企业,其资产负债表就是由多个项目的资产负债表并表而成。可以想象,未开盘的项目(分N期开发的项目拆成N个项目看待)占比越高的开发商,净负债率越高。未交楼的项目占比越高的开发商,总负债率越高。显然,增长越快的开发商,未开盘的新项目占比越高,自然净负债率和越高；增长越慢的开发商，净负债率越低。（呆会计只片面强调净负债率高，无视增速快，不懂其间的因果关系。）

（32）投行惯用的 NAV 估值法不适用于高速增长的开发商。香港的外资投行，普遍采用净资产价值（NAV）法对开发商估值。其原理是假设开发商不再拿地，分几年把现有土地储备开发完毕，销售回款，偿还所有债务后所剩的现金折现。然后再在此基础上根据目标价需要，打个折扣。分析师喜欢的开发商，打个九折，不喜欢的，打个二折或者三折。这种方法的缺陷一目了然，假设不再拿地只适用于很少拿地的香港开发商以及内地即将被淘汰的弱势开发商，完全不适用于一直在拿地的强势龙头开发商。理论上，每新拿一块地，只要不太贵，都会增加 NAV。（呆会计很把外资投行的研报当回事。）

（33）强势龙头开发商适合用市盈率法估值。对于较大概率能长期经营的内地龙头开发商，A 股地产分析师普遍采用的市盈率估值法相对更合理。只需预测未来三四年的利润和分红，给个 2020 年 7～8 倍动态市盈率，再折现即可。比如，万科预计 2020 年营业收入 6000 亿元，归股东净利润 500 亿元，可给市值 4000 亿元，再折现到现在。

（34）房地产项目利息可以资本化。与制造业一样，营业收入和销售成本要匹配进入损益表。房地产的特殊性在于，对应具体房地产项目的融资成本也可以资本化（利息支付的时候不计入当期成本费用）到"存货"科目中，与土地成本、建筑安装成本等一并在交楼确认收入时结转为销售成本。这是十分合理的行规，所有开发商都会尽量资本化利息，除非不满足资本化条件。（呆会计看见开发商利息资本化大惊小怪。）

（35）不是所有利息都能资本化。只有用于具体房地产开发项目的债务利息才能资本化，不能归到具体项目的债务利息不能资本化。即便是具体项目财务成本，拿地前和竣工后发生的利息、囤地不建或停工超过 3 个月发生的利息也不能资本化，等等。此外，永续债的利息不能资本化。融创中国的利息资本化率较低，主要因为部分项目利息不满足资本化条件。中国恒大的永续债利息也都不能资本化。（呆会计以为部分开发商利息资本化比例低是主动而谨慎的。）

（36）使用永续债拿地会显著推迟项目利润。这是相对使用信托负债拿地或者股权合作拿地而言的。如果使用信托资金拿地，利息是可以资本化到项目中的，等以后交楼确认收入时才结转销售成本。如果采用股权合作拿地，归属少数股东的利润也是项目交楼结算收入时，才从损益表净利润总额中划给少数股东。但是按会计准则规定，永续债利息不能资本化，从拿地开始，利息随发生随在损益表中当期划拨给永续债债权人。实践中，永续债本息往往在拿地两年内就偿还完毕了，而对应项目还没开始交楼。从结果上看，相对于信托拿地和股权合作拿地，永续债的使用会将房企普通股股东的近期利润大量推后到两三年后，虽然利润总额不变。以中国恒大为例，因为永续债的大量使用，2014年至2016年上半年，高达150亿元的归股东净利润被推迟到2016年下半年及以后。（呆会计不懂永续债对损益表的影响，得出利润很差的结论。）

（37）购买土地使开发商的经营现金流流出。对于其他行业企业，买地肯定是投资现金流流出，唯独房地产开发企业不同。除非自用土地，购买用于开发出售商品房的土地，相当于购买原材料，属于经营现金流流出。对于土地销售多少补充多少的房企，销售规模稳定，净经营现金流入大致等于净利润。对于销售快速增长的企业，由于新购土地远远超过消耗土地，净经营现金流入往往远远小于净利润，甚至为负。这未必是坏事，反而是企业继续高速发展的基础。（呆会计谴责增速快的房企经营净现金流连年为负。）

—— 后记 ——

从 2019 年 7 月 10 日开始动笔，到 2020 年 3 月 28 日交初稿，历时 261 天，这本书终于写完了。

写书和我平时写单篇文章截然不同，它需要整体严谨的结构、清晰的逻辑，这对于第一次写书的我更具挑战性，所以历经反复修改方得以完稿，虽谈不上呕心沥血，却也费尽心力。清华大学出版社编辑跟我约稿的时候，我想本书是写给普普通通的投资者的，就要以质朴的言语，从普通投资者的视角，将自己真实的经历和心得分享给投资港股的人。这本书的目的是要将中国股市中最被低估的港股推荐给价值投资者，让普通投资者读懂港股，帮助普通投资者建立一个投资港股的体系，所以它不是港股投资的知识大全，更像是结合港股知识和投资案例，向普通投资者讲述实用的投资方法。

浅显易懂是本书追求的特点，但我并不希望读者读完本书后觉得价值投资是一件容易的事情。实际上，做好价值投资需要长时间积累知识、经验、能力。时间也是复利增长的要素，这也是为什么我从小开始培养自己孩子投资的原因。我始终相信，投资理念和方法是可以传承给后代的宝贵财富。

在写作本书的过程中，得到了本书编辑的大力帮助。他从编辑和读者的角度都提供了许多中肯的建议，并做了大量润色和修饰工作，在此向他表示诚挚的谢意。

感谢老婆和女儿，没有她们的鼓励和支持，我写不好本书。也同时感谢公司同事王淼，帮忙做了很多制表、审核、校对的工作。在此更要感谢父母的养育之恩。

感谢雪球网平台，正是这个平台让我学到了很多，感谢雪球网用户杨饭、正合奇胜天舒、人淡若菊、灰色钻石、蛇头、深港互通以及雪球网其他许多网友，认识你们并向你们学习，是我的荣幸。

由于本人水平有限，本书在写作过程中疏漏之处在所难免，不足之处，请读者批评指正。

交稿之时，正是新冠肺炎在全球蔓延的时刻。

在新冠肺炎以及引发的石油暴跌等一系列事件的多重影响下，国际金融市场剧烈动荡，美股两周内四次熔断，三大股指下跌近30%，全球股市严重下挫，市场恐慌蔓延。港股市场也大幅下挫。

新冠肺炎对经济的影响主要是在2020年度，对大部分公司内在价值的真实影响在10%左右，但事实上对于港股大部分个股来说，下跌幅度超过30%以上的比比皆是，下跌后的港股，2020年3月26日，国企指数市盈率仅仅7倍，处于近20年相对底部区域。横向来看，港股在全球主要市场处于估值洼地，而且港股还是以内地优良资产为主的市场，内地企业市值占港股7成。内地资金进入香港市场在2020年以来呈现出加速趋势，截至2020年3月26日，2020年度不到3个月，内地资金通过港股通（包括沪港通和深港通）渠道净流入香港市场2663亿元人民币，港股通开通以来累计净流入香港市场为1.75万亿元人民币，这里还没计入国内企业和个人在海外的资产直接购买港股的部分。

2020年3月16日，美联储紧急宣布将基准利率降至接近零水平，并启动规模达7000亿美元的新一轮量化宽松，后期又于25日通过2万亿美元经济救助计划。2020年3月26日，G20应对新冠肺炎特别峰会闭幕，二十国集团将启动价值5万亿美元的提振经济计划。欧美普遍出现零利率现象，前期由于救火原因外资流出港股，但随着美联储和欧洲各国实施货币宽松政策，这些资产必将会去寻找优质的资产追求回报。港股以其优良的资产和极高的性价比将吸引这些资金逐步进入，而现在港股的低点终将会变成未来的起点。

这个时段乃至未来一段时间都是投资港股的良好机会。

最后还是郑重声明：本书所有内容均不作为投资建议，任何由此引发的投资行为，后果自负。

范俊青

2020 年 3 月 28 日于辽宁沈阳